KB187536

최운산, 봉오동의 기억

봉오동 독립전쟁 100주년, 숨겨진 어느 장군 이야기

최운산
봉오동의 기억

봉오동 독립전쟁 100주년,
숨겨진 어느 장군 이야기

최성주 지음

P 필로소픽

[일러두기]
이 책에서는 대한민국 임시정부 수립 이후 일제와 본격적으로 교전해 승리한 '봉오동 독립전쟁'의
의의를 강조하고자, '봉오동 전투' 대신 '봉오동 독립전쟁'으로 호칭한다. 실제로 필자는 부모님과
일가친척으로부터 당시에도 봉오동 독립전쟁이라는 말을 사용했다고 들으면서 자랐다.

역사와 가족사를 씨줄과 날줄로 엮은 봉오동 대첩 실기

김삼웅_前 독립기념관장

◆

광대한 대륙 국가이던 고구려와 발해가 망하고 반도국가로 전락한 이래 우리 민족은 숱한 외적의 침략을 당하고, 1910년에는 일제의 식민지로 전락하는 국치를 겪게 되었다. 4천 년 역사, 3천 리 강토, 2천만 민족이 왜놈들의 말발굽에 짓밟혔다.

왜적의 앞잡이가 된 매국노·친일파가 적지 않았지만, 빼앗긴 나라를 되찾고자 국내외에서 싸운 애국지사도 수없이 많았다. 독립운동사에 고딕체로 기록된 지사들은 그나마 명예라도 회복되었으나 생명과 재산을 바쳐 싸우고도 망각 속으로 사라진 분들도 적지 않다.

올해는 봉오동·청산리 대첩 100주년이다. 세계 식민역사상 유례를 찾기 어려운 잔혹한 탄압 그리고 왜곡된 식민사관으로 한민족은 일제 강점기를 패배와 굴종의 기간으로 그렸고, 일방적으로 당하고만 산 것처럼 인식해왔다. 그러나 100년 전의 봉오동·청산리 전쟁은 '대첩'이라 불려도 손색이 없을 만큼 승리한 전투였다.

양대 대첩이 있었기에 한민족의 상무정신이 독립운동의 원동력이 되고, 임시정부·의열단·한인애국단·조선의용대·광복군 등 무장독립운동의 정맥으로 전승되었다. 그리고 해방 후 4·19 혁명→반유신 투쟁→부마 항쟁→광주 민주화 운동→6월 항쟁→촛불 혁명으로 이어지는 당당한 민족운동사의 마그마로 작동한다.

이런 의미에서 1920년 6월 봉오동 대첩은 독립운동사의 금자탑이라 해도 과언이 아니다. 국치 이래 최초로 우리 독립군이 왜적과 싸워 승전했기 때문이다. 우리 독립군은 기관총과 대포로 무장한 일본 정예군 19사단과 싸우고 통쾌하게 물리쳤다. 일본군 사망자 157명, 중상 200여 명, 경상 100여 명을 내고, 독립군의 피해는 전사 4명, 중상 2명으로 경미했다. 기적과 같은 일이 벌어졌다.

그런데 '어떻게?'는 생략되고 대첩은 몇 사람의 영웅담으로 마무리되었다. 역사 드라마라면 몰라도 '죽기 아니면 살기'의 전쟁에서 기적은 쉽게 일어나지 않는다. 지도자의 전략, 무기와 병사들의 사기, 병참이 일체가 되어야 승전에 이르게 된다. 봉오동 전투는 이런 것이 갖춰져서 대첩을 이루었다. 그 중심에 최진동·최운산·최치흥 형제가 있었다.

◆

봉오동 전투는 최운산 형제들의 대한군무도독부, 안무의 국민회군과 홍범도의 독립군, 여기에 대한신민단 독립군부대 등 통합부대가 이룬 전과였다. 국치 이래 최대 병력이 집결하여 대첩을 이루었다. 최운산 형제들의 숨은 공적은 지대했지만 역사에서는 묻혀지고 연구가들은 건너뛰었다.

독립운동사 연구가들이 총론이나 개론에 머물다 보니 최진동·최운산·최치흥 3형제가 1909년경부터 두만강변 봉오동에 터를 닦고 둔전屯田을 통해 군사를 양성하고, 연해주에 출병했던 체코군의 무기를 구입하여 일전에 대비해온 사실은 외면되었다.

100년을 기다리다 못해 최운산 장군의 손녀가 직접 나섰다. 최운산의 부인이자 지은이의 할머니 김성녀 여사의 증언을 비롯, 중국 측의 각종 자료와 단편적인 국내 사료를 모으고 현장을 답사하여, 역사와 가족사를 씨줄과 날줄로 엮어 뒤늦게나마 봉오동 대첩의 정사正史를 펴냈다.

마치 한글학자이며 독립운동가인 환산 이윤재 선생이 외교의 힘으로 우리 땅 울릉도를 지켜낸 안용복安龍福의 일대기를 쓰면서 피력했던 견해를 방불케 한다.

> 우리가 매양 역사적 인물을 들매 그 인격의 숭고보다 작위爵位의 현달顯達을, 훈공勳功의 기위奇偉보다 위세의 혁렬赫烈을 더욱 주중注重할 뿐이요 몸이 초망草莽(풀더미라는 뜻)에 묻혀 있어 민족을 위하여 사회를 위하여 그의 일생을 희생적 사공事功으로 마친 기다幾多의 호준豪俊이란 그의 한 일이 인멸되고 이름조차 전함이 없이 되고만 것이 어찌 아깝지 아니하랴. 우리가 그러한 인물의 전기에서 얼마라도 남아 있는 일화逸話를 들추어내어 그의 편언척사片言隻事의 하나라도 알아보는 것이 어느 점에서 우리 역사의 정체正體를 구함에 결핍이 없을 것이라 한다. (《동광》, 제1호)

◆

책을 엮은 최운산 장군의 손녀 최성주 씨는 민주언론운동가답게 팩트를 중심으로, 경쾌한 문장으로 독립운동의 대서사시 봉오동 전투를 그리고 있다. 흔히 독립운동사가 건조하고 딱딱한 편인데, 이를 벗어난 것과 함께 묵은 흑백사진 대신 엮은이가 직접 촬영한 현장사진이 더욱 입체감을 살려준다.

일제 강점 초기 연해주에 최재형 선생이 있었다면 만주에 최운산 장군의 일가가 있었다. 이들의 존재로 하여 봉오동·청산리 대첩이 가능했고, 그곳이 해외 독립운동의 성지가 될 수 있었다. 최성주 씨가 "언젠가 당신을 만나면 역시 내 손주답게 살았구나! 하고 미소 짓는 당신을 보고 싶습니다."라고 말했듯이, 100년을 갈마드는 손녀와 선대들의 역사인식이 무척 이채롭다. 이 책을 읽으면서 '역사란 미래를 잉태하고 있는 과거를 판단하는 것이다.'라는 말이 떠올랐다.

봉오동 독립전쟁 100주년, 우리는 제대로 알아야 합니다

독립군! 일제 강점기 독립군이라고 하면 여전히 많은 사람들이 황량한 만주벌판에서 무기도 식량도 없이 헐벗고 굶주린 구한말 의병 같은 모습을 떠올립니다. 그리고 그저 조국 독립에 대한 열망과 애국심만으로 모든 어려움을 극복했을 거라고 생각합니다. 그래서 기관총과 대포로 무장한 대규모 일제 정규군을 대파한 우리 독립군의 승리를, 변변한 무기도 하나 없는 게릴라들이 이뤄낸 눈물겨운 기적이라고 믿었습니다. 우리 역사가 만주 독립운동에 대해 오랫동안 그렇게 설명했기 때문이지요.

그러나 그런 기적이 정말 가능한 일이었을까요? 화승총을 가진 산포수 출신의 의병 무리들이 일제 정규군과 맞붙어 이겼다고요? 홍범도 장군이 총을 잘 쐈기 때문이라고요? 물론 명사수라 한두 명을 먼저 쓰러뜨릴 수는 있었겠지요. 그러나 상대는 대규모 정규군이었습니다. 자기편이 공격당해 쓰러지면 어떻게 반격했을까요? 러일전쟁과 청일전쟁에서 승

리했던, 실전 경험이 풍부한 일본군의 대응을 상상해보세요. 실제로 1894
년 우금치 전투에서 동학농민군이 일제에게 전멸당했던 이유는 신형 무
기로 무장한 일제와 동학군의 화력 차이 때문이었습니다.

봉오동 독립전쟁은 정규전

일반적으로 봉오동 독립전쟁의 승리는 독립
군이 일본군을 상대로 매복작전을 펼친 것이 주효했다고 설명합니다. 맞
습니다. 그러나 우리 독립군에게 제대로 된 무기가 없었다면 매복이 무
슨 소용이었을까요? 기관총과 대포로 완전무장한 일본군이 그저 포위당
했다는 이유만으로 무너졌을까요? 현대전의 핵심은 무기입니다. 상대에
필적할 무기와 병력도 없이 전쟁에서 이긴다는 것은 불가능합니다. 봉오
동 독립전쟁은 정규군과 정규군이 격돌한 현대전이었습니다. 우리 독립
군이 일본군에 승리했다는 사실은 그 자체로 독립군부대가 제대로 무장
된 정식 군대였다는 것을 증명합니다.

그럼에도 어째서 우리는 지금까지 봉오동·청산리의 승리를 마치 신
화처럼 이해했을까요? 어떻게 그런 역사 해석이 가능했을까요? 암기 위
주의 일방적 역사교육이 만주 지역 독립전쟁의 승리를 역사가 아닌 신화
로 만들어버리고 만 것입니다. 우리 독립군이 어떻게 승리할 수 있었는
지 합리적으로 이해할 수는 없지만 그저 일본군 전사자 수를 외우면서
자랑스러운 승리라고 스스로 설득했을 것입니다. 그러나 그런 피상적 이
해만으로는 그날의 승리가 세대를 뛰어넘는 민족적 자부심이 될 수 없습
니다. 숫자나 기억하는 역사 공부는 우리의 가슴을 뜨겁게 하지도, 선조
들의 삶에 응답하는 용기를 가르치지도 못하기 때문입니다.

이제는 제대로 알아야 합니다. 전쟁 준비는 하루아침에 완성할 수 있는 일이 아닙니다. 병력을 모으고, 매일 정신과 체력을 단련하고, 무기를 갖추고, 총포 사용 훈련을 반복해야 합니다. 지금도 모든 군대는 언제일지 모르는 불의의 사태에 대비해 실전훈련을 거듭합니다. 그래야 전쟁에서 승리할 수 있기 때문입니다. 봉오동·청산리에서 승리했던 우리 독립군 역시 마찬가지였습니다. 그들은 급조된 게릴라가 아니라 대한군무도독부를 중심으로 통합을 이룬 대한민국 독립군단이었습니다. 대한북로독군부는 수천의 독립군이 세 개 연대 예하 각 대대와 중대 그리고 후방부대와 보급부대를 편성하고, 의무대까지 갖춘 정식 군대였습니다.

게릴라 기지가 아닌 항일 무장독립군의
본부였던 봉오동

만주 봉오동은 장기간에 걸쳐 독립군을 양성한 본격적인 항일 무장독립군 기지였습니다. 봉오동을 신한촌으로 건설한 간도 제일의 거부巨富 최운산 장군은 1912년, 비적으로부터 동포들을 보호하기 위해 봉오동에 창설했던 사병부대를 모체로, 전국에서 모인 애국청년들을 정예 독립군으로 양성했습니다. 1915년, 독립군 병력이 늘어나자 봉오동 산 중턱을 개간해 연병장을 만들고, 벌목한 나무로 대형 막사 세 동을 지은 다음 본부 둘레에 토성을 쌓아 독립군 군사기지 봉오동을 완성했습니다. 1919년, 대한민국 임시정부가 창설되자 최운산 장군은 사병부대였던 '도독부'를 대한민국의 첫 번째 군대 대한군무도독부大韓軍務都督府로 재창설했던 것입니다.

수천의 독립군이 참전한 정규군의 대규모 독립전쟁을 소규모 게릴라

전으로 축소해버린 잘못된 역사 때문에 우리는 대한민국 독립전쟁의 장대한 서사를 배우지 못했습니다. 만주라는 중요한 역사적 공간을 제대로 이해하지 못한 우리는, 그날의 승리를 민족적 자부심과 일상의 독립정신으로 승화시키지 못했습니다. 그저 전쟁에서 이겼다니 기뻐했고 쉽게 잊어버렸습니다. 당시 막강한 전력을 갖춘 일본군을 상대로 대승을 거두기까지 만주의 우리 독립군이 어떻게 전쟁을 준비하고 조국 독립이라는 이상을 향해 나아갔는지, 수천 명의 독립군이 하나가 되어 목숨을 걸었던 그날의 언어가 무엇이었는지, 간절했던 그들의 꿈과 희망이 무엇이었는지 함께 상상하지 못했습니다. 승전의 역사는 그저 단순한 사망자 수로만 남아 기억의 창고에 갇혀버리고 말았습니다.

100년 전 봉오동을
제대로 복원하기 위하여

이제 역사의 이름으로 그날의 전투 현장을 불러내고 복원해야 합니다. 역사 속으로 들어가 봉오동 산 위 참호에 매복한 채 일본군에게 총구를 겨냥하고 숨죽였던 그 순간의 긴장을 함께 느끼고 나눌 수 있게 되기를 간절히 바랍니다. 그래야 그 시간이, 그날의 역사가, 그 시대가 당신들에게 요구했던 뜨거운 열정이 후세인 우리에게 말을 걸어오고, 비로소 당신들의 삶을 전해줄 것이기 때문입니다.

목차

1부

독립군 무장기지 봉오동과
최운산 장군

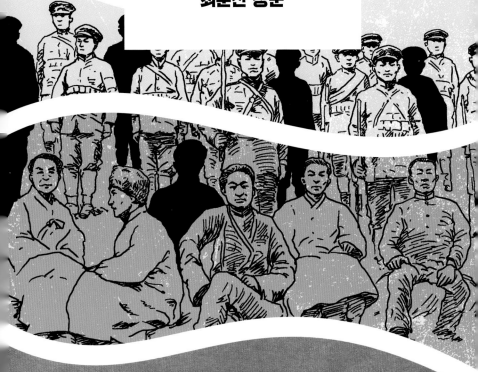

1장   대한민국 독립전쟁의 제1회전: 봉오동 독립전쟁

우리나라 사람이라면 누구나 '봉오동 전투'와 '청산리 전투'를 한 번쯤은 들어봤을 것이다. 일제 강점기 대한민국 독립군이 일제 정규군을 상대로 대승을 거둔 자랑스러운 독립전쟁으로서의 '봉오동 전투'와 '청산리 전투'를 먼저 떠올린다. 그런데 정작 전투가 있었던 봉오동은 비교적 잘 알려지지 않았다. 단순히 지명에 불과했을까? 그렇지 않다. 봉오동 독립전쟁을 제대로 이해하기 위해서는 먼저 봉오동 鳳梧洞이라는 지역부터 제대로 알아야 한다.

봉오동은 어떤 곳인가?

봉오동이 군사기지로 발전해 나갈 수 있었던 가장 큰 배경은 많은 동포들이 함께 생활할 수 있는 유리한 지리적 여건이다. 봉오동은 함경북도 온성에서 두만강을 건너면 바로 마주치는 곳이

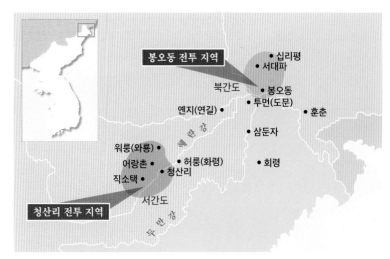

서간도와 북간도 서간도와 북간도를 구별하지 못하는 사람이 많다. 압록강 너머 서간도와 두만강 너머 북간도는 지리적으로도 굉장히 멀다. 그러나 우리는 '만주'라는 두루뭉술한 지역 개념 속에 서간도와 북간도조차 구분하지 못하는 경우가 많다.

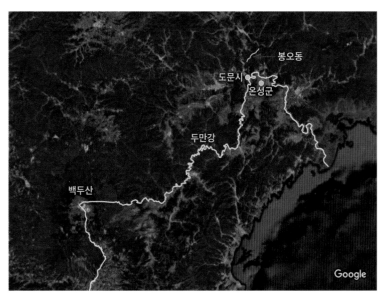

봉오동의 실제 위치 빨간색 화살표가 가리키는 곳이 바로 실제 봉오동이다.

2016년 봉오동 답사 당시 찍은 풍경 연병장이 있던 곳에서 바라본 산은 마을을 감싸듯 둘러있고 댐이 생기기 전 관리인들이 머물던 빈 건물이 지금도 남아있다.

다. 강폭이 좁은 곳은 헤엄을 못 치는 사람도 쉽게 건널 수 있을 만큼 가깝다. 북한과 다리로 연결된 국경도시 도문에서 걸어가도 30분이면 봉오동 입구에 도착할 수 있다.

봉오동은 고려령 산줄기가 마치 둥그런 부채처럼 마을을 둘러싼 아늑한 분지 형태다. 계곡을 따라 맑은 물이 흐르는 큰 강이 마을을 끼고 도는 풍요로운 땅 봉오동은 토양이 비옥해 수전 농사가 가능했다. 지금도 중국에서 연변 쌀이라고 하면 맛이 좋기로 유명하다. 무장독립군이 되기 위해 각지에서 모여든 애국청년들은 최운산 장군이 마련해놓은 넓은 토지에서 벼농사를 비롯해 콩과 옥수수, 무와 배추 등 다양한 작물을 풍부하게 수확해 식량을 자급자족할 수 있었다.

게다가 봉오동은 지리적으로도 사통팔달의 조건을 갖춘 곳이었다. 일단 두만강과 가까워 국내와 쉽게 왕래할 수 있었다. 국경도시 도문과 인접한 봉오동 입구의 십자로는 연길과 왕청으로 가는 길목이다. 또 마을을 지나 산길을 따라가면 양 갈래로 갈라진 산줄기가, 한쪽은 대감자 지역을 지나 북만주 여러 지역과 이어지고 다른 한쪽은 훈춘을 지나 연해주로 가는 길이 이어진다. 봉오동은 경제적 측면이나 지리적 측면에서 중요한 군사 요충지가 될 수 있는 곳이었다. 이와 같은 조건 덕분에 봉오동이 대규모 무장독립군의 본거지로 자리매김할 수 있었다.

봉오동 독립전쟁 당시의 상황을 전하는 언론 보도 중《매일신문》의 기사를 보면 "그 부락은 과반수는 신축한 가옥으로 되었는데 그 정비된 것은 도저히 다른 촌락에 비할 수가 없고 더욱 수령되는 최명록의 주택• 같은 것은 굉장하며 주위에는 담을 둘러쌓았더라."고 당시 봉오동 마을의 상황을 전하고 있다. 기사를 통해서도 알 수 있듯 봉오동은 체계적으로 조성한 신축 마을로 무장독립전쟁을 위해 차근차근 준비해온 곳이었다. 그러니 1920년, 수천 명에 이르는 독립군 통합부대 '대한북로독군부 大韓北路督軍府'가 주둔할 수 있는 명실상부한 독립군 본부가 될 수 있었다.

《무장독립운동사》의 저자 이강훈은 "독립군을 편성할 때에 사령부를 봉오동에 설치하기 위하여 기성 촌락을 군사촌으로 개발한 것은 주로 최진동 동생 되는 최운산과 최치흥 형제의 노력의 결과이다."••라고 밝히고 있다. 그의 설명을 조금 더 인용해보자.

• 기사에서 최명록(최진동)의 주택이라 한 집이 바로 대한북로독군부 본부를 말한다. 당시 최진동 장군과 최운산 장군 형제는 한 집에 살았다.
•• 이강훈, 《무장독립운동사》, 서문당, 1975, p.96.

왕청현 봉오동은 두만강에서 40리가량 떨어진 산간이다. 장백산의 지맥인 고려령의 험한 산줄기가 사방을 병풍처럼 둘러치고 있다. 꾸불꾸불 갈지之자형으로 장장 20리를 뻗은 계곡 지대에 1백 수십 호의 민가가 흩어져 있었다. 이 부락에는 최명록 3형제가 있어서 그들의 지도 밑에서 독립운동의 근거지로서 재류동포의 생활과 기타 모든 면에서 잘 짜여 있었다. 가옥구조도 한국식이어서 마치 국내의 한 지방 같았다. 중국인 가옥이 몇 집 끼어 있어서 며칠 만에 한 번씩 중국 관헌이 순라를 돌 뿐 독립군의 자유무대였다. (중략) 봉오동은 대부분이 새로 지은 번듯한 가옥인 데다가 특히 상촌은 도로망까지 정리되어 있었다. 이곳은 천연적으로 일부당천 만부부당한 요새로 된 것을 인공을 가해서 어떠한 공격에도 견딜 수 있도록 꾸미자는 계획이었다. 마을 한쪽에는 새로 지은 목조 교사가 있었으며, 교사 앞에는 독립군의 연병장이 있었다.•

자위 병력에서 대한민국 정규 군대로

봉오동을 이른바 신한촌으로 발전시킨 주역 최운산 장군은 1912년 당시 동북 3성 지역의 지배 세력인 장작림長作霖•• 의 허락을 받아 비적들로부터 조선인들을 보호한다는 명분으로 100여 명의 청년을 데리고 무장 병력을 운영하기 시작했다. 그리고 봉오동으로 찾

•   앞의 책, p.95, p.98
••   중화민국 국민정부 당시 만주 지역에서 활동하던 군벌세력의 지도자. 국민정부 대원수 등을 지냈다.

아오는 애국청년을 계속해서 받아들였다. 겉으로는 자경단이었지만 실제로는 독립군을 양성한 것이다. 그렇게 독립군의 숫자는 점점 늘어났고, 1915년 토성을 쌓고 연병장을 건설하면서 봉오동은 자연스럽게 대규모 무장독립군 기지로 발전해갔다. 봉오동 산 중턱을 개간해 연병장을 만들고 벌목한 나무로 막사를 지어 수백 명으로 늘어난 그들을 모두 수용했다.

최운산 장군은 본부 둘레에 3000평 규모의 토성을 쌓았다. 황토에 짚을 섞어 흙을 쌓고 말이 커다란 연자 맷돌로 다진 위에 다시 흙을 켜켜이 얹는 방식으로 만든 토성은 웬만한 포탄에도 부서지지 않을 정도의 강도를 가지고 있었다. 토성의 동서남북 사방에 포대를 구축하고 대포를 설치했다.

1919년 임시정부가 수립되자 최운산 형제들은 최운산 장군의 사병부대 '도독부'를 '대한군무도독부大韓軍務都督府'로 재창설했다. 명실상부한 대한민국의 군대임을 자임한 것이다. 당시 병력은 대략 670여 명이었다.

3.1 운동 이후 간도로 넘어오는 애국청년들이 기하급수적으로 늘어났고, 만주의 모든 독립군부대가 그들을 새로운 부대원으로 맞아들였다. 폭발적으로 늘어난 병력을 분산해 주둔시켜야 했다. 최운산 장군은 자신의 소유지인 서대파를 주둔지로 내어주고 군자금을 제공해 조직력이 있는 대종교 지도자 서일 총재와 함께 북로군정서 창설을 주도했다. 또한 서대파에서 멀지 않은 십리평에 새로 들어온 병사들을 훈련하는 단기 군사학교인 사관연성소를 설립했다. 그리고 김좌진을 사관연성소 소장으로 임명해 군사훈련을 책임지게 하고 대한군무도독부가 관리운영을 지원했다.

1920년, 대한민국 임시정부는 무장투쟁을 독려하며 '독립전쟁 원년'으로 선포했다. 최운산 장군은 일제와 전쟁을 하려면 체계를 갖춘 대규모 군단이 필요하다고 판단했다. 그는 무기와 식량과 군복 등 군자금 일체를 책임질 것을 약조하고 북간도의 모든 독립군을 봉오동으로 불러들였다. 통합군단 부대명은 '대한북로독군부'였다.

대한북로독군부장 최진동 이하 홍범도, 김좌진을 비롯해 안무, 서일, 김약연, 구춘선, 박영, 오하묵 등등 당시 북간도의 독립군 지도자가 모두 모여 단일 세력을 이룬 것이다. 우리 독립군이 일제 정규군에게 밀리지 않는 전투력으로 봉오동 독립전쟁을 치를 수 있었던 것은 독립군 통합군단 대한북로독군부 중심의 숙련된 정예부대인 대한군무도독부가 있었기 때문이다. 그리고 무엇보다 간도 제일의 부자 최운산 장군이 통합부대 창설에 막대한 재산과 토지를 내어놓았기에 가능했던 일이다. 이에 대해 《무장독립운동사》의 저자 이강훈은 최운산 장군의 활동과 업적을 높이 평가하면서 다음과 같이 기록했다.

> 군무도독부는 최진동 최운산 최치흥 3형제가 왕청현 봉오동을 근거지로 하고 풍부한 경제력을 선용하여, 거의 개인적인 힘으로 양성한 수백 명의 사병을 기간으로 일개 전투군단(대한북로독군부를 가리킴)을 편성하였으며, 최진동 사령관과 그의 동생들의 참모와 경제적 뒷받침(간도 제일의 거부였던 최운산이 군자금을 제공했음을 의미함)으로 전투태세를 완비하고…. 봉오동 전투에서 흉적 일본군에게 큰 타격을 줌으로써 독립전사에 불후의 이름을 남긴 기관으로 되었다.[*]
> 일찍이 정착하여 생활기반을 굳혀 놓고 그 토대 위에서 독립 전쟁의 장비며 군량 등을 보급하여 봉오동 전투를 승리로 이끌게 한 최진동의 동생 최운산과 최치흥 등 3형제의 업적은 봉오동 전투 등을 비롯하여 당시(경신년) 대일 항전에 절대적으로 이바지하였다.[**]

이와 같은 어엿한 기록과 평가가 있었음에도 불구하고 최진동, 최운산, 최치흥 3형제가 주축이 되어 대한군무도독부와 북로군정서, 대한북로독군부 및 사관연성소를 창설했다는 사실을 모르는 사람이 더 많다. 심지어 무장독립운동사를 전공한 역사학자들 중에서도 이 사실을 외면하는 사람이 있다.

그들은 당시 대부분의 무장독립군부대가 대한군무도독부의 근거지인 봉오동에 머물렀고, 최운산으로부터 무기와 식량, 군복 같은 군수품을 지원받은 입장이라 '예의상' 최진동이 대한군무도독부 총사령관을 맡았을 것이라고 낮춰서 평가한다. 실제로 전투를 지휘한 사람은 홍범도였을 거라고 추측하고 주장한다. 그러나 이는 해방 후 75년이 지난 오늘까지도 만주 무장독립전쟁사, 특히 봉오동 독립전쟁에서 승리가 가능했던 역사적 배경에 대한 연구가 부족한 탓이다.

무기 부분을 한 예로 다시 살펴보자. 최운산 장군은 곡물상과 축산업을 통해 러시아와 오랫동안 무역 거래를 하고 있었다. 지리적으로 가까운 연해주의 독립군들과도 관계가 깊었다. 최운산 장군은 자경단의 무장을 위해 이미 1912년부터 러시아에서 지속적으로 무기를 구입하고 있었다. 하지만 1919년 3.1 운동 이후 갑작스럽게 늘어난 독립군을 모두 무장시키기 위해서는 단기간에 많은 무기를 구해야 했다. 대량의 무기 공급처를 찾아야 했고 막대한 비용도 준비해야 했다. 그런데 그때 마침 1차 세계대전에 참전했던 체코군이 시베리아 횡단열차를 타고 모스크바를

•   이강훈, 《무장독립운동사》, 서문당, 1975, p.67.
••   앞의 책, p.84.

떠나 블라디보스토크에 집결하고 있었다. 고향으로 돌아가던 체코군은 무기 대신 현금을 선택했고 최운산 장군은 체코군으로부터 대량의 무기를 구매할 수 있었다. 대규모 토지와 목장을 소유한 대러시아 무역업자였으며 다양한 생필품 기업을 운영한 사업가로 간도 제일의 거부였던 최운산 장군은 이후에도 계속 북간도 무장투쟁이 한고비를 넘어갈 때마다 재산을 처분해 군자금을 마련했다.

1920년 1월, 5만 원에 급하게 팔았던 석현의 토지가 지금은 가동이 멈춘 제지공장 부지로 석현 지역의 절반 이상을 차지하고 있다. 봉오동에 모인 대군단의 운영자금을 책임졌던 최운산 장군은 점점 늘어나는 막대한 군자금을 감당하기 위해 만주뿐만 아니라 국내 모연募緣 활동에도 힘썼다. 과거 각 지역에서 군자금 모집 활동과 독립군이 되기 위해 간도로 넘어가는 청년들의 길잡이 역할을 했던 대한군무도독부의 지방국地方局은 대한북로독군부의 행정을 담당한 국민회에 편입시켜 활동을 계속했다. 최운산 장군은 장작림 군벌과 긴밀한 관계를 맺고 있었고 그들로부터 일본군의 움직임을 지속적으로 넘겨받았으며 일제의 봉오동 독립군 기지 토벌작전 계획도 미리 입수하였다.

봉오동 독립전쟁, 그날의 현장 속으로

대통합을 이룬 대한북로독군부군은 소극적으로 훈련만 하면서 때를 기다리고 있지는 않았다. 그들은 국내와 가까운 지리적 이점을 활용해 국내 습격전을 펼치며 국내 독립운동 세력에게도 용기를 주고자 했다. 그들은 1920년 초부터 수시로 국내 습격전을 벌였다. 독립전쟁의 전초전이었다. 소규모로 정예 독립군 공격대를 구성해 온성·회령·경원 등 두만강 유역의 여러 일본군 국경수비대와 헌병대를 공격했다. 사격술이 뛰어난 대한군무도독부군이 주도했던 이 국내 습격전은 일본 헌병대를 혼란에 빠뜨렸다. 온성군을 비롯한 국경 지역의 군사적 긴장이 커져갔다.

"만주 지역의 항일독립군단체들은 3·1운동 이후 축적된 무장력을 바탕으로 1920년에 들어와서 활발한 국내 진공유격전을 전개하였다. (중략) 상해의《독립신문》은 1920년 3월부터 6월까지 독립군의 기습대와 전령대가 협동하야 도강하여 벌인 소전투가 총 32회에 달했고, 일본 순경대정탐을 격살하고 일본관서와 순사파출소를 파괴한 것이 34개에 달했다고 한다. (중략) 일본 관헌은 북간도의 독립군 단체 가운데 "가장 빈번하게 무력침격을 감행하였다"고 보고한 바 있는 최명록 부대(군무도독부)가 1920년 3월부터 6월까지 무려 36회에 걸쳐 국경의 종성군을 공격하였다고 기록했다."●

또한 독립군이 통합해 대규모 군단을 이루고 본격적으로 전쟁을 준비하자 "만주의 독립군들이 봉오동에서 세를 불리며 규모가 점점 커지고 있으니 세력이 더 커지기 전에 토벌해야 한다."는 일제 밀정의 보고도 이어졌다. 국경수비대가 수시로 습격당하고 봉오동 독립군의 규모가 확대되자 독립군에 대한 일제의 위기의식도 심화되었다. 일제는 두만강 유역 국경수비대의 인원을 늘리고 대응 수위를 높이는 등 만주 독립군을 견제하며 비상경계에 돌입했고 봉오동 독립군 기지를 파괴하고 독립군을 토

●　반병률, 〈1920년대 전반 만주·소련지역 항일무장투쟁〉, 《한국독립운동의 역사 제49권》, 한국독립운동사편찬위원회, 2009; 《현대사자료》28, p.708.

벌하기 위한 작전 계획을 수립했다. 1920년 4월 일제 조선군 사령부는 "봉오동 근거지를 일소한 다음 다시는 근거지로 사용하지 못하게 하고 노령과 간도와의 연락을 차단하기 위해 중요 지점에는 군대 및 군경보위단 등을 증가시킨다."●는 목표를 세우고 중국을 압박했다.

그러나 서간도와 달리 북간도 독립군에 대해 중국이 미온적인 태도를 보이자 계획대로 직접 일본군이 독립군 근거지 소탕을 위한 단독행동에 착수했다. 차제에 두만강을 넘어가 봉오동 독립군의 뿌리를 완전히 뽑아버리겠다는 강력한 의지로 대규모 출병을 단행한 것이다.

그러나 일제는 군사기지 봉오동과 대한북로독군부의 역량과 실체를 제대로 파악하지 못한 채 전쟁을 시작했다. 외길을 따라 산속으로 깊숙이 들어간 곳에 자리잡은, 산들이 부채처럼 둘러싸고 있는 천혜의 요새 봉오동 둘레에 견고한 토성을 쌓아 올린 봉오동 독립군 기지는 이미 외부와 완벽하게 차단되어 있었다. 또한 대한북로독군부의 군사적 역량을 담보하며 운영의 중심에 있던 대한군무도독부군은 1919년 기미독립선언 이후에 급조된 독립군부대가 아니라 1912년부터 장기간의 훈련과 실전에서 실력을 쌓은 정예부대였다. 독립군부대 구성원들은 이미 서로를 잘 알고 있어서 밀정들이 그 실체를 파악하는 데 한계가 있었다.

일본군의 움직임 등 비밀 정보를 관리하던 최운산 장군은 일본군이 북간도 무장독립군의 본거지인 봉오동을 급습할 것이라는 첩보를 받았다. 일제와의 대규모 독립전쟁이 눈앞에 다가온 것을 간파한 최운산 장군은 자신의 소유지이며 천혜의 요새라고 불렸던 봉오동의 지형적 특색

●　　〈不逞鮮人 根據地 掃蕩에 關한 件〉, 래전85호: 4. 16.

을 이용하여 봉오동 독립전쟁이 일어나기 보름 전에 이미 모든 전쟁 준비를 완료하고 일본군의 움직임을 주시하고 있었다. 최운산 장군은 1920년 5월부터 전쟁에 대비하여 마을 주민들을 모두 대피시켰다. 주민들은 가재도구까지 챙겨서 마을을 떠났다. 대통합군단인 대한북로독군부는 전시체제로 편성되어 연대별로 각 산 위에 진지를 구축했다. 적군의 진입로가 잘 보이는 위치에 교통호 형태의 참호를 파고 중요 지점에 기관총을 배치했다. 또한 전쟁 물자를 보급하는 특별부대를 편성하고 부상병을 신속하게 치료할 수 있도록 의무부대도 후방에 배치했다.

총사령관 최진동과 지휘부는 최고봉인 봉초봉에 자리 잡고, 1연대는 초모정자산에, 홍범도의 2연대는 남봉오산에, 3연대인 오하묵 부대는 예비부대로 봉초봉 뒤편인 장골에 주둔했다. 진입로를 사이에 두고 세 개의 산 위에 자리잡은 각 부대는 길이 잘 보이는 곳에 참호를 깊게 파고 매복부대를 배치했다. 그리고 병력이 많아 보이도록 허수아비에 군복을 입혀 눈에 잘 띄는 산 위에 세워두었다. 최운산 장군의 부인 김성녀 여사는 여러 대의 재봉틀을 마련해 모든 독립군의 군복을 지어 입혔다.

높은 토성으로 둘러싸인 대한북로독군부 본부는 총사령관인 최진동 장군이 발급한 통행증 없이는 출입할 수 없었다.

대한북로독군부의 중심에서 전체 군단을 이끌고 있는 최운산 장군의 부하들은 1912년부터 봉오동에서 동고동락한 정예부대라 밀정의 잠입이 어려웠다. "봉오동에서 재봉틀 8대로 군복을 만들어 입히고 있으며, 1000여 명의 독립군이 산숙을 하고 있다."는 보고도 있었다. 하지만, 봉오동으로 습격해 들어오는 순간까지 일본군은 우리 독립군의 수준을 제대로 파악하지 못했다. 독립 열기에 숫자만 늘어났지 훈련도 제대로 받지 못한 민병대 수준일 거라고 짐작했던 것이다.

봉오동 독립전쟁의 실제

1920년의 봉오동 독립전쟁 후 임시정부의 군무부가 발표한 전투 과정과 일본군의 〈봉오동전투상보〉가 동시에 기록한 당시의 전투 경과는 서로 한 시간 정도의 시차가 있긴 하지만 대체로 비슷하게 정리되어 있다. 봉오동 독립전쟁의 과정을 간략하게 정리하면 다음과 같다.

6월 4일   독립군의 전진부대가 두만강변 강양동의 국경수비대를 습격한 후 후퇴. 강양동 습격전과 삼둔자 교전(군무부 발표와 전투상보 동일)

6월 5일   5일부터 6일 저녁까지 전투 없는 이틀간의 탐색전

6월 6일   오후 10시 삼둔자에서 교전(전투상보에는 오후 9시 30분경 삼둔자 교전) 하마탕에 결집해 출발 준비를 하던 일본군은 도강 위치를 바꾸어 밤새 안산으로 진격

6월 7일   새벽 3시 30분 안산부근 300미터 교전(전투상보 3시 45분 안산북방 2000미터 교전) 안산전투 후 일본군은 봉오동 마을의 길을 따라 진입하지 않고 고려령 산줄기를 따라 봉오동 상촌으로 넘어가기 시작. 오전 6시 30분 고려령 서편 1,500미터 지점에 도착(전투상보에는 오전 6시 표고 334고지 교전). 오후 1시경 봉오동 상촌에서 본격적인 전투 개시

1920년 6월 7일 새벽 6시 30분, 고려령 서편 1,500m 고지에 도달한 일본군은 봉오동을 향해 전위부대를 내보냈다. 그러나 매복해서 기다리던 독립군 전위대가 일본군 전위부대를 전멸시키고 재빠르게 본대로 복

귀했다. 전위부대를 모두 잃은 일본군은 잠시 퇴각했다가 오전 11시 30분, 다시 전열을 정비해 고려령을 넘었다.

오후 1시, 일본군 보병부대 본진이 봉오동 마을에 도착했다. 그러나 산 위에 매복한 독립군들은 잠복부동한 채로 그들이 모두 산으로 들어오기를 기다리고 있었다. 마을은 텅 비어 있었다. 당시 어린아이였지만 담대한 성격이었던 최운산 장군의 큰딸 청옥은 몰래 숨어서 일본군을 지켜보았다. 어깨에 견장을 붙이고 긴 장화를 신은 일본군들이 번쩍거리는 나팔을 요란하게 불며 마을을 지나 산으로 행진해 올라갔다. 마을을 수색하던 일본군은 비어있는 최운산 장군의 집 마구간에서 말 몇 마리를 발견했다. 제일 좋은 백마는 일본군 대장이 붙잡아 올라탔다. 나머지 말들은 대포와 기관총 등 무거운 수레를 끌고 산을 넘느라 지친 일본군 말을 대신해 수레를 지워서 산으로 끌고 갔다.

산으로 올라온 일본군의 후미가 매복지점을 지날 무렵 봉초봉 독립수 아래에 서있던 사령관 최진동 장군이 전투개시를 알리는 신호총을 발사했고 동시에 맹렬한 사격이 시작되었다. 완전히 포위된 일본군은 혼란에 빠졌다. 더구나 마구간에서 탈취해 간 말들이 총소리에 놀라 높이 뛰어올랐다. 백마를 빼앗아 탔던 일본군 장교는 말에서 굴러 떨어져 그 자리에서 죽었다. 기관총과 대포가 실린 수레를 끌고 간 말들은 무기를 실은 채 마을을 향해 거꾸로 내달렸다. 본격적인 총격전이 계속 되었다. 무기를 내리기도 전에 말들이 무기를 싣고 마을을 향해 달려가 버리는 바람에 일본군은 대포와 기관총 등 일부 대형무기는 제대로 사용하지도 못했다. 얼마 후 성문을 쾅쾅 두들기는 소리가 나서 나가보니 일본군이 끌고 갔던 말이 집으로 돌아와 머리로 대문을 두드리고 있었다.

아군에게 유리한 상황으로 전투가 이어지던 중 홍범도 장군이 어이 없는 결정을 내렸다. 자신의 휘하 부대원들에게 퇴각하라는 명령을 내린 것이다. 대한북로독군부 사령부의 퇴각 명령이 없었음에도 그는 살아남아 조국의 독립을 보자며 스스로를 정식 군인이 아닌 빨치산이라 칭하며 부하들을 데리고 산을 올라 뒤로 퇴각했다. 다음은 당시 홍범도 부대원이었던 이종학의 글*이다.

> 그날 아침…. 塹塔은 봉오골 가은産 맨 마지막 3골 어구 가운데 峰에 있었다. 일본 군대는 일시에 자우방면에서 침입하여서 塹垀를 향하고 突入하여 우리 塹垀있는 데다가 사격을 시작하였다. 우리도 마주 사격을 始作하였다. 잠시 후에 洪범도 大장은 사격을 그치고 북쪽을 향하여 차츰 높은 봉으로 오르라는 命令을 전하였다. (중략) 홍범도 장군은 "우리는 죽지 아니하고 독립을 해야 된다."고. "우리는 정식 군대가 아니고 빨치산이다. 그러니 전략과 전술이 정식 군대와 빨치산이 판이한 것이다."라고 홍분에 거우신 음성으로 말씀하시고….

그런데 그들과 함께 있던 신민단 대원들은 본부의 퇴각 명령이 없었으니 홍범도 장군을 따라 후퇴하지 않겠다며 그 자리를 사수했다. 그러나 수적 열세에 밀린 그들은 일본군의 집중 공격에 모두 전사하고 말았다. 삼면을 포위하고 승세를 굳혀가던 중에 한쪽의 경계가 완전히 무너

• 《회상기(回想記)(俄領과 中領에서 進行되던 朝鮮民族解放運動)》중 홍범도 군대 이종학의 회상기, 1958.

져 전체 아군이 치명적 위기에 처하게 된 것이다. 봉초봉에서 이 사태를 파악한 최운산 장군이 급히 매복을 풀고 직접 부하들을 데리고 산에서 내려와 전투를 이어갔다. 어떤 전투든 매복전과 백병전은 그 어려움을 비교할 수 없다. 백병전으로 치열한 전투가 계속되었다. 자칫 승세를 타던 아군이 도리어 위험에 빠질 수도 있는 상황이었다. 그런데 그때 마침 억수 같은 비가 쏟아지기 시작했다. 아이 주먹만 한 우박까지 함께 떨어져 앞이 잘 보이지 않았다. 의외의 날씨로 인해 전투는 소강상태에 들어갔고 전열을 재정비한 최운산 장군은 위기를 넘겨 승세를 굳힐 수 있었다.

기상 조건이 나쁠 때는 지형에 밝은 그 지역의 군대가 유리할 수밖에 없다. 바로 이날의 전투가 그랬다. 때마침 비가 오는 중에 도착한 일본군 후속 부대가 산을 넘어오기 시작했다. 그런데 일본군 후속 부대는 독립군을 속이기 위해 군모에 두른 붉은 띠를 떼고 산으로 들어왔다고 한다. 쏟아지는 비로 인해 피아를 구분하지 못한 일본군은 멀리서 붉은 띠를 떼고 들어오는 일본군을 독립군으로 오인해 사격하기 시작했다. 그로 인해 일본군의 사상자가 대규모로 늘어났다. 전투 후 일본군 보고서에는 그런 내용이 전혀 없지만 지금도 봉오동에서는 당시 일본군끼리 벌인 치열한 오인 사격전이 수백의 일본군 사상자를 낳은 이유라는 이야기가 전해지고 있었다. 빗속에서 우왕좌왕하는 일본군을 완벽하게 격파할 수 있었기 때문이다. 전투 후 하늘이 대한민국의 독립전쟁을 돕는다는 믿음이 커졌고 독립군의 사기도 충천했다.

전의를 완전히 상실한 일본군은 두만강을 건너 유원진으로 퇴각하였다. 1920년 12월 25일자 《독립신문》은 "일본군의 전사자는 120여 명, 독립군 측의 사망은 1명, 부상자 2명이었다."라는 독립군의 승전보를 전했으나 최운산 장군과 함께 현장을 지켰던 김성녀 여사의 증언에 의하면 당시 일본군은 사망자만 500여 명이었고 중상자도 수백에 이르는 등 막대한 피해를 입었다. 그리고 아군인 독립군 사상자도 수십 명에 달했다.

전투 후 일본군의 〈봉오동부근전투상보〉는 자신들이 상대한 독립군에 대해 다음과 같이 기록했다.

> 적은 전부 소련식 소총을 갖고 탄약도 상당히 휴대하였으며 사격도 상당히 훈련되어 있다. 거리 측량이 불확실한 700~800미터 거리에서도 사격을 하며 지형을 이용해서 방어할 때는 상당한 전투력을 가지고 또 용감하게 싸운다. (중략) 금회 다음의 사실을 확인하였다. 대안불령선인단은 정식의 군복을 사용하고 그 임명 등에 사령을 쓰며 예식을 제정하고 있는 등 전적으로 통일된 군대조직을 이루고 있다. 그러나 지나측은 이를 묵인하고 있는 상황이므로 이제 경고를 줄 필요가 있다.*

일본군은 독립군의 전투력에 놀라고 감탄하면서 독립군의 활동을 보장해주는 중국 측에 대한 불만도 강하게 드러내고 있다. 그러나 이 보고서에는 개별 전투상황에 대해서는 비교적 자세한 내용을 담고 있으나 대한북로독군부의 지휘부나 전체 운용에 대한 언급은 전혀 없다. "북로독군부(전 명칭 대한군무도독부) 제1, 제2중대(수령 최명록), 대한독립 신민단(김규면), 독립의군(홍범도)에 속하는 것으로서 지휘관은 불명"**이라고 적고 있다. 자신들이 누구와 싸웠는지 그 부대의 지휘관은 누구인지에 대해 전투가 끝난 후에도 제대로 파악하지 못했던 것이다.

대한북로독군부 지휘부 역시 모든 상황이 종료된 후에 전투 전반에 대한 평가회를 가지고 일본군의 무기 등 노획물과 일본군 사상자의 숫자

등을 보고 받고 아군의 손실과 전과를 살폈다. 최운산 장군의 동반자 김성녀 여사는 지금까지 학계가 연구한 일본군 피해 규모보다 훨씬 큰 전과를 기록으로 남기며 향후 학자들이 사료를 찾아 역사적 진실을 밝혀주길 당부했다.

또한 그 회의에서 총사령관인 최진동은 지휘관인 홍범도가 전투 중에 제대로 응전을 하지 않고 퇴각하여 아군에 치명적 손실을 입힌 것에 대해 크게 문책했다. 그 내용은 1920년 8월 28일 작성한 주 간도 총영사 대리 영사 사카이 요사키치堺與三吉의 보고서인 〈독립군 내홍의 건〉●●●에도 기록되어 있다. 당시 최진동 장군은 지휘관이 전투 중에 자신의 부대원들을 데리고 전투 현장을 피해 이탈한 것은 항명이며 이는 즉결처분에 해당하는 중죄임을 이야기하며 엄벌하려 했다. 그러나 최운산 장군은 홍범도 장군이 잘못된 판단으로 아군에 치명적 피해를 초래했으나 한 번 더 기회를 주자고 요청하여 그를 위기에서 구했다.

몇몇 학자들은 이 일에 대해 마치 최진동과 홍범도 사이에서 지휘권 다툼이 있었던 것처럼 설명하거나 홍범도보다 나이가 어린 최진동이 자신이 사령관이라고 무례했다는 분석을 하기도 했다. 그러나 최진동과 홍범도는 애초에 경쟁이 가능한 관계가 아니었다. 홍범도의 부하였던 독립

● 　安川追擊隊, 〈봉오동부근전투상보〉, 《한국독립운동사연구》 5, 1991, pp. 578~579, p.614.

●● 　앞의 책, p.614.

●●● 　在間島總領事代理領事堺與三吉, 〈大韓北路督軍府ノ內訌ニ關スル件〉(機密 第二二二號 大正九年八月二十八日), 전보 송부처: 공사 지부, 봉천, 길림, 조선총독.

군의 기록으로도 확인할 수 있듯이 홍범도는 봉오동 독립전쟁 직전인 5월 중순 이후에 국민회 군대와 함께 봉오동에 도착했다. 이미 전쟁 준비가 마무리되어 가던 시점이었다.

> (전략) 그해 음4月쯤에 국민회군대(안무 홍범도), 도독부(최진동), 이군부(허영장) 신민단 군인, 맹○○(필자주-맹호단), 7개 무장대가 합하여서 독군부라고 명칭하고 부장 최명록, 사회장 홍범도, 군부 총장 안무였다. 그러니 총 군인수가 二千名에 달하였다. 그해 음사월쯤이다. (취떡과 취샘이를 먹고 조가 자주 났던 때이다.) 우리 군대들은 봉우골 산을 가운데 두고 자우꼴 안에 거주하는 조선 농촌에 널려 동쪽이나 西쪽 山앞은 全部 우리 차지였다. 봉우골 어구와 기타 지점에 보초가 있었고, 각처를 경찰隊들을 보내서 적정을 탐지하였다.●

2005년에야 "봉오동 독립전쟁이 끝난 후 홍범도부대가 일제에 아무런 응전을 하지 않은 채 급속히 퇴각한 것에 문제가 있다고 본 대한북로독군부의 최명록 부장이 홍범도를 비판했다."●●고 밝히는 논문이 나오는 등 계급적 상하 관계를 설명한 새로운 해석이 나오기 시작했다.

봉오동 독립전쟁의 의의과 과제

봉오동 독립전쟁의 승리는 오랫동안 다방면으로 준비를 감당한 최운산 형제들, 그리고 전투에 참여한 모든 독립군의 목숨을 건 의기가 있었기에 가능한 일이었다. 일제 정규군과의 전투에서 승리한 대한북로독군부 독립군의 사기는 하늘을 찌를 듯했다. 1910년 한일병탄 이후 시나브로 꺼져가던 독립운동의 불씨를 되살린 이 승리는 당시 '독립전쟁 제1회전'으로 회자되었다. 봉오동 독립전쟁은 대한민국 독립군이 일본군에 맞서 싸운 독립전쟁에서 승리한 민족사적 쾌거인 동시에 국내외에 대한민국의 자주독립 의지를 천명했다는 역사적 의의가 있다.

《재발굴 한국독립운동사》을 쓴 역사학자 윤병석도 "홍범도 장군의 대한독립군이 강력한 전투력을 갖고 있고 안무의 국민회군이 정비된 독립군이었지만 정규군인 일군과 싸우기는 역부족이었다. 그러나 670명의 강력하고 완전무장한 최진동 장군의 군무도독부와의 통합은 1200여 명에 이르는 단합된 무장력을 결성하게 되었다. 이러한 독립군이 결성됨으로 봉오동 전투의 승리도 가능하게 되었던 것"••• 이라고 분석했다.

이 책에서는 당시 다수의 독립군 단체들이 무기도 부족했고 제대로 된 훈련도 받지 못했던 상황을 지적하면서 봉오동에서 철저하게 훈련되고 전투경험도 많았던 대한군무도독부를 중심으로 독립군들이 결집하였고, 기관총과 대포 등 현대식 무기로 완전무장 했기에 일제 정규군에게 밀리지 않는 전투력으로 대응할 수 있었다고 분석한 것이다. 봉오동 독립전쟁에서 대승을 거둔 대한북로독군부는 전후 체제를 재정비하고 일본군의 반격에 대비하기 위한 작전에 돌입하며 향후를 대비하기 시작했다.

• 　《회상기(回想記)(俄領과 中領에서 進行되던 朝鮮民族解放運動)》중 홍범도 군대 이종학의 회상기, 1958.

•• 　신주백, 《1920~30년대 중국지역 민족운동사》, 선인, 2005, p.33.

••• 　한국일보사 편, 《재발굴 한국독립운동사》 제1편, 한국일보사, 1987.

독립군부대의 기념촬영 출처를 알 수 없는 이 사진은 김좌진 부대로 알려져 있다. 그러나 시기상으로나 정황상으로 그렇게 단정할 수 없다.

봉오동 독립전쟁의 기록

지금도 모든 행사의 가장 중요한 순서는 기념촬영이다. 최운산 장군은 부대원 전원에게 잔치를 열어 격려하며 부대별로 승전기념사진을 찍었다. 위 사진은 우리 독립군이 정복을 입고 신식무기를 갖춘 정예 군대였다는 것을 증명하는 소중한 사진이다. 그러나 청산리 전투 후라면 11월인데 북간도의 11월은 한겨울이다. 코트를 입어야 하는 때다. 흑백사진이라 구별이 어렵지만 군인들이 서있는 산자락의 풀들도 겨울이 아니라는 걸 보여준다. 청산리 전투는 봉오동 독립전쟁처럼 기지전이 아니라 독립군이 봉오동을 떠나 연해주와 백두산으로 이동하는 길에서 벌어진 전투였다. 이동 중의 부대가 전투 후에 이렇게 정복을 갖추고 기념촬영을 한다는 건 상황상 불가능하다. 당시는 지금처럼 기념촬영을 쉽게 할 수 있는 환경이 아니었다. 부대를 따라다니는 전문 사진사가 있어야 이런 촬영이 가능하다. 아마 이 사진은 봉오동 독립전쟁 후에 승전을 기념하면서 중대나 소대별로 기념촬영을 했는데 그 사진 중 하나가 우리에게 전해진 것이라고 추정된다. 봉오동 독립전쟁은 6월 7일에 일어났다. 만주의 6월은 봄이다. 영화 〈봉오동 전투〉를 비롯해 그동안 봉오동 독립전쟁을 그린 작품은 모두 털모자와 코트를 입은 독립군을 묘사했다.

　당시에도 중요한 일정은 사진을 찍어 기록으로 남겨놓는 관행이 있었다. 최운산 장군은 전쟁을 준비하면서 아주 중요하고도 특별한 조치를 취하였다. 전문사진사로 하여금 봉오동 독립전쟁의 현장을 직접 촬영해 사진으로 남기도록 조치한 것이다. 오늘날로 말하면 종군기자가 목숨을 걸고 봉오동 독립전쟁의 현장을 기록했고, 그 사진을 임시정부로 보내 우리의 승전 소식을 국내외에 알리고자 한 것이다.

> 봉오동전쟁 전황 촬영사진 3매, 상해를 보낼 예정. 별지 전쟁 촬영 사진 3매는 제2남지방의 박준재 씨가 전쟁 당시 실시 전황을 보고 촬영한 것이다. 이것은 임시정부로 보내서 석판으로 인쇄하여 세계에 선전하려는 것인데 보신 뒤에 반송하기 바란다. (대한북로독군부 府將 최진동이 국민회에 보낸 공문, 기안104)

　임시정부로 보낸 현장 사진은 어디선가 유실되어 지금은 남아있지 않다. 단지 당시 행정을 맡았던 국민회군이 일본군에 빼앗긴 문서기록으로만 사진의 존재를 확인할 수 있다. 너무 안타까운 일이다.

봉오동 독립전쟁에 관한 신문기사를 비롯한 대부분의 역사 기록은 당시 아군의 피해는 거의 없다고 묘사한다. 그러나 그 현장을 직접 목격하고 아군을 돌보기 위해 애를 썼던 김성녀 여사는 당시 아군의 사상자도 수십 명에 이르렀다고 증언한다. 의무부대가 총상치료에 최선을 다했지만 부상자에 비해 의사가 부족해 애를 태웠다는 것이다. 대한북로독군부 지휘부는 시급을 요하는 총상치료를 위해 용정 제창병원에 의사 구중서를 보내달라고 요청하는 공문을 보내기도 했다.●

[의사 천거에 관한 조회의 건]

지금 더위가 점차 박도하와 질병 발생이 심하여지는데(봉오동전쟁) 부상자는 아직 치료가 되지 못하여 진실로 우려하는 바이오며, 용정 제창병원의 의사 구정서具正書씨를 천거하고 또 ○씨의 소개에 의하여 수삼 명의 의사를 권유 입송하시기를 바라오며 작일에도 부상자로부터 재촉이 있는 실정이오매 되도록 구씨에게 소개된 몇 명을 대동하고 내임하시기를 요망합니다.

— 독군부 군무국장 이원李園 대한국민회장 구춘선 귀하●

봉오동 독립전쟁은 수천 명에 이르는 독립군 병력이 조화롭게 배치되었고, 무기와 식량, 군복 등 모든 면에서 잘 준비된 현대전이었다. 1912년의 자경단 설립, 1915년의 독립군기지 건설, 1919년의 대한군무도독부 창설, 1920년의 통합군단 대한북로독군부 창설에 이르기까지, 병참 책임자로서 전쟁 준비부터 마무리의 전 과정을 함께했던 최운산 장군의 부인 김성녀 여사는 우리 독립군이 봉오동 독립전쟁에서 다음의 전과를 올렸다고 증언했다.

적군 射殺 500여 명**, 중상자 700여 명, 경상자 1000여 명, 노획물자는 1. 대포 4문, 기관총 수십 정, 장총 500여 정, 탄환 수만 발에 수류탄 다수를 노획했다.

최근 일본군의 〈봉오동전투상보〉를 분석해 봉오동 독립전쟁 당시 참전한 일본군의 숫자가 그들이 기록한 것보다 훨씬 많다는 것을 밝힌 논문***이 나오는 등 새로운 연구가 늘어나고 있다. 봉오동 독립전쟁 100주년을 맞이하며 봉오동 독립전쟁과 북간도 무장독립운동에 관한 구체적이고 본격적인 연구가 많아지기를 기대한다.

- 〈군무국장 조회문〉, 군무발 제77호 수(受) 국민수 제157호, 민국 2년 7월 9일, 대한민국 2년 7월 6일
- ** 홍범도의 일지에도 일본군 사망 500명이라고 기록하고 있다.
- *** 이상훈(육군사관학교), 〈봉오동 독립전쟁에 대한 일본측 전과기록의 검토〉, 2019.10.25.

봉오동 신한촌과
무장독립군 기지 건설 이야기

봉오동은 원래 사람들의 발길이 닿지 않던 산
골이었다. 연길에서 살던 최운산 장군이 큰 뜻을 품고 자신의 소유지 중
풍수가 좋은 산골을 선택해 이주하고 일가친척들과 동포들을 불러들여
마을을 이루고 '봉오동'이라 이름 붙인 곳이다. 한자로 봉황 봉鳳, 오동나
무 오梧, 고을 동洞, 조국과 동포에 대한 사랑, 인류애를 담아 영원한 이상
향을 꿈꾼 곳이다.

최운산 장군은 먼저 마을 중심에 일가가 함께 머물 수 있는 큰 저택
을 지었다. 1909년, 할머니 청주 한씨 부인과 아버지 연변 도태 최우삼과
어머니 전주 이 씨 부인을 비롯한 4대의 대가족이 도시였던 연길을 떠나
외딴 농촌 마을로 이주했다.

일반적으로 전쟁을 준비하려면 가족을 전쟁터나 부대와 멀리 떨어진
곳으로 피신시키는 것이 상례다. 그러나 최운산 장군이 자립과 자주의
첫걸음으로 선택한 봉오동 신한촌은 후일 무장독립군 기지 건설의 기초
가 된다. 물론 처음부터 봉오동을 전쟁터로 삼겠다는 의도는 아니었다.
자신들의 삶의 터전을 지키기 위한 순수한 노력과 성과가 시간이 지나면
서 자연스럽게 무장투쟁의 기반이 되었고 독립군이 계속 유입되면서 마
을의 규모가 점점 커지고 주민들도 늘어났다.

봉오동에서 동포들과 함께 황무지를 개척하여 신한촌을 건설한 최운
산 장군은 민족정신을 기르기 위한 교육의 중요성을 강조하며 마을 아이
들을 위한 학교를 설립하였다. 바로 '봉오동사립학교'다. 봉오동사립학교

는 국어, 수학, 역사, 지리, 체육 등을 배우는 현대식 학교였다. 덕분에 봉오동 아이들은 신학문을 공부할 수 있었다. 후일 통합군단 대한북로독군부 부관을 지낸 독립군 간부 박영朴泳은 함경북도 경흥에서 태어나 1906년 경흥 일대에서 활동하는 반일의병대로 활동하다가 봉오동사립학교 교사로 재직했다.

1912년 첫 번째 부대 창설

당시 만주지역은 공적 치안조직이 부족했고 마적들이 횡행했다. 경제력이 있는 집안에서는 대부분 개별적으로 사병을 고용해 안전을 지켜야 했다. 뛰어난 무술 실력과 중국어에 능통했던 최운산은 중국 동북 3성의 지배세력인 장작림 군벌에서 군사훈련을 지도하며 전투에서 장작림의 목숨을 구해주어 특별한 신뢰를 받고 있었다. 최운산 장군은 장작림에게 봉오동에 대규모 자경단을 만들겠다고 요청했다. 조선인의 생명과 재산은 조선인이 지키겠다는 명분이었다. 장작림의 허락을 얻은 최운산은 자신이 데리고 있던 장작림 부대 병사 중에서 자경단 병력을 모집했다. 1912년 최운산이 장작림 군대를 이직하면서 봉오동으로 데려온 병사는 100여 명의 병력이었다. 이 병사들은 대부분 조선 사람이었다. 당시 간도 주민의 대부분이 조선인이었던 탓에 장작림의 부하들 중에도 조선인이 많았기 때문이다. 그러나 무술 실력이 좋은 중국인 병사도 몇 명 포함되어 있었다. 소수지만 중국인이 중국군을 떠나서 최운산의 사병으로 따라온 것이다. 중국군에서 최풍崔豊으로 불렸던 그의 경제력이 가장 큰 이유였지만 그에 대한 병사들의 신뢰와 존경이 그만큼 컸기 때문이었다. 자경단 병사들은 중국군에서 입었던 군복을 그대로 착용했다. 봉오동의 도독부 독립군은 중국군과 복장이 비슷해 구별하기 어려웠다는 기록이 가끔 등장하는 이유다.

이렇게 해서 비록 사병부대지만 봉오동에 대규모 무장 세력이 등장하기 시작한 것이다. 동시에 1912년, 군사훈련기관인 봉오동사관학교를 설립한 최운산 장군은 중국 군대에서 군사훈련을 책임졌던 뛰어난 무술 실력으로 독립군이 되길 희망하는 청년들을 모두 정예군으로 훈련시켰다. 그리고 러시아에서 구입해온 신식 무기로 그들을 모두 무장시켰다. 최운산의 자경단은 창립 초기인 1912년부터 100명이 넘는 군사조직이었다. 시간이 가면서 조선의 독립을 꿈꾸며 간도 전역과 조선에서 넘어오는 애국청년들의 합류가 계속 늘어났다. 겉으로는 비적들로부터 마을과 동포들을 지키는 자경단이었으나 내용적으로는 이미 독립군을 양성하고 있었기에 더욱 조직관리에 힘을 썼다. 자경단으로 출발한 사병부대가 독립군부대 '도독부'로 자연스럽게 발전했고 정규 군대의 편제로 재구성되기 시작했다.

1915년 연병장과 막사 건설

조국의 독립을 위해 목숨을 바치겠다는 열정을 품고 두만강을 건너온 수많은 애국 청년들은 봉오동으로 속속 모여들었다. 군사적 능력을 보유했을 뿐만 아니라 경제적으로도 안정된 최운산 장군이 그들을 모두 무장독립군으로 양성시켜주었기 때문이다. 1915년이 되자 병사가 수백 명에 이르렀다. 병사들을 수용하고 훈련할 더 넓은 공간이 더 필요했다.

도독부都督府는 한 개인의 힘으로 창설한 사병부대에서 시작한 조직이지만 점점 규모가 커지면서 정식 무장독립군부대로 발전하였다. 각 지역에 지방국地方局을 열어 간도로 들어오는 젊은이들이 봉오동에 모일 수 있는 시스템도 구축하였다. 1915년 군사훈련을 위한 연병장과 막사 등을 건축하면서부터는 외형적으로도 대규모 독립군다운 모습을 갖추게 되었다. 비록 중국 땅이었지만 최운산 장군과 각별한 관계를 유지했던 장작림이 이를 인정해주었기에 봉오동에서 이처럼 대규모 독립군조직을 편성하고 유지할 수 있었다. 이에 대해 최운산 장군의 부인 김성녀 여사도 1969년 국가에 제출한 서훈신청서에서 "지리적으로 한만 국경 근처인 석현, 봉오동, 양수천자 일대는 최운산 장군의 자령이라 해도 과언이 아닐 만큼 중국관헌에게 신임을 받고 있었다."고 밝히고 있다.

2장 대한군무도독부

지금으로부터 101년 전, 대한민국이 탄생했다. 1919년 2월 1일 중국에서, 2월 8일 일본에서, 3월 1일 국내에서, 이 땅의 민초들이 대한의 독립을 세계만방에 알렸다. 나라를 잃고 절망 속에 살았던, 그러나 더 이상 어둠을 견딜 수 없었던 이 땅의 백성은 대한제국의 시대를 끝냈다. 그리고 스스로 주인이 되는 그 어려운 길을 가겠다고 선언했다. 국내외 곳곳에서 거족적인 만세 시위가 이어졌다. 마치 간절한 외침

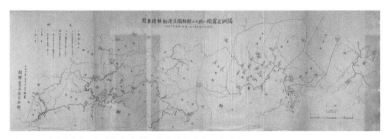

일본군 조선헌병사령부의 만주와 연해주 만세 시위 현장 조사 기록

에 서로 응답이라도 하듯이 전국에서, 세계 곳곳에서 만세 소리가 들려왔다. 대한민국은 이렇게 백성의 자주적인 힘으로 자신의 역사를 시작했다.

기미년 왕청현 백초구 만세 시위가
특별했던 이유

기미년에는 우리 민족의 독립을 향한 뜨거운 열망을 담은 거족적 만세시위가 있었다. 1919년 3월 1일 서울에서 시작한 만세시위는 압록강과 두만강을 건너 간도와 연해주에서 이어졌다.

당시 일본군 조선헌병사령부는 만주와 연해주에서의 만세시위 현장을 세세하게 조사하고 기록했다. 5월 15일에 집계된 이 사료의 기록에서 보듯이 만주 전역에서 대규모 시위가 두 달간 이어졌다. 이 집계 이후에도 간도에서의 만세시위는 계속 이어졌다. 조선인의 숫자가 많지 않았던 서간도 지역에서는 몇십 명에서 몇백 명이 모여 만세시위를 이어갔다. 그중 조선인 밀집 지역이었던 집안현에서는 수백 명씩 모였고 1400명이 모인 대규모 시위도 있었다. 주민의 대부분이 조선인이었던 북간도에서는 대부분의 지역에서 각각 수천 명씩 만세시위에 모여들었다.

3.11. 집안현 1400명	3.20. 훈춘현 훈춘 3000명
3.13. 화룡현 이도구 4400명	3.26. 왕청현 백초구 1500명
3.13. 화룡현 용정 4000명	3.26. 연길현 국자가 2000명
3.16. 화룡현 두도구 1000명	3.28. 훈춘현 구사평 4000명
3.17. 동녕현 삼차구 4000명	3.28. 왕청현 라자구 1000명
3.18. 화룡현 청산리 900명	

이 사료에서 눈에 띄는 지역 몇 곳만 대충 훑어봐도 사만 명이 넘는 어마어마한 인원이다. 그리고 이 사료는 각 지역의 밀정들이 기록한 보고를 정리한 것이니 각 지역에 대한 밀정보고서도 존재한다. 참석자가 몇 명인지, 주동자는 누구인지, 기념식이 어디에서 몇 시에 시작해서 몇 시에 끝났는지, 사람들이 얼마나 모였는지, 누가 발언을 했는지, 발언의 내용은 무엇인지 모두 자세하게 보고되었다.

북간도 봉오동에 터를 잡고 살던 최진동, 최운산 형제들 역시 만세 시위를 조직했다. 경제력과 군사력을 가진 왕청현 지역의 토호 세력이었던 최진동, 최운산 형제들은 왕청현뿐만 아니라 북간도 전역에서 지도력을 발휘하고 있었다. 여러 명의 사망자가 나온 3.13 용정 만세 시위와 달리 왕청현 백초구의 시위는 좀 더 치밀하고 새로운 전략을 선택했다. 바로 도독부都督府 독립군이 독립 만세를 부르는 시위대를 보호한 것이다.

최운산 형제들은 1919년 3월 26일로 날을 정해 길림성 왕청현의 행정중심지 백초구에서 만세 시위를 하기로 결정했다. 백초구는 일본영사관 분관과 일제경찰서를 비롯해 상가들이 많았던 상업 중심 지역이었다. 일본 내무부 장관에게 보낸 보고서●에는 그날의 시위 현장이 '백초구 왕청현서(경찰서)에서 북방으로 약 10정 거리, 일본영사관 분관에서 10정 정도 떨어진 곳에서 일어났다.'고 기록되어 있다. 당시 일본의 거리 단위가 정町이었는데 1정이 109m 정도라고 하니 경찰서에서 1.1km 정도 거리다. 또한 '해당 집합지점은 조선인 가옥 약 30호가 있는 부락'이라고 했으니 시내 중심에서 그리 멀지 않은 곳이었다.

●　　　1919년 소요사건에 관한 도(道)장관 보고철 제7권 중 4권.

이 보고서를 작성한 사람은 간도 백초구 보통학교 분교 부근의 소요 사건이 자신이 속한 학교에 관련된 사항이 있으므로 정황과 개요를 보고한다는 내용으로 보고를 시작한다. 그리고 '간도 백초구에서는 예전부터 3월 26일 오전 11시를 기하여 독립선언 시위 운동을 개시하려는 것을 공공연히 말하였다.'고 기록했다.

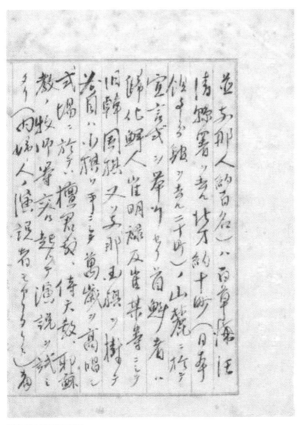

백초구 시위 보고문건

드디어 당일 대경자, 목단강, 하마힌, 대왕청, 라자구(백초구에서 26리) 등에서 집합한 자가 약 1500명(이 중 사립학교 및 서당의 조선인 학생 약 200명 및 중국인 약 100명)은 백초구 왕청현서(경찰서)에서 북방 약 10정(일본영사분관에서 10정)의 산록에서 선언식을 거행하였다.

왕청현의 여러 지역을 넘어 목단강, 라자구 등 제법 먼 곳에서도 모여든 1500여 명의 사람들이 함께 독립 만세를 선언했다. "조선인 학생 200여 명이 참석했지만 학교에서는 집회 참가를 불허했고 주의단속을 잘 해서 학생들이 참석하지 않았다."며 자신의 성과를 강조했다. 무엇보다 흥미로운 사실은 '이 시위를 주도한 수괴자는 귀화 조선인 최명록(최진동 장군의 본명) 및 최모 등'이라고 최 씨 형제들을 적시하면서 이 집회에 "중국인들 100여 명이 참석하고 구 한국기와 중국기를 나란히 게양했다."고 기록한 점이다. 최진동, 최운산 형제들이 평소 중국인들과 얼마나 각별한 관계를 맺고 지냈는지 상상할 수 있는 장면이다.

또한 이 선언식에는 각 종교의 지도자들도 참석했는데 "단군교, 시천교, 예수교의 목사들이 차례로 일어나 연설을 하였으며 이 중에 '부인(여성) 연설자'도 있었다."고 한다. 당시 연변 사회의 분위기가 상당히 깨어 있었다는 것을 짐작할 수 있다. 할머니 김성녀 여사도 이날 여러 친척들과 마을사람들을 모아 만세시위에 참석했다고 하셨다. 이 보고서는 중국군 병사와 순경들이 엄중 경계했다고 표현했지만 아마 이들은 중국군과 같은 색깔의 군복을 입었던 도독부의 독립군이었을 것이다. 그렇게 중국군과 합의하에 우리 군인들이 참석자들을 보호한 덕분에 용정의 3.13 시위와 달리 3.26 백초구의 만세 시위는 아무런 피해가 발생하지 않고 무사히 마칠 수 있었다.

그런데 이 보고서에도 일제 밀정의 존재가 드러나 있다. "학교의 학무위원인 김윤협은 공공연히 집회에 참가하였고 현도윤, 구무경, 박창극 3인은 그 전 언젠가 도망함으로써 아마 당일은 참가하지 못했을 것"이라고 짐작하면서, "이문백은 본 사건에 미리 관여하지 아니하였을 뿐만 아니라 오히려 선언서를 우리 분관에 밀송하여 내정의 원조를 하였다."고 기록한 것이다. 만세 시위에 정정당당하게 참가한 '김윤협'의 이름과 일제에 저항했던 어떤 사건으로 피신해야 했던 '현도윤, 구무경, 박창극' 세 사람의 이름, 그리고 밀정인 '이문백'이라는 사람의 이름이 일제보고서에 나란히 들어있다. 그 당시 존재했을 세 부류의 삶이 적나라하게 드러나는 100년 전의 밀정보고서를 보면서 역사의 이름으로 삶을 돌아보며 '독립운동가'와 '밀정'에 대해 다시 생각하게 된다.

대한민국의 첫 번째 군대: 대한군무도독부 창설

1919년 3.1혁명이 국내외에서 전격적으로 일어난 후 우국청년들이 일대 분기하여 간도로 달려와 무장 독립운동에 합류했다. 당시 연길, 화룡, 왕청, 훈춘현 등 북간도에 산재하고 있는 모든 독립군부대들에서 부대원의 숫자가 급격히 증가했다.

1919년 4월 11일, 상해에서 대한민국의 임시정부가 수립됐다. 최운산 장군은 남녀노소, 빈부귀천이 없는 공화국의 정신을 받아들이며 자신이 1912년부터 운영하던 독립군부대 '도독부'를 즉시 대한민국의 첫 군대 '대한군무도독부大韓軍務都督府'로 재창설했다. 최운산 형제의 저택이 그대로 무장독립군 대한군무도독부의 본부가 되었다. 당시 간도지역의 명망가 중 한 사람으로 다양한 사회활동에 주력하던 최진동 장군이 대한군무도독부大韓軍務都督府 부장府將으로 추대되었다.

도독부 부하들은 1912년 최운산 장군이 창설한 사병부대에서 발전한 도독부가 대한군무도독부가 되었으니 당연히 도독부 사령관이었던 최운산 장군이 사령관이 되어야 한다고 했지만 최운산 장군은 그들의 요청을 물리쳤다. 이제 개인 부대가 아니라 대한민국의 군대로 재창설되었기 때문이다. 최진동 장군은 백초구 순경국장직을 사직하고 대한군무도독부 사령관에 취임했다.

본격적으로 무장독립전쟁에 뛰어든 최운산 3형제는 이름을 진동, 문무, 치흥으로 바꿨다. 최문무(최운산)은 참모장으로 재정 등 군대 운영을 책임졌고, 작전과 전투를 지휘했다. 동생인 최치흥도 전략을 책임지는 작전 참모로 결합하면서 3형제가 혼연일체가 되어 대한군무도독부 부대 운영에 본격적으로 투신하기 시작했다. 할머니 김성녀 여사가 1969년 요로에 제출한 진정서에 밝힌 대한군무도독부의 무장 상황은 다음과 같다.

> 도독부군은 시초에 670명이 완전히 무장하였으며, 독지가나 의연금 등의 일분의 찬조금 없이 명실 공히 최운산 자신의 사재로서 장비, 피복, 식량 등을 조달 보급한 것이다. (중략) 당시 장비는 다음과 같다. 1. 대포 6문, 2. 장총 500여 정, 3. 권총 수십 정, 4. 실탄 수만 발, 5. 수류탄 수백 개.

《한민족독립운동사》는 "대한민국임시정부大韓民國臨時政府가 상해上

海에 수립되고 만주지역이 군사적 기능을 실질적으로 담당하게 되자 그 중요성이 더해 갔다. (중략) 대한민국임시정부는 (중략) 내외국민에게 독립전쟁에 대한 각오와 군사행동에 대한 노력을 당부하였고 끝내는 장기 전쟁계획이 시정 방침으로 발표되었다. (중략) 이로부터 만주의 한인 독립군은 대한민국임시정부의 군사적 임무를 담당한 국군으로서 국내의 한인의 여망을 받게 되었다."●고 기록하고 있다.

또한 역사가 김승학도《한국독립사》에서 "군무도독부는 3.1독립선언 후 일어난 단체로서 본부를 왕청현 석현에 두고 최진동(일명 명록) 3형제가 주동이 되어 활동한 단체이다. 독립군 500여 명 장총 오백여정을 갖고 있었으며 군복은 중국군인복색과 같은 회색을 착용하였으므로 중국 군인과 구별하기 곤란하였다. 부장에는 최진동(함북 온성 출신이며 중국 군대에서 다년간 전투경험이 있음) 사령관 이봉남 부사령관 이원 참모장에 김호석이었다."●●고 밝히고 있다.

대한군무도독부군은 1920년 간도의 모든 독립군이 대통합군단인 대한북로독군부를 이룰 때 그 중심에서 전투력을 담보하고 십리평의 사관연성소 운영을 지원하는 등 무장독립군부대 운영의 중심적인 역할을 했다. 만주 봉오동에서 창설된 대한민국의 첫 번째 군대 대한군무도독부는 실전경험이 풍부한 노련한 정예군이었다. 비적들이 횡행하던 1912년 동포들을 보호하기 위해 창설된 자경단 시절부터 꾸준히 훈련하면서 탄탄

● 국사편찬위원회 편, 〈1910년대 만주 독립운동 기지의 건설〉,《한민족독립운동사》(4권, 독립전쟁), 1988.

●● 김승학,《한국독립사》, 국사편찬위원회, 1965, p.391.

한 조직력을 키워온 역량 있는 무장 세력이었다.

　군대이면서 생산 활동에도 함께했던 그들은 봉오동이 대규모 독립군 기지로 발전해 가는 전 과정에 동참해 함께 농사를 짓고 토성을 쌓고 연병장을 만들어 훈련했다. 이렇게 장기간 무장독립전쟁을 준비해온 최운산 장군의 헌신과 도독부 동지들의 노력이 있어서 봉오동 신한촌은 훗날 대규모 통합군단 대한북로독군부가 주둔할 수 있는 대규모 군사기지로 발전할 수 있었다.

북로군정서 창설

　1919년 기미독립선언 이후 임시정부를 받아들이고 자신의 사병부대를 즉각 대한민국의 군대 대한군무도독부로 재창설한 최운산 장군은 일본의 정규군을 상대로 전쟁을 하려면 독립군의 규모와 세력이 더 확대되어야 한다고 판단했다. 더 많은 독립군을 길러내기 위한 결단이 필요했던 것이다. 또 하나의 부대를 창설하기로 결정한 최운산은 민족자결의 의기가 통하는 대종교 지도자 서일과 함께 봉오동 본부에서 멀지 않은 서대파에 '북로군정서' 창설을 주도하였다.

　최운산 장군은 대종교의 민족정신과 조직력을 바탕으로 무장독립군을 양성할 수 있도록 자신의 소유지인 서대파를 주둔지로 내어주고 무기와 식량, 군복 등 모든 군수물자를 제공했다. 북로군정서의 전신인 대한군정부가 그동안 주목할 만한 군사력을 갖지 못했다가 1919년 북로군정서로 재편되면서 갑작스럽게 북만 제일의 군사조직으로 등장할 수 있었던 이유가 여기 있다. 또한 앞서 언급했듯 최운산 장군은 서대파에서 멀지 않은 십리평에 사관연성소를 설립했다. 3.1 운동 이후 뜨거운 열망으로 모여드는 수많은 애국청년들을 정예 무장독립군으로 양성하기 위해서 본격적인 훈련과정이 필요했기 때문이다. 사관연성소는 북로군정서 설립 후 독립군 양성기관으로 창설된 6개월 과정의 단기군사학교였다.

북로군정서의 창설자가 김좌진 장군으로 알려져 있으나 북로군정서의 총재는 서일이고 김좌진은 독립군의 훈련을 책임진 사관연성소 소장이었다. 청산리 전투를 그린 소설 《우등불》에서 김좌진을 사령관으로 묘사한 이범석은 당시 약관 20세의 사관연성소 간부였다.

장기간 무장독립군을 훈련시키고 양성한, 경험이 많은 대한북로독군부의 간부가 사관연성소 운영을 지원했다. 북로군정서의 병사였던 이정 李楨이 1920년 7월에서 9월까지 작성한 《이정의 진중일지》를 살펴보면 본부인 대한북로독군부에서 사관연성소를 시찰한 사실을 기록해놓았다.

> 7월 26일　독군부 병원들은 오전 본영을 시찰하였다. 보병 조전·군대 내무서·야외 요무령·축성 교범·육군 형법·육군 징벌령 등, 인쇄물 각 1부를 독군부 소대장에 출급하다.
>
> 7월 27일　독군부 군인 1소대는 오전 9시경 십리평을 떠나 자기 기관으로 돌아가다. 십리평에 사관연성소 지소를 설치하고 본소 학도의 학력 부족자를 교련할 예정이었다.

김호석을 비롯해 이 진중일지에 등장하는 대한북로독군부 시찰단이 모두 대한군무도독부 출신 간부다. 또한 이 진중일지 8월 13일자의 기록에 의하면 당시 훈련생들의 분규가 있었고 이에 훈련소 관리 책임자인 김좌진을 비롯한 이범석 등이 본부로부터 징계를 받은 것으로 나와있다.

8월 13일　금요일. 맑음. 경신 6월 29일. 소정 명령으로 본부 교사 이범석·학도단 제1 학도대장 최준형崔峻衡·제2 학도대장 서리 오상세吳祥世는 1주일 경근신輕謹愼에, 한건원韓建源·강화린姜華麟·백종렬白鍾烈·김훈金勳 제 구대장은 10일간 금족禁足에 각각 처벌하고, 부총재 대리의 명령으로 소장註 김좌진은 2주일간 정직停職에 교수부장은 1주일간 경근신輕謹愼에 각각 처벌하고 학도단장은 의원면직하다.

　이렇게 상부의 지시를 받고 문책을 받았던 사관연성소장 김좌진이 그동안 북로군정서의 창설자로 알려진 것은 청산리 전투에 대한 연구자들의 좁은 해석에 기인한 것으로 사료된다. 연변에서 거주하던 최운산의 큰딸 청옥은 1990년대 초 한국을 방문하여 조카들에게 봉오동 독립전쟁을 비롯한 만주의 무쟁투쟁과 가족사를 전해주면서 북로군정서가 창설되기 전에 김좌진 등이 봉오동 독립군 본부인 최운산의 저택에서 장기간 머물렀다고 증언했다.

　당시 천 명이 넘는 규모로 북로군정서와 사관학교를 창설하고 부대 운영에 필요한 군자금 지원과 무기 구입 등으로 인해 상당한 규모의 재산이 한꺼번에 소진되어 어려움을 겪기도 했지만 최운산 장군은 이 모든 희생을 기꺼이 감당했다.

3장

통합군단
대한북로독군부

　　　　　　　　　　대한민국 임시정부는 1920년을 '독립전쟁의
원년'으로 선포하고 만주 무장독립군들로 하여금 무력투쟁을 최우선 과
제로 선택하도록 적극적으로 독려했다. 당시 간도에는 무장·비무장을
모두 합쳐서 수십 개 독립운동 단체들이 있었다. 그러나 일본군을 상대
로 무력투쟁을 할 수 있는 전투력을 갖춘 단체는 극소수에 불과했다. 대
부분 게릴라 활동 등을 통해 역량과 목표를 키워가는 상황이었다. 최운
산 장군은 이러한 여러 독립군부대를 통합하는 단일사령부 설치를 추진
했다.

　　1912년부터 훈련 양성된 대한군무도독부 670여 명의 독립군은 실전
경험이 많은 정예 부대였다. 그러나 그 정도 규모의 병력만으로는 당시
아시아 최강의 전투력을 자랑하던 일본군과의 전쟁을 대비할 수 없었다.
최운산 장군은 만주 각지에서 산발적으로 투쟁하던 독립군부대장들을
만나 대규모 통합군단을 이루어 전쟁을 준비해야 한다는 점을 설득했다.

사실 당시 만주 일대 독립군부대나 단체 중 최운산의 재정적 지원을 받지 않은 곳은 거의 없었다. 이미 그들과 깊은 관계를 맺고 있던 최운산 장군은 모든 독립군 단체에 안정적으로 주둔할 수 있는 주둔지를 제공하고 무기와 식량 등 필요한 모든 군자금 지원을 약속했다.

어느 시대나 전쟁의 승패를 가르는 가장 중요한 요인은 무기와 식량 공급 같은 재정지원이다. 이에 많은 무장독립운동 세력들이 봉오동으로 결집하게 되었다. 《한민족독립운동사》는 "대한민국임시정부大韓民國臨時政府가 상해上海에 수립되고 만주지역이 군사적 기능을 실질적으로 담당하게 되자 그 중요성이 더해 갔다. (중략) 내외국민에게 독립전쟁에 대한 각오와 군사행동에 대한 노력을 당부하였고 끝내는 장기전쟁계획이 시정방침으로 발표되었다. (중략) 이로부터 만주의 한인 독립군은 대한민국임시정부의 군사적 임무를 담당한 국군으로서 국내의 한인의 여망을 받게 되었다."고 기록했다.

그러나 당시 북간도의 무장독립군 단체들이 대통합을 이루기까지는 지난한 과정이 있었다. 각 단체들의 특성과 관계를 정리하기 위한 수차례의 회의를 거듭했다. 그리고 마침내 대통합을 이뤄냈다.

다음은 1920년 5월 3일 국민회·군정서·신민회·군무도독부·광복단·의군단의 6개 단체 대표들이 봉오동에서 협의한 18개항이 담긴 서약서다.

재북간도각기관협의회서약서在北墾島各機關協議會誓約書

본협의회는 북간도각기관의 정신통일과 사업발전을 위하여 다음과 같이 서약을 체결한다.

❶ 본 협의회에 참가한 신민단·군정서·도독부·광복단·국민회·의군단은 5월 11일 음력 3월 23일에 모연대를 소환한다.

❷ 각 기관내 군적軍籍에 등록한 군인은 상호 강제로 편입할 수 없게 한다.

❸ 차후로는 지방기관설립과 인원모집은 민의에 따른다.

❹ 각 기관은 모금이 필요할 시에는 협의회의 의결에 의한다.

❺ 어떤 기관과 기관이 쌍방 암의領意로 연합할 시는 협의회에서 찬성한다.

❻ 각 기관의 지방기관에 대하여 상호 침해할 수 없다.

❼ 자단체自團體의 통신기관에 대하여는 물론 각 단체의 통신을 급속, 신실하게 전달한다.

❽ 각 단체의 어느 기관을 불문하고 경보警報있을 시는 합력 구원한다.

❾ 사업 진행상의 비시卑猍기관의 능력으로 처결할 수 없을 시는 협의회에 제출한다.

❿ 금일 회의에 내참來參하지 않은 단체에 대하여 상호 성의로 권고하여 본회에 참가한다.

⓫ 협의회기관보를 발행한다.

⓬ 매월 1일·15일을 협의회정기회기로 정한다.

⓭ 특별사항이 있을 시에 2개 기관 이상이 동의하면 특별회를 개최한다.

⓮ 협의회의원은 각 기관으로부터 2인씩 매차每次파견한다.

⓯ 결缺

⓰ 일후日後긴요사정에 의하여 위의 제반조건은 협의회의 결의로 증산增刪할 수 있다.

⓱ 이상 조약에 위반하는 기관이 있을 시는 2차 권고로 반성하지 않으면 최후의 수단을 쓴다.

⓲ 위 서약 기일은 오는 11일로 한다.

대한민국 2년 5월

신민단 대표 김준근·이홍수, 군정서 대표 나중소·김좌진, 군무도독
부 대표 최진동·이춘범, 광복단 대표 전성륜·홍두극, 국민회 대표
김병흡·김규찬, 의군부 대표 김종헌·박재눌

이 서약서에 기록된 날짜가 대한민국 2년 5월이다. 북간도의 독립군
이 대한민국의 군인으로 독립전쟁에 임했다는 것을 명확하게 알 수 있는
근거다. 그들이 원하는 독립은 이미 사라진 나라 조선을 되찾자는 것이
아니었다. 상해의 임시정부를 받아들이고 인민들이 주인이 되는 새로운
나라 대한민국을 함께 건설하겠다는 의지를 천명한 것이다.

곧이어 양대 조직인 대한군무도독부와 대한국민회가 통합하였고 대
한북로독군부가 창설되었다. 1920년 5월 19일 오랜 기간에 걸친 민족적
열망들이 결집되어 만주 봉오동에 독립군 통합군단 대한북로독군부가 창
설된 것이다. 최진동 장군이 총사령관인 부장府長을 맡았다.

다음은 〈대한북로독군부 성립 서약서誓約書〉의 전문이다.

〈誓約書〉

아량기관我兩機關은 민족정신의 통일과 軍務勢力군무세력의 확장을
讓謨양모하기 위하여 永久合一영구합일할 것을 확실히 서약한다.

- 국민회의 군무위원회와 군무도독부의 명칭을 취소하여 기관을 통
합하여 大韓北路督軍部대한북로독군부라고 개칭한다.

- 국민회는 행정기관, 대한북로독군부는 군사기관으로 하여 사무를
각각 집행하는 것으로 하여 국민회는 북로독군부를 보조하고 일체
군무를 籌備주비할 것.

- 전 대한군무도독부의 지방기관인 地方局지방국은 국민회에 귀속할 것.
- 위 서약은 양 기관대표 날인일로부터 시행한다.

대한민국 2년 5월 19일

전 대한군무도독부 대표 최진동. 대한국민회 대표 김병흡, 군무위원 대표 안무

최운산의 부인 김성녀 여사는 봉오동 독립전쟁에 관한 증언을 남긴 진정서에서 "각각 개별적 활동을 하던 북만 독립군들이 여러 차례의 회동을 거쳐 봉오동을 근거지로 대동 통합하게 된 원인 중 최대 요건은 독립군의 무기 및 모든 장비, 피복, 식량 등 제반 자금 문제를 최운산이 모두 책임지기로 합의한 것에 있다."고 증언하였다. 통합군단 대한북로독군부의 병력은 수천 명에 달하였다. 명실상부한 대군단이 탄생한 것이다. 최운산 장군은 참모장으로 재정과 행정을 책임졌을 뿐만 아니라 군사정보를 수집하고 작전회의를 이끌며 전투 지휘관으로 직접 전투에 참전하였다.

대한북로독군부 소속 모든 부대의 간부들은 수시로 본부에서 군수품을 공급 받았다. 본부인 최운산의 집에서 장기간 머물기도 했던 연대장 김좌진을 비롯해 연대장 홍범도 등 간부들이 각각의 주둔지로 돌아갈 때는 식량을 실어가는 수레 행렬의 끝이 보이지 않았다고 최운산 장군의 큰딸 청옥은 증언했다. '대한북로독군부' 군의 군복 제작과 식량보급을 책임지며 부대 운영에 적극적으로 참여한 최운산 장군의 처 김성녀●가 기록한 대한북로독군부의 조직은 다음과 같다.

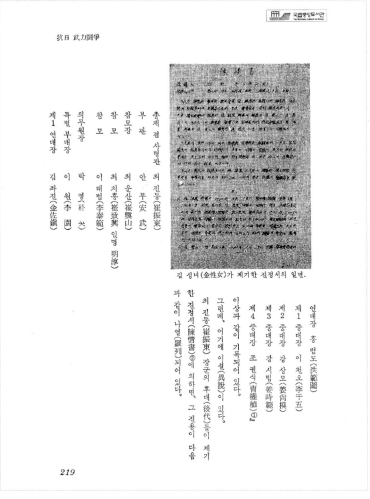

김 성녀(金性女)가 제기한 진정서의 일면.

총재 겸 사령관 최 진동(崔振東)
부　　판 안 　무(安　武)
참 모 장 최 운산(崔雲山)
참　　모 최 치흥(崔致興) 일명 明淳
참　　모 이 태범(李泰範)
의무원장 박 영신(朴　永)
특별부대장 이 원(李　園)
제1연대장 김 좌진(金佐鎭)

연대장 홍 범도(洪範圖)
제1 중대장 이 천오(李千五)
제2 중대장 강 상모(姜尙模)
제3 중대장 강 시빈(姜時範)
제4 중대장 조 권식(曺權植)①

이상과 같이 기록되어 있다.

그런데, 여기에 이설(異說)이 있다.

최 진동(崔振東) 장군의 후대(後代)들이 제기

한 진정서(陳情書)①에 의하면, 그 진용이 다음

과 같이 나열(羅列)되어 있다.

219

김성녀 여사의 진정서

● 　　김성녀는 독립군 창설 시초부터 식사제공은 물론 부락 부녀자를 동원 독립군
에 필수품, 군복을 위시하여 장류(된장, 간장 등)에 이르기까지 각종 물품을 직
접 조달하였으며, 최운산 장군 부재 중 급한 정보를 입수시에는 중요한 정보를
타인에게 의하여 전할 수 없어 직접 주야불구하고 본영진지에 연락하곤 했다.

개편 후의 북로독군부 조직

총재 겸 사령관	최진동	부관	안무
참모장	최운산	참모	최치흥(일명 명순)
참모	이태범	의무원장	박영
특별부대장	이원	제1연대장	김좌진
제2연대장	홍범도	제3연대장	오하묵
대대장	최태례	대대장	최도례
제1중대장	이천오	제2중대장	강상모
제3중대장	강시범	제4중대장	조권식

통합 후 장비 및 인원은 다음과 같다.

1. 대포 10여 문, 2. 기관총 수십 정, 3. 장총 천여 정, 4. 권총 수백 정, 5. 수류탄 수천 개, 6. 실탄 수만 발, 7. 병력 수는 수천에 달하였고 군복은 중국 군인복과 동일하였다.

봉오동 독립전쟁 직전인 1920년 5월 당시 중국 동북 3성을 다스리던 순열사 장작림에게 일제의 봉천 총영사가 보낸 외교문서 〈본년 5월 중 만주내의 불령선인의 행동 개요〉를 보면 대한북로독군부가 창설된 1920년 5월의 북간도 상황을 비교적 객관적으로 확인할 수 있다. 간도의 독립군의 움직임에 대해 보고한 이 보고서는 압록강 방면과 두만강 방면에 대한 보고로 나누어져 있고, 그중 〈두만강 방면의 개황〉은 대부분 봉오동 독립군에 관련 보고로 채워져 있다. 이 문서는 "봉오동 불령선인은 재봉틀 8대를 매입 독립군의 군복을 피복을 만드는 중이다. 왕청현 봉오동과 부근 부락에는 불령선인 약 1000명이 산숙散宿하는 연병장 2개소를 설치 매일 교련을 실시하고 있고 차시且時 부근 부락을 배회 시위운동을 한다."고 봉오동의 대한북로독군부 독립군 상황을 대략이나마 파악하고 있다.

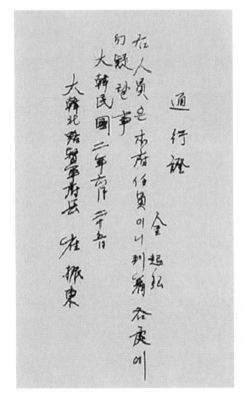

봉오동 독립전쟁 당시 독립군이 사용한 통행증 사진 총사령관 최진동 장군 명의의 이 통행증은 대한민국 2년, 즉 1920년 6월 25일 발행한 것으로 〈대한북로독군부〉 독립군은 대한민국 군인 신분이었다.

4장 | 영원을 꿈꾸던 독립군 기지 봉오동을 떠나다

봉오동 독립전쟁에서 대패한 일본군은 독립군의 위력에 크게 충격을 받았다. 일본군은 독립군이 더 이상 강해지면 일제의 조선 통치와 만주 점령 계획에 큰 위협이 될 것을 우려했다. 일제는 그동안 중국에게 북간도의 우리 독립군을 토벌해달라는 협박과 협상을 계속하던 중이었다. 그러나 일본군은 중국군 단독으로는 독립군을 상대할 실력이 없다는 점을 파악하고 있었다. 그것은 다음의 일제 밀정 보고서 자료들에서도 알 수 있다.

간도지방의 중국군대 (중략) 소질이 불량한 집단으로서 극언한다면 쿠리에 군복을 입힌 것에 불과하였다. (중략) 군사적 소양이 없고 (중략) 극단의 탄약 절약의 관계상 그들은 1회의 사격연습까지도 행하지 못한 상태이므로 그 실력에 있어서 불령선인단에 대항한다 할지라도 거의 승산이 없는 상태이다.

일제는 봉오동 독립전쟁을 통해 비로소 만주의 우리 독립군의 구체적 전력을 알게 되었던 것이다. 따라서 독립군을 상대하려면 봉오동 때보다 훨씬 많은 병력을 출병시켜야 한다고 판단했고, 당시 밀정보고서는 독립군의 사령체계와 인원을 파악해서 보고하느라 바빴다.

> 6월 중순 노령에서 서상렬 군사 100명 인솔 군정서에 합, 동도군정서 동도독군부 행정군무설치, 병력 삼천, 독립군 위력 강세, 지나 군경은 도저히 진정할 수 없어 간도는 독립군에게 유전당할 것임. 지금 준비해야(고경31186)

> 독립군 3000명, 위력 강세, 알아하 불령단 무산간도로 이동 중, 삼도구 집합, 무산 침입기도, 침습 퇴각에 유리한 안도현 산림지대 퇴각로, 홍범도 의란구 운계동에 숙영, 최명록 배하 1대는 의란구 석인구, 허근 1대는 왕청 소백초구, 불령단 간부는 항시 거처 변경 호위대, 정찰대, 전시와 같은 분위기, 간도불령단은 거의 통일되어서 동도군정서, 동도독군부및 파견부대, 동도군정서 400명 동도독군부 1600명

한편 최운산 장군 또한 다양한 정보수집을 통해 봉오동 독립전쟁에서 대패한 일본군이 설욕을 위해 대규모 출병을 준비하고 있다는 사실을 탐지했다. 총사령관 최진동 장군과 지휘부는 모여 일제의 다음 공격에 대비한 회의를 여러 차례 열어* 봉오동이 이미 적에게 노출되었으니 봉오동에서 일본군과의 전면전을 피하고 일제의 영향력이 덜 미치는 연해주로 독립군의 근거지를 옮기기로 결정했다.

이는 대규모로 쳐들어올 일본군을 두려워한 것도, 전력의 차이에서 오는 승리의 불확실성 때문도 아니었다. 우리 독립군은 봉오동 독립전쟁의 승리 이후 그 어느 때보다 전투력을 자신하고 있었다. 그러나 독립은 일본군과의 전투 몇 번만으로 달성되는 것이 아니었다. 이미 확보한 독립군 병력을 최대한 유지하면서 전략적으로 가장 중요한 때에 결정적 승리를 쟁취해야 했다. 또한 지속적으로 더 많은 독립군을 양성해야 할 필요가 있었다. 최운산 장군과 지휘부는 국제 외교관계를 주시하며 소련과 일본이 전쟁을 벌이거나 혹은 중국과 일본이 싸울 때 독립군이 보다 더 강화된 전력으로 연합전선을 만들어 일제와 겨루고자 했다.

또한 일제와의 외교적 마찰이 커지는 것을 원하지 않았던 중국도 우리 독립군이 가능하면 중국 관내를 벗어나서 다른 곳으로 이동하기를 원했다. 이런 여러 가지 상황 속에서 최운산 장군 형제들과 대한북로독군부 지휘부는 중국 측의 요구를 받아들여 연해주에 있는 독립군과 힘을 합치기 위해 자유시로 이동하기로 결정했다.

봉오동은 최운산의 일가친지들이 시작해 조선에서 모여온 동포들이 오랜 시간 공들여 함께 신한촌을 형성하고 무장독립군 기지로 완성시킨 소중한 개척지였다. 두만강을 건너온 애국청년들이 조국 독립을 위해 헌신하는 정예 독립군으로 거듭났던 공간이었다. 단단한 성채로 둘러싸여 일제 밀정이 제대로 정탐할 수 없었던 독립군의 안식처이기도 했다. 봉오동을 떠난다는 결정은 결코 쉬운 일이 아니었다. 전위를 결정한 최운산

●   〈고경23792〉에 따르면 6월 30일 지방대표회의, 7월 1일 알아하 장동에서 연합회의, 7월 7일 구룡평 연합회의가 있었다.

형제들은 독립군 지휘부와 함께 피로 맹세를 나누고 앞길을 다짐했다.

혈서동맹성고문血書同盟誠告文

彼蒼者天이여 四海를 光晴ᄒ시고 我 二千五百萬 民衆을 극救ᄒ
오며 光復大業을 速成키 ᄒ옵기를 혈血노써 告ᄒ옵나이다! (천지만
물의 창조주 하늘이시여! 우리 이천오백만 민중을 긍휼히 여기시고 대
한민국의 광복을 하루빨리 이루어 주시기를 청하옵니다!)

大韓民國 二年 九月 九日 亥刻 於 鳳梧洞

이 혈서에 무슨 설명이 더 필요할까! 봉오동 독립전쟁의 승전을 허락
한 하늘에 하루빨리 대한민국의 광복을 이루어달라는 간절한 기도다. 대
한북로독군부는 이 혈서동맹성고문의 기도와 의지를 가슴에 품고 연해
주로 길을 떠났다. 앞날이 보장되지 않아도 결단코 그 길을 걸어야 하는
우리 독립군의 각오와 의지, 그리고 희망이 이 혈서 한 장에 모두 담겨
있다.

이동 중에 산에서 숙영을 하거나 마을에 들러 동포들의 도움을 받아
야 하니 수천 명 대군단이 모두 한꺼번에 움직일 수 없었다.

대한북로독군부 총사령관 최진동 장군과 최운산, 최치흥 형제는 주
력부대 1000여 명과 함께 봉오동 북쪽 라자구 방향으로 행군하기 시작
하였다. 홍범도, 김좌진 등은 봉오동 서쪽 백두산 방향으로 이동했다. 동
포들이 사는 마을에 한 독립군부대가 지나가고 나면 며칠 후 다른 독립
군부대가 지나갔다. 마을사람들은 그들을 열렬히 환영하였고 봉오동 독
립전쟁의 승전을 함께 기뻐했다. 목숨을 걸고 일본군과 싸운 독립군에
감사하며 음식을 대접하고 식량을 보급해 주었다.

청산리 전투에 대하여

비록 연길에 일본영사관이 있고 일제의 경찰대도 파견되어 있었지만 북간도 지역은 엄연한 중국 땅이었다. 아무리 일제라고 해도 마음대로 군대를 파견할 수는 없었다. 그리하여 1920년 10월 2일, 이른바 '훈춘사건'●을 일으킨 일본은 중국 국민당 정부에 독립군이 일본인들을 죽이고 일본영사관을 습격했다고 거짓 주장을 하고 만주 지역의 독립군을 완전히 없애버리겠다는 구실을 만들었다.

간도로 출병한 일본군은 먼저 독립군 본부가 있던 봉오동과 서대파 방향으로 쳐들어왔다. 하지만 우리 독립군은 이미 봉오동을 떠난 뒤였다. 최운산 장군의 가족과 친지 중 남자는 모두 독립군이었다. 그들은 이미 마을을 떠나고 없었고, 독립군 가족인 마을 사람들 또한 일본군을 피해 산으로 들어가 숨었다. 마을에는 고령의 청주 한 씨 할머니를 비롯한 몇 사람과 중국인 가족들만 남아 있었다.

독립군을 발견하지 못한 일본군은 분통을 터뜨리며 봉오동 본부를 불태우기 시작했다. 최운산 장군의 저택은 전소되었고, 최진동, 최운산 장군의 가족들은 모두 현상금이 걸렸다. 여자와 아이들까지 대인 500원, 소인 300원의 거금이었다. 그러나 조선사람, 중국사람 할 것 없이 모두 최운산 장군 가족을 아끼고 존중했다. 일제의 협박과 유혹에 넘어가서 가족들을 위험에 처하게 하거나 고변하는 사람은 아무도 없었다. 무사히 살아남은 김성녀 여사는 가족들과 함께 불타버린 봉오동을 떠나 월정사

●　훈춘 사건은 1920년 일제가 봉오동에서의 패배를 만회하기 위해 중국 마적단과 내통해서 고의로 일본 관공서를 습격한 사건이다.

로 피신했다.

한편 서대파에서 출발해 백두산 방향으로 이동하던 독립군은 미처 다 빠져나가지 못한 상태에서 일본군 부대가 가까이 왔다는 사실을 알게 되었다. 전면전은 불가피했다. 봉오동 독립전쟁을 통해 자신감을 갖춘 독립군은 일본군이 뒤쫓아 오는 방향을 확인한 후, 산 중턱에 몸을 숨기고 전투를 시작했다. 서로 나뉘어서 부대별로 이동하고 있던 독립군부대들은 일본군의 앞뒤에서 합동작전을 펼쳤다. 우리 독립군부대들은 이동하는 도중 약 일주일 동안이나 여러 곳에서 계속 전투를 치러야 했다. 이것이 바로 청산리 전투다.

우리 독립군이 일본군에 대패를 안긴 청산리 전투는 청산리와 라자구를 지나던 대한북로독군부 독립군이 엿새 동안 갑산, 천수평, 어랑촌, 고동하, 천보산, 백운평, 천수평, 완루구, 라자구 등 여러 지역에서 치러낸 독립전쟁이었다.

당시 최운산 장군이 이끄는 주력부대는 봉오동 동북쪽에 있는 라자구 방향으로 행군하고 있었다. 일본군은 봉오동에서 라자구까지 산길이든 평지이든 훤히 알고 움직이는 독립군을 도저히 추격할 수 없었다. 이 지역에는 최운산 장군이 독립군을 훈련시키면서, 그리고 무역을 위해 오가면서 만들어 놓은 비밀장소도 있었다. 아무리 일본군이 열심히 추격해도 독립군을 만날 수는 없었다. 청산리 근처에서의 독립군 전투상황을 보고 받은 최운산 장군은 일본군의 작전을 교란시키기 위해 라자구 근처에서 일본군을 선제공격했다. 독립군의 그림자도 보지 못했던 일본군은 라자구에서 벌어진 독립군의 갑작스런 공격에 치명타를 입었다. 대승을 거둔 독립군은 다시 연해주로 길을 떠났다.

자유시 참변,

그러나 포기할 수 없는 독립운동

당시 소련은 만주 독립군에게 전적인 지원을 약속했다. 임시정부도 소련과 비밀조약*을 맺었다. 밀산에 결집한 4000여 명의 독립군들은 노령露領에서 계속 무력항쟁을 이어가기 위해 다시 자유시(스보보드니)로 이동했다. 소련 측은 독립군에게 필요한 식량과 무기 등을 지원하기로 하고 우리 독립군은 소련과 교전하다 퇴각하는 일본군과의 싸우기로 했던 것이다. 그러나 갑작스럽게 러시아 내전이 종식되었다. 어느 시대든 불변하는 국제관계는 없다. 모든 국제관계는 자국의 이익을 최우선으로 재편되는 법이다.

소련과 일본은 더 이상의 전투 없이 일본군이 소련에서 철수할 것을 보장하는 비밀조약을 맺었다. 모스크바에서는 일본이 더 이상 소련의 적군이 아니라는 결정을 지역 군부에 하달했다. 그리고 더 이상 독립군의 이용 가치가 없어졌다고 판단한 소련은 일제의 요구에 따라 오히려 대한민국 독립군을 무장해제시키려고 했다. 그들은 독립군에게 군사지휘권을 버리고 소련군에 편입되거나 무기를 버리고 다시 돌아갈 것을 요구했다.

하지만 대규모 독립군 군단이 이미 소련 영토 안으로 들어와 알렉세옙스키(스보보드니)에 모여 있었다. 이곳은 소련이 우리 독립군에게 대한민국 독립을 위한 활동을 보장한 곳이었다. 당시 최운산 장군은 첩보를

* 1920년 7월 한형권 임정 대표는 소련 정부와 4개항의 협정을 체결한다. 1항 독립지원, 2항 공산주의를 받아들인다, 3항 독립군 훈련 및 무기 공급, 4항 소련 영토에 있는 한 소련군 사령관의 지휘에 따른다.

통해 소련의 강경 노선을 파악하고 형님인 최진동 장군과 지휘부에 이 사실을 알렸다. 최운산 장군은 일단 안전한 지역으로 우리 독립군을 이동시킬 것을 강력히 주장했다. 그러나 소련군의 심한 견제와 감시 속에 이동조차 자유롭게 않았던 상황이었다. 사령관 최진동 장군과 독립군 지도부는 최운산 장군의 제안을 받아들이지 않았고 자유시(스보보드니)에 계속 주둔하기로 결정했다. 상해 임시정부를 대표했던 국무총리 이동휘와 최진동 장군 등 지휘부는 소련과 외교적 협상을 통해 이 문제를 해결하려고 백방으로 노력했다. 그러나 상황이 심각하다는 것을 파악한 최운산 장군은 비밀리에 철수작전을 세웠다. 우선 자신의 휘하 부대를 소집해 군자금 모연활동을 핑계로 소규모 철수에 성공했다.

그러나 사태는 더욱 급박하게 돌아갔다. 당시 자유시에는 연해주에서 창설된 사회주의 계열 독립군과 만주 지역 사회주의 독립군이 함께 모여 있었다. 두 계파 사이의 의견 충돌과 주도권 다툼이 일어났다. 이런 상황에서 소련군은 독립군에게 소련군에 통합해 활동하라는 요구를 내놓았다. 소련 측의 요구를 받아들여 그들과 힘을 합쳐야 한다는 의견과 어떤 경우에도 무장 해제 요구는 받아들일 수 없다며 절대 불가를 외치는 쪽으로 의견이 갈렸다. 독립군에게 무기는 목숨과 같은 것이었다. 이견은 결국 무력 충돌로 이어지고 말았다.

독립군 사이에 군사적 충돌이 벌어지자 그 기회를 이용해 대한민국 독립군을 모두 무장해제 시키려고 소련군이 탱크를 밀고 들어왔다. 결국 수많은 독립군이 소련군의 총과 탱크 아래 쓰러지고 말았다. 나라의 독립을 위해 봉오동 독립전쟁과 청산리 전투에서 치열하게 싸워 승리를 거두었던 대한민국의 독립군이, 일본과의 더 큰 독립전쟁을 준비하기 위해 배고픔과 한겨울의 추위까지 견뎌가며 연해주 자유시로 왔건만, 우리의 젊은 청춘들은 그렇게 허무하게 소련군의 탱크에 밀려 쓰러지고 죽어갔다.

연해주에서 수많은 독립군이 목숨을 잃었다. 이는 우리 독립운동사에서 가장 뼈아픈 고통과 슬픔을 안겨준 역사적 참변이었다. 만주에서 소련으로 이동했던 수천의 독립군 중 절반 이상이 목숨을 잃거나 감옥에 갔다고 해도 과언이 아니었다. 공산 계열에 포섭되기를 거부한 최진동 장군의 부대도 가장 큰 피해를 입은 독립군 중 하나였다. 조국의 독립을 위해 싸우는 독립군의 자유를 보장해주기로 약속했던 도시, 그래서 '자유시'라 불렸던 곳에서 수많은 동지들을 잃었던 것이다.

모든 것을 잃어버린 우리 독립군은 어느 나라든 자국의 이익만을 최우선으로 한다는 냉혹한 현실을 뼈저리게 체험했다. 조국의 독립을 위해서는 우리 스스로 힘을 길러야 한다는 것을 다시금 깨달았다. 살아남은 동지들과 최진동, 최운산, 최치흥 형제는 재기를 다짐하면서 중소中蘇 국경 부근에 있는 북간도 삼림 지대로 다시 옮겨왔다.

일찌감치 무역업 등을 통해 국제 정세와 정보의 중요성을 간파한 최운산 장군은 만주와 소련, 그리고 국내의 일본군과 일제 경찰에 대한 정보를 파악하기 위한 첩보부대를 지속적으로 운영했다. 최진동 장군이 군대와 함께 주로 북만주에 머무르는 사이 최운산 장군은 군자금 마련과 정보 수집을 위해 모연부대와 함께 국내와 중국, 그리고 소련의 국경을 넘나들었다. 당시 셋째 최치흥은 국경지대인 흑룡강성 근처의 작은 농촌 마을에서 아편을 재배하는 농부로 위장해 신분을 숨기고 머물면서 독립군의 비밀연락책으로 군자금을 전달하는 한편 독립군 모집 활동을 계속했다. 최운산 장군 휘하의 독립군은 장기간 첩보전을 수행한 노련한 병사들이라 외부에 노출되지 않도록 가능한 문서를 만들지 않았다. 당시 곳곳에 밀정들이 암약하고 있었기에 활동기록을 많이 남기는 것은 위험하다는 판단 때문이었다. 사실 지금까지 전해진 독립운동 관련 사료 중 독립군이 자체적으로 기록을 남긴 것은 찾기 어렵다. 남아있는 독립운동 기록이란 대부분 일제의 외교문서나 밀정보고서에 기록된 것들이다. 그 외에는 일본군에 패하면서 시간이 없어 미처 문서를 소각하지 못하고 빼앗겼던 기록들이 그대로 남아있을 뿐이다. 때문에 전투에서의 승리나 비밀첩보 활동 등 값진 업적은 대부분 후세에 전해지지 않고 있다. 오히려 전투에서 패하고 문서를 빼앗긴 기록 덕분에 혁혁한 공을 세운 주력부대가 아니라 패전부대가 오히려 독립운동사에서 그 위상과 활동을 더 크게 인정받는 경우도 있다.

최진동, 최운산, 최치흥 형제는 자유시 참변과 같은 격변을 겪으면서도 절망하지 않고 항일 의지를 불태우며 다시 독립군을 결집했다. 연해주와 북만주 곳곳에 사관학교를 세워 독립군을 양성하며 계속해서 항일 투쟁을 이어갔다. 독립군이 안전하게 주둔할 수 있는 기지를 건설하기 위해 삼림 지역의 땅을 다시 사들였다.* 이를 위해 위험을 무릅쓰고 국내외로 다니며 군자금을 모집하는 한편 봉오동에 있는 부친 최우삼에게 군자금을 보내달라는 연락을 보내기도 했다. 편지를 받은 증조부 최우삼과 당시 집안 살림을 책임지고 있던 부인 김성녀 여사는 땅을 처분하고 군자금을 마련해 연해주로 보냈다. 최운산 장군 형제들은 삼림 지역인 동녕현의 넓은 땅을 사서 '고려촌'이라고 이름 붙이고 군사학교를 세워서 독립군을 양성했다. 훈련을 마친 군인 중 일부는 다시 집으로 돌려보냈다. 그것은 봉오동 기지처럼 식량 문제를 해결할 수 있는 준비된 상황이 아니었기 때문이다. 집으로 돌아갔다가 언제든 일제와 싸울 때 소집령을 내리면 독립군으로 복귀하도록 하고 다시 돌려보내는 방법을 택한 것이었다.

　최운산 장군은 독립전쟁 중에 사망한 독립군 가족에게는 정기적으로 생활비를 전달하게 했다. 봉오동에 있는 부인 김성녀 여사에게 사망한 독립군 가족들의 생활비 지원을 부탁하기도 하고 모연활동을 하는 독립군이 직접 전달하기도 했다.** 김성녀 여사는 최운산의 토지 등 재산을 처분해서 군자금으로 보내고 독립군 가족들의 생활비를 전달하는 일을 계속했다. 경신 참변은 경신년의 전투에서 대패한 일본군이 독립군의 가족이나 혹은 독립군에 협조했다는 이유로 간도에 사는 수많은 우리 동포들을 죽이고 마을과 집을 불태운 사건이다. 북간도에는 경신 참변에서 살아남았지만 집을 잃은 가족들이 많았다. 최운산 장군은 경신 참변에서 살아남은 동포들을 도울 방법을 생각했다. '삼동'이라는 지역에 땅을 사서 독립군 기지를 만들고 경신 참변에서 살아남은 독립군 가족을 이주시킬 계획을 세웠다. 독립군들이 땅을 개간하고 독립군 가족들이 와서 농사를 지으면 식량을 자급자족할 수 있게 되고 독립군 가족들도 살 곳을 얻을 수 있게 하려는 것이었다. 말하자면 '고려촌'과 새로 마련하는 '삼동'지역에 독립군을 분산시켜 주둔하게 하려는 것이었다. 1년의 노력 끝에 삼동 지방의 토지를 구입하고 독립군부대를 옮기고 일제에 의해 집을 잃었던 사람들도 이주를 시작했다. 최진동, 최운산 장군 형제들과 우리

●　　김춘선, 안화춘, 허영길 공저, 《최진동장군》, 흑룡강조선민족출판사, 2006.;
　　일제문서 機密 제472호 〈불령선인단근거지 이동 및 조직변경에 관한 건〉,
　　p. 203.
●●　　〈국공 7.27〉, 임국정, 나일, 한상호, 윤준희 앞, 귀댁에서 금옥과 같은 가족을
　　철창에 두고… 우리 민족 일반이 동정의 눈물을 흐리고 있음은… 위문금 1백
　　원을 보내니…

독립군은 일제와의 독립전쟁을 다시 처음부터 하나씩 준비해 나갔다. 우리 독립군의 활약이 신문을 통해 국내에 있는 동포들에게 알려지면서 북간도에 있는 독립군은 다시 대한민국 독립의 희망이 되었다.

이미 보도한 바와 같이 북간도와 아령소런 방면 근처에 근거를 둔 독립당 최진동이 거느린 다수의 부하가 무기를 가지고 그 세력이 매우 굳세다 한다. 중국 관헌 간에서도 매우 염려하고 있다. 동녕현 지사가 조사하여 길림성 성장에게 보고한 바에 의하면 최진동의 부하는 4,199명이며 장총이 4,059개이며 기관총이 27개이며 대포가 4개라고 한다. (동아일보 1924. 1. 14.)

5장

체포와 투옥,
포기하지 않았던 독립전쟁

1924년 모연활동 중 최문무崔文武라는 이명異
名으로 일본 경찰에 체포당한 최운산 장군은 3년 동안 투옥당했다. 다음
은 최문무라는 이름을 사용한 최운산 장군 체포 소식을 전한 당시의 신
문기사다.

무장단의 괴수魁首, 8년 징역에 불복항소, 함북 온성군 유포면 하탄
동 최문무와 동군 남면 북창평 최태여, 두 명은 지나 간도 도독군부
의 주요간부로 만 원에 달하는 군자금을 모집한 사건으로 청진지방
법원에서 최문무는 징역 8년 최태여는 징역 오년의 판결을 받고 경
성복심법원에 공소하였는데 이제 그 사실을 물은즉 최문무, 최태여
두 명은 모두 극단적 배일사상을 품고 대정 8년에 지나 간도 왕청
현 춘화향 봉오동에 가서 그곳 독군부에 가입하여 부하 650여 명의
무장단을 거느리고 독군부 수령으로 있는 최명록의 가장 사랑하는

사람이 되어 최문무는 모연대장 최태여는 재무부원으로 임명되야 혹은 공모 혹은 각각 나누어서 수십여 명의 무장한 부하를 인솔하고 권총, 장총, 폭탄 등을 휴대하고 간도 일대로 횡횡하며 대정8년 11월부터 작년 십일월 중순까에 촌려의 부호를 협박하고 전후 십여 차례에 합게 9,272원을 강탈하였고 그중 대정 9년9일에 일본 관헌의 토벌대가 간도에 주둔하게 되매 그들은 모두 노령 방면으로 가서 의연히 조선독립운동에 노력하다가 작년 9월에 다시 간도로 가서 일본관헌의 경비상황 조사와 군자금 모집에 종사하다가 검거된 것이라는데 이들과 같이 사십 명의 무장단이 한꺼번에 몰려다니며 만 원이란 거금의 군자금을 강탈한 사실은 드물게 보는 큰 사건이라더라. (매일신보 1925. 3. 30.)

이 기사에 나오는 최문무의 부하 최태여는 최운산과 동갑인 장조카이다. 삼촌 운산과 나이가 같은 조카 태여가 독립운동에 깊이 참여하였고 믿을 수 있는 가족이니 자금 운영을 담당했던 것이다. 최운산의 종제 최광보 등 일가의 여러 친척 형제들이 함께 독립운동에 투신하였으나 기록이 미진하여 그분들의 업적을 제대로 밝히지 못하고 있는 것이 무척 안타깝다.

젊은 시절부터 매순간 전쟁터를 누비던 투쟁의 삶, 최운산 장군은 철저하게 신분을 숨기기 위해 가족도 잘 알아보지 못할 만큼 완벽한 변장을 하고 활동했다. 그러나 그렇게 비밀스럽게 활동했음에도 불구하고 여러 번의 검거와 투옥을 피하지 못했다.

1924년 최문무란 이름으로 일본 경찰에 체포되어 실형을 선고받고 3년간 투옥당했다. 최명길로, 최운산으로 투옥을 당하기도 했다. 죄목이

가벼울 때는 보석금을 내고 빨리 풀려나기도 했다. 1937년 '보천보 사건'이 터졌을 때는 보천부 전투와 실제 관련이 없었음에도 불구하고 배후세력으로 지목되어 몇 달간 투옥당하기도 했다. 50대 중반이던 1939년 11월에는 일제의 강압적인 창씨개명을 거부하고 독립군의 군자금을 모금하는 불령선인으로 체포되어 10개월간 투옥당했다.

최운산 장군은 1930년대에도 무장투쟁을 쉬지 않았고 우수리강 전투, 라자구 전투, 대황구 전투, 도문대안 전투, 안산리 전투, 대전자령 전투 등에 참전하였다. 이 중 대전자령 전투는 한중연합군이 합작으로 이루어진 대규모 전투로 승전 기록이 전해지고 있다. 그러나 대전자령 전투를 제외하고 나머지는 오늘날 한국에는 잘 알려지지 않은 전투들이다. 최운산 장군의 부인인 김성녀 여사와 아들 최봉우는 이 부분을 중요하게 설명한다. 비록 역사적 기록이 많이 남아있지 않아도 1930년대에도 무장투쟁의 길을 오롯이 걸어간 최운산 장군의 열정과 굽히지 않는 애국심을 당신들이 기억하고 있음을, 그리고 후손들이 함께 그 역사를 기억해야 한다는 뜻이었다. 경제적 여유와 힘이 있을 때만 무장투쟁에 진력한 것이 아니라 그 모든 재산을 소진해 가면서도, 더 이상의 여력이 없어질 때까지도 실제적 군사력을 유지에 최선을 다한 그의 정신을 기억하고자 했던 것이다.

해방 직전까지도 삼림 지역에는 약 500여 명의 군대가 모여 있었다. 1933년생인 최운산의 막내딸 계순과 1939년생인 막내아들 호석은 어린 시절 아버지가 집에 계실 때보다 동지들을 만나러 나가실 때가 더 많았다고, 일본군의 감시를 피해 잠깐만 들렀을 뿐 집에 머무를 때는 거의 없었다고 증언했다.

1930년대 이후 만주 지역의 독립군은 개별 활동보다 중국군과 연대해 활동하는 것이 대부분이었다. 이 부분에 대한 기록은 현재 사료도 많이 부족하고 후손의 기록도 없다. 어쩌면 한국전쟁 당시 평양에 거주하다 1.4 후퇴 때 피난해 부산에 정착해 살았던 아들 최봉우가 최운산 장군의 활동을 기록하면서, 오래도록 중국과 국교가 없던 우리나라의 정치적 상황 때문에 서훈신청서에 중국과 관계가 있는 부분을 일부러 누락한 것은 아닌지 조심스럽게 추측해본다.

순국

대한북로독군부 참모장 최운산 장군은 전투에 참전하고, 군자금 모연 활동과 정보 수집, 무기 구입 등 다양한 활동을 하면서 일제의 눈을 피하기 위해 여러 개의 이름을 사용하고 철저하게 변장을 해 신분을 숨겼다. 어릴 때부터 집안에서 불렀던 최명길崔明吉, 중국군에 있을 때는 인품이 너그럽고 경제력이 있다는 이유로 그를 최풍崔豊이라 불렀다. 경제인으로 활동하던 간도 제일의 거부는 최만익崔萬益이었고, 독립군 기지를 건설한 최운산崔雲山, 전투에 참전하여 대대장으로 무장투쟁을 지휘하며 전투에 임할 때는 최문무崔文武, 또는 문무文武 두 글자를 합한 빛날 빈斌을 쓴 최빈崔斌을 사용했다. 소련에서 여러 부대의 독립군들과 협력하거나 무기를 구입할 때는 최고려崔高麗란 이름으로 서명했다. 그리고 족보에는 최복崔福이란 이름이 올라가 있다. 이와 같이 현재 확인되는 최운산 장군의 이명은 모두 8개다. 가족들은 최운산 장군이 군자금 모연활동이나 첩보활동에 직접 나설 때는 보통 중국인 상인과 같은 복장으로 변장했었다고 기억한다.

사업가로 일할 때는 모든 사람한테 이로운 일을 하겠다는 의미로 스스로 만익萬益이 되길 원했다. 기업가 최만익은 무조건 이윤만을 앞세운 것이 아니라 자신의 기업에서 나오는 생산품이 생활에 꼭 필요할 것, 그리고 낮은 이윤을 운영의 기준으로 삼았다. 국수공장, 콩기름공장, 콩과자공장, 양조장, 성냥공장, 비누공장 등등 모든 생산품의 원자재가 모두 최만익의 드넓은 농토에서 나오는 곡물들이었다. 생산 원가 대비 이윤이 높을 수밖에 없는 구조였다.

연변의 여러 지역이 도시화되면서 인구가 급격히 늘어났고 최만익이 생산하는 생필품은 날개 돋치는 듯 팔려나갔다. 최만익이 손을 대는 사업마다 성공적으로 자리 잡았다. 다양한 상품을 개발하게 되었고 최만익은 재벌기업가로 성장하게 되었다. 당시 한 달간 농사로 얻은 수익보다 공장에서 하루 벌은 수익이 훨씬 많았다고 한다. 최만익이 벌어들인 재산의 대부분은 농산물이 아니라 기업을 통해 벌어들인 것이라 해도 과언이 아니었다. 이렇게 최만익의 재산이 불어나면서 충분한 병력을 운영할 군자금이 확보되었고 만주 독립군의 숫자도 빠르게 늘어났던 것이다.

대한민국 무장투쟁사에서 가장 중요한 리더 중 한 명이었던 최운산 장군은 독립군 기지를 건설하고 군자금을 관리하는 등 후방에서 독립군을 양성하는 일에만 힘을 쏟은 것이 아니었다. 뛰어난 전투력을 가진 그는 항상 전투 현장에 있었다. 앞서 언급했듯 1930년대에 벌어진 대전자령 전투를 비롯해서 라자구 전투, 우수리강 전투, 대황구 전투, 도문대안 전투, 안산리 전투 등 독립운동사에 잘 알려지지 않은 여러 전투에 꾸준히 참전했다. 상황에 따라 대한민국의 독립군 단독으로, 때로는 중국군과 연합하기도 하면서 쉬지 않고 일본군과 전투를 벌인 최운산 장군은 뛰어난 무술 실력과 사격술로 쉬지 않고 전투 현장을 누빈 진정한 독립투사였다.

최운산 장군은 1924~1926년 3년간 투옥당한 것을 시작으로 평생 여섯 차례나 체포되어 감옥에 갔으나 가족들이 수감 날짜를 모두 기억하지 못해 정확한 날짜를 기록하지 못하고 있다. 워낙 기골이 장대하고 뛰어난 무술인이었지만 잡혀갈 때마다 매번 심한 고문을 당했고 석방될 때에는 수레에 실려 집으로 돌아오곤 했다. 고문 후유증을 심하게 앓다가도 강건한 체질로 건강을 회복하고 나면 이름을 바꾸고 변장한 모습으로 다시 비밀리에 무장투쟁에 뛰어들곤 했다. 일생에 걸친 투옥과 고문에도 최운산 장군의 독립운동 의지는 단 한순간도 꺾이지 않았다.

이렇게 일생 동안 쉴 새 없이 굴곡을 겪으면서도 최운산 장군은 끝까지 무장투쟁의 길을 포기하지 않았다. 30년이 넘는 긴 시간 대규모 무장 독립군부대를 유지하느라 모든 재산을 소진했고, 해방이 가까워졌을 무렵엔 재산 관리조차 벅찼던 간도 제일의 거부 최운산 장군의 재산도 모두 바닥이 났다. 1945년 그에게 남은 것은 가족들이 살고 있던 봉오동 수남촌의 집 한 채와 집 주변의 텃밭뿐이었다.

최운산 장군에게는 모두 4녀 3남의 자식이 있었다. 일본 유학 중 학도병 징집을 거부하고 집으로 돌아온 큰아들 최봉우가 간첩 누명을 쓰고 잡혀가 심한 고문을 당하다 죽음 직전에야 집으로 돌아왔다. 기적적으로 목숨을 건진 봉우는 평양으로 도주했고 최운산 장군은 구사일생으로 목숨을 건진 큰아들을 살펴보러 평양을 방문했다. 그런데 평양에서 아들의 무사함을 확인한 최운산 장군이 갑자기 고문 후유증이 도져서 1945년 7월 5일 평양에서 순국하였다.

2부

최운산 장군
가족 이야기

1장　연변 도래 최우삼

　　내가 어릴 때부터 아버지는 많은 이야기를 들
려주셨다. 일생을 독립운동에 헌신하며 단 한순간도 흔들림 없이 한길을
걸어가신 최운산 장군의 삶과, 마치 한몸처럼 독립운동을 실천해 나간
할아버지 3형제가 이루어낸 일치의 가치와, 연변의 도태였던 민족주의
자 증조할아버지 최우삼崔友三과, 고조할머니까지 4대가 함께 살았던 다
양한 가족사에 이르기까지, 그리고 홀로 떠난 일본 유학 생활과 죽음을
피해 고향을 떠난 역사적 굴곡과 평양에서 거제도까지 걸어야 했던 1.4
후퇴 등 당신의 삶에 대해서도 말씀해주셨다.

　　나는 아버지의 이야기를 좋아했다. 평양방송국 아나운서 출신답게
아버지의 이야기는 어떤 옛날이야기보다 재미있고 흥미진진했다. 사실
조선에서 대한민국까지 4대를 내려오는 가족사가 우리나라의 근현대사
를 관통하고 있어 어떤 책에서도 볼 수 없는 생생하고 살아있는 극적 서
사를 담고 있기 때문이었다. 조선시대, 일제 강점기, 6.25 전쟁 등 매번

선택되는 주제와 소재가 달랐지만 아버지의 이야기에 담긴 역사적 진실은 이미 그 자체만으로 충분한 드라마를 담고 있었다. 역사적 사실을 주제로 하는 아버지의 이야기는 언제나 구체적이었다. 실패담도 성공담도 있었다. 아버지는 굳이 무언가를 미화하려 하거나 교훈을 담으려 의도하지 않으셨다. 다만 할아버지와 증조할아버지의 삶을 이야기할 때는 두 분에 대한 존경과 깊은 사랑을 느낄 수 있었다. 아버지는 할아버지와 증조할아버지를 닮고 싶어 하셨고 손자인 우리들이 그분들의 삶을 이어가기를 바라셨다.

도태의 난과 우리 역사

증조할아버지 최우삼崔友三은 진산 최 씨 중시조 최수평崔秀平의 15대손으로 최진영崔鎭榮의 차남이다. 자字는 인권仁權이다. 조선말기 연길에서 연변 도태道台로 봉직하셨고 4남 2녀의 자식을 두었다. 그중 복실이라는 이름의 딸이 우리 외가인 연안 차 씨 집안과 결혼하셨다. 복실 고모할머니는 아들(차범철)과 딸(차범순) 남매를 낳았는데 우리 어머니(차연순)와 사촌 간이다. 아쉽게도 복실 고모할머니에 대해서 기억하고 있는 것은 이것이 전부다. 우리 집안 규모가 커서 멀고 가까운 친척들이 많았고 그만큼 재미있는 이야기도 많았다. 그러나 다양하고 생생했던 친척들에 대한 이야기는 이제 대부분 기억의 저편으로 사라졌다.

아버지는 '도태'라는 직책에 대해 우리나라로 치면 도지사나 군수와 같은 한 지역의 행정을 책임지는 관리라고 설명했다. 증조부 최우삼의 모습을 궁금해하는 우리에게 증조할아버지는 조선시대 선비들의 모습처럼 갓 쓰고 도포 입으셨고, 집안에서는 갓이 아니라 망건을 쓰셨다고 했다. 그리고 긴 수염이 희고 풍성했다고, 조선시대 선비 그림 속 수염 긴 노인의 초상을 가리키며 '바로 저런 모습이었지!' 하고 설명하시곤 했다.

증조할머니 전주 이 씨 부인은 왕족이었다. 그래서 집안에서의 증조모는 증조부 최우삼보다 더 존중을 받는 위치였다. 남편 앞에서 언제나 당당했다는 증조할머니의 위세에 대한 여러 이야기 중 우리 형제들이 지금도 잊지 않고 있고 있는 에피소드가 하나 있다. 증조할아버지가 어느 날 기생이 있는 술집을 다녀오신 것을 증조할머니가 알고 화를 내셨는데, 화가 난 전주 이 씨 부인이 남편의 수염을 확 잡아당겨서 증조부 최우삼의 수염이 한 움큼 빠져버렸다. 증조할아버지는 한동안 외출을 못하셨고 증조할머니는 서울의 친정으로 가버리셨다는 것이다. 이 이야기를 들을 때마다 나는 어린 마음에도 증조부와 증조모 사이에서 누구 편을 들어야 할지 잠깐이지만 고민을 하곤 했다.

연변의 사학자들이 저술한 《최진동 장군》*은 최진동의 부친 최우삼을 기근을 피해 가족들과 두만강을 건너온 함경북도 유민이며, 아들 4형제와 딸 하나를 데리고 간도로 건너와서 왕청현에서 독찰을 지냈다고 추정하여 설명한다. 그러나 이는 최우삼과 그 집안에 대한 이해 부족으로 생긴 오류다. 간도가 거대 중국의 작은 지방에 불과하다는 현재적 관점에서 조선인들의 이주사를 기록하고 있는 탓이라 여겨진다. 대부분의 연구자들은 당시 간도가 중국 땅이었으니 조선인들은 중국의 눈치와 견제 속에 살았을 거라는 짐작을 전제로 접근하고 있다. 그러나 당시 간도는 조선이었다. 주민의 대부분이 조선 사람이었다. 중국인은 아주 소수에 불과했다. 간도의 주민들은 중국말을 배울 필요조차 없었다. 그들은 간도는 조선의 땅이라고 확신하고 살았다. 1909년 일본과 중국이 맺은 간도협

약으로 간도가 중국에 넘어가기 전까지 간도는 조선이었다. 조선인들이 연변지역에서 어떻게 자리 잡고 살았는지에 대한 역사적 기술이 달라져야 할 것이다. 1902년 간도에 거주하던 주민들이 연명하여 조정에 보낸 헌의서**에도 자신들을 함경북도 간도 거주민이라고 칭하고 있다.

조선이 국권을 잃어가고 있는 19세기 말 청나라는 연변에 한족漢族을 적극적으로 이주시키며 중국인의 수를 늘려 간도를 실질적으로 점유하려는 정책을 폈다. 연변 도태道台 최우삼은 중국의 간도 정책에 맞서 간도 지역이 엄연한 조선의 땅임을 밝히며 청나라 사람들을 연변 지역에서 쫓아내고 청나라군과 무력으로 충돌했다. 당시 조선인의 자주와 권리를 보호하기 위해 최우삼이 일으킨 무력충돌을 '도태의 난'이라고 불렀다고 한다. 그러나 최우삼의 '도태의 난'은 군사적 열세로 청나라군에 패하고 만다. 전통무술 고단자인 지인의 도움으로 목숨을 구한 최우삼은 명록과 명길 어린 두 아들을 데리고 두만강을 건너 피신하였다. 그러자 청나라군이 최우삼과 아들들의 목숨을 걸고 방을 붙이고, 최우삼의 모친인 한 씨 부인을 잡아갔다. 그런데 청나라군에 붙잡힌 고조할머니 한 씨 부인은 조금도 의기를 굽히지 않고 간도가 조선의 땅이며, 당신의 아들이 조선의 땅을 찾는 일의 마땅함을 밝히며 곧은 자세로 호통을 치셨다. 그러자 한 씨 부인의 기개에 감탄한 청나라 관헌들은 감옥에 가서 매일 문안인사를 하는 등 고조할머니 한 씨 부인에게 예를 갖춰 대하였다고 한다.

두만강을 건너 몸을 피했던 최우삼은 어머니 한 씨 부인의 투옥 소식

•   김춘선, 안화춘, 허영길 공저, 《최진동 장군》, 흑룡강 조선민족출판사, 2006.
••   〈照會 第一號〉(한국사데이터베이스시스템)

을 듣고, 어머니를 구하기 위해 연변으로 돌아와 자수를 했다. 청주 한 씨 부인과 가족들은 모든 가산을 정리하여 보석금으로 세 항아리의 은자를 갖다 바치고 최우삼을 구해냈다. 그 일로 집안 경제가 어려워지자 명록 (진동)과 명길(운산) 두 아들은 가족들을 위해 어린 나이에 남의 집에 가서 일을 해야 했다. 그러나 어쩌면 이런 어린 시절의 고생이 진동과 운산 두 형제가 성장하여 크게 재산을 모을 수 있는 안목을 기르게 한 것이 아닐까 짐작해 본다. 중국인 부호의 밑에서 일했던 큰아들 명록은 재산관리를 맡겼던 주인이 그의 총명함을 믿고 명록을 양자로 삼아 넓은 토지를 물려주었다. 그리고 둘째 명길(운산)은 황무지였던 동북삼성 지역을 민간에 불하하는 중국의 토지정책에 적극적으로 대처해 왕청현 일대를 모두 소유하게 되었고 집안은 다시 일어섰다.

아버지는 지금은 우리나라 영토가 압록강과 두만강을 경계로 하고 있지만 원래 우리나라 영토는 지금보다 훨씬 더 넓었다고 말씀하셨다. 중국이 힘이 세지고 역사적으로 우리 영토가 많이 줄어들었지만 현재의 지도보다 훨씬 더 광활했다는 것을 강조하면서 고구려와 발해의 영토에 대한 설명과 국토와 연결된 역사문제, 민족자치와 민중의식 등 역사적 문제에 대해 자주 말씀해주셨다. 그러한 의미에서 증조부 최우삼이 일으켰던 '도태의 난'은 조선 후기에 간도가 조선의 땅임을 천명한 조선인의 결의에 찬 군사행동이었다고, 최운산 장군 형제들의 독립운동이 우리나라 역사에서 아주 중요한 부분이지만 그들을 독립투사로 기르신 증조부 최우삼이 결단한 '도태의 난'도 그에 못지않은 의미를 가진 중요한 역사적 사실이라는 것을 강조하셨다.

아버지는 "연변 도태 최우삼의 저항은 민족적 굴기였다. 할아버지 형제들의 독립운동은 역사가 알고 있으니 앞으로 더 자세하게 역사책에 기록이 될 것이다. 그러나 증조부 최우삼의 '도태의 난'에 대해서는 우리 가족 외에 아는 사람이 없다. 역사에 기록되지 않으면 없었던 일이 된다."고 하셨다. 중국의 군사력을 모르는 바 아니나 그 당시 정세변화의 시기를 이용하여 간도가 조선의 땅임을 천명하고자 목숨을 건 군사행동으로 고토회복의 염을 담은 최우삼의 삶과 저항정신을 후손인 우리가 기억해야 한다는 것이었다. 증조부 최우삼은 자식들이 민족적 자긍심과 애국심을 잃지 않도록 훈육하셨다.

왕정현의 대규모 토지를 소유하게 된 아들 운산이 봉오동으로 이주할 것을 제안했다. 증조부께서는 일가를 모두 이끌고 연길을 떠나 아들들과 함께 봉오동에 신한촌을 건설하고 마을의 시조가 되어 독립군 기지 봉오동을 건설했다.

역사의식과 민족의식이 확고했던 최우삼은 아들들의 독립전쟁을 적극적으로 지원하는 한편 독립정신을 기르기 위한 교육사업●에도 직접 관여했다. 봉오동과 청산리 독립전쟁을 치른 진동, 운산, 치흥 세 아들이 만주의 독립군들을 모두 인솔하여 연해주로 이동한 후에는 소련으로 군자금을 보내주는 등 일생 아들들의 든든한 조력자로 독립운동에 헌신한 독립운동가였다.

민족주의자 최우삼은 독립전쟁에 매진하던 최진동과 최운산이 감옥에 갇혀있던 1925년 3월 23일 돌아가셨다. 최우삼의 장례는 독립군들이 거총 도열한 가운데 독립군장으로 엄숙하게 거행됐다. 증조부 최우삼의

●　　1918년 황평도용봉에 신흥학교 설립(화룡현양우학교출신 김창학, 경성오성학교출신 김상걸, 남학생 36명)

묘소는 봉오동에 있다. 장례 당시는 독립전쟁 중이고 아들들이 감옥에 있을 때라 일부러 비석을 세우지 않았고, 흑송 세 그루를 심어 묘지의 표식으로 삼았다.

세월이 흘렀다. 일흔을 훌쩍 넘긴 아버지는 돌아가시기 전에 증조할아버지의 산소를 꼭 찾고 싶어 하셨다. 공산 치하를 사는 후손들에게 외면당했을 증조부 최우삼의 존재를 봉오동에 살고 있는 조카들에게 알려 줘야 한다는 것이었다.

1997년, 더 이상 기다릴 수 없었던 아버지는 당시 시간 여유가 있는 큰며느리와 봉오동을 방문하셨다. 고향 봉오동을 지키며 살고 있던 조카를 만나 그들의 부축을 받으며 힘들게 산에 오른 아버지는 고생 끝에 증조할아버지의 산소를 찾으셨다. 다음해에 꼭 돌아와 비석을 세우겠다는 약속을 남기셨지만 아버지는 고향 봉오동으로 다시 돌아가지 못하셨다. 귀국 후 지병인 신부전증이 더 악화되었고 2년여 투석 치료와 투병 끝에 돌아가셨다. 그리고 우리 5남매도 각자의 인생에서 가장 바쁜 시기를 지냈다. 증조할아버지의 산소는 다시 홀로 남았고 찾는 사람이 없이 17년의 세월이 더 흘렀다. 2015년에야 처음 봉오동을 방문한 증손자들의 성묘를 받으셨다.

2장 　　　　　**최운산 장군**

1885년 연길에서 태어난 최운산은 중국 서당에 다니며 한문을 익혔다. 어린 시절부터 익힌 능통한 중국어 실력으로 중국인과 교류했고 청나라의 지적정리 사업으로 왕청현 일대의 거대한 토지를 소유하게 되었다. 1909년, 큰 뜻을 품고 도시인 연길을 떠나 자신의 소유지 중 사람의 손길이 닿지 않았던 시골로 이주했다. 할머니 한 씨 부인, 부모인 연변 도태 최우삼과 전주 이 씨 부부, 형제들과 어린 자녀들까지 4대의 대가족이 새로운 고향 봉오동을 선택한 것이다. 그리고 일가친척과 동포들을 불러들여 신한촌을 이루었다. 최운산은 이 마을에 봉황 봉鳳, 오동나무 오梧, 마을 동洞를 써, '봉오동鳳梧洞'이라고 이름 붙였다.

최운산의 재산 형성

젊은 시절 최운산은 왕청현 총판總辦으로 복

무하면서 동북 3성 지역이 지적정리를 할 당시 미개척지인 황무지 10여 개 지방(오늘날 우리의 군郡 단위)을 자신 명의로 헐값에 사들였고, 조선 동포들과 함께 광활한 토지를 개발해 경작하였다. 그 후 봉오동을 위시하여 도문, 석현, 안산, 서대파, 십리평, 대황구, 양수천자 등 최운산 소유의 여러 지역*이 도시로 발전함에 따라 지대地價가 상승하여 자산가가 되었다.

대규모 토지를 소유함에 따라 대규모 목장도 운영하였고, 곡물과 축산업으로 대對러시아 무역업을 하였다. 최운산 소유 목장의 소들은 무역도시인 훈춘이나 장춘으로 몰고 가서 팔았는데 매회 수백 마리의 소 떼를 몰고 갔다고 한다. 이 소와 곡물은 러시아군의 식량으로 대량 납품되었다고 한다. 이러한 무역활동을 바탕으로 최운산은 연해주를 넘나들며 연해주의 독립군들과 교류하며 그들을 경제적으로 지원하였고 러시아제 무기를 구입하여 봉오동의 사병과 독립군들을 무장시켰다.

간도의 주민들은 점점 더 늘어났고 근대화가 진행되었다. 최운산은 자신의 소유지에 콩기름공장 및 국수공장, 주류공장, 성냥공장, 비누공장, 콩과자공장을 비롯한 다양한 생필품 기업을 설립해 경영하였다. 시대적 소명으로, 그리고 뛰어난 경영 능력으로 당시 간도 제일의 거부가 되었다. 최운산은 이러한 경제력을 바탕으로 만주 지역 독립군부대의 군자금을 대부분 자비로 감당하였다. 이상설, 이준, 안중근을 비롯해 국내외에서 만주를 경유하는 모든 애국지사들을 환대하고 지원**하였다. 또한 서전서숙 등 북만주 각지의 모든 독립운동에 경제적 지원을 아끼지 않았으며 당시 간도 지역에서 최운산 장군의 지원을 받지 않은 독립운동단체나 애국지사가 없었다고 한다. 매일 돈을 벌고, 큰 금액이 필요하면 재산을 처분하며 마련한 군자금이 1940년대까지 긴 세월에도 지치지 않았던 만주 무장투쟁의 바탕이 되었다.

최운산의 군사적 배경

부친 최우삼이 일으켰던 '도태의 난' 당시 최우삼의 목숨을 구해주었던 무술인 친구는 이후 친구인 최우삼의 집에 함께 살면서 아들들의 무술 사부가 되었다. 그는 최운산 형제들과 마을 청년들을 모아 무술을 가르쳤다. 처음 무술 수련을 시작할 때 50여 명이 같이 시작했으나 무술 연마 과정에서 난이도가 올라갈수록 인원이 줄어들었다. 무술 수련의 고된 과정을 모두 마치고 마지막까지 남은 사람은 명길(운산) 한 명이었다. 사부는 더 이상 가르칠 것이 없다고 무술의 전수자로 명길을 인정하였다. 명길은 몸 움직임이 하도 빨라 가족들조차 그가 집에 들어오고 나가는 것을 알 수 없을 때가 태반이었다고 한다. 평생 전쟁터를 누빈 최운산 장군의 무술 실력은 나이가 들어서도 변함이 없었다. 50대였던 어느 날, 청년 10명이 커다란 원을 그려놓고 봉으로 최운산 장군을 공격하며 원 밖으로 밀어내려고 했지만 아무도 그를 치거나 원 밖으로 밀어낼 수 없었다고 한다.

최운산의 무술 실력에 대한 여러 일화가 있다. 대규모 목장을 운영하고 있어서 소를 팔 때는 훈춘이나 장춘까지 수백 마리의 소를 몰고 가야 했다. 그런데 당시는 비적들이 횡행할 때였다. 한 번에 100마리 이상의 대규모 소떼가 이동을 하는 것은 쉬운 일이 아니었다. 비적들의 공격 대

• 당시 부산의 길거리에서 우연히 최운산 장군의 아들 최봉우(최치영)를 알아본 한 독립군이 그의 집을 방문해서 최운산 장군의 후손에게 최운산 장군 소유의 만주 땅이 당시 부산시 전체 면적의 6배에 달한다고 확인해주었다. 김성녀 여사는 사흘을 지나가도 다 못 지나간다고 표현했었다.

•• 김춘선, 안화춘, 허영길 공저, 《최진동장군》, 흑룡강조선민족출판사, 2006, pp. 30~31.

상이 될 수 있는 소를 몰고 길을 떠나는 것 자체가 목숨을 위협받는 위험한 일이었다. 일꾼들은 최운산이 동반해야 비로소 안심하고 길을 떠났다고 한다. 무술의 대가인 그와 동행하는 것만으로도 여러 문제가 해결되었기 때문이다. 소를 몰고 길을 떠날 때 최운산은 허리에 박달망치와 단도를 찼다. 속에는 방탄조끼를 입고 긴 박달봉을 둘러메고 말에 올랐다. 총을 쏘면 소가 놀라서 흩어질까 우려하여 총은 일부러 소지하지 않았다. 비적을 만나게 되면 귀신 같은 무술 실력으로 제압했다. 박달봉으로 기절시키거나 쫓아버렸고, 비록 비적이라 하더라도 가능하면 사람을 죽이지 않았다고 한다.

당시는 중국은 신해혁명(1911년)을 지나는 거친 군벌의 시대였다. 명록과 명길, 명순 3형제는 당시 동북 3성 지배세력이었던 장작림 군벌에 합류하여 그들을 도우며 중국군과 우호적인 관계를 맺었다. 뛰어난 무술 실력과 총솜씨를 지닌 최운산은 당시 동북 3성의 지배 세력인 장작림 군벌에서 군사훈련을 책임지는 간부로 일했다. 전투에서 장작림의 목숨을 여러 번 구해주기도 했다. 또한 탄탄한 경제력도 보유하고 있었기에 장작림 군벌을 물심양면으로 지원했다. 이러한 적극적이고 다양한 활동이 바탕이 되어 중국군과 계속 혈맹의 관계를 유지할 수 있었다. 이러한 인연으로 최운산이 비적들로부터 동포들의 안위를 지키겠다는 명목으로 자경단을 만들 때 중국군에서 사병을 모집할 수 있었다. 최운산 장군을 따라 봉오동으로 들어온 이 병사들이 훗날 정예 독립군이 되어 무장독립전쟁의 선봉에 섰다. 실전 경험이 많은 그들이 있어 봉오동과 청산리의 독립전쟁에서 승리할 수 있었다.

최 씨 3형제가 장작림 부대에 함께 복무할 당시 중국군은 최진동은 최희崔喜, 최운산은 최풍崔豐, 최명순은 최흥崔興이라 칭하였다. 독립전쟁이 본격화되었을 때에도 중국군은 일본군의 동태를 제보해주는 등 최 씨 형제들이 이끄는 무장투쟁에 대해 특별한 후의로 대하였다. 최 씨 3형제가 장작림 군대를 도우며 익힌 군사적 지식과 조직 운영에 대한 이해는 후일 대한군무도독부와 통합군단 대한북로독군부를 정규군 편제답게 체계화하는 데 큰 도움이 되었다.

최운산 장군의 사격술에 대해 가족들이 알고 있는 몇몇 에피소드 중 하나는 두만강변의 국경수비대 습격전에 직접 참전하여 뛰어난 사격술로 전화선을 명중시켜 일본군 사이의 연락을 두절시킨 것이다. 그런데 실제로 최운산 장군이 1920년 3월 온성헌병대 습격전에 직접 참가해서 올린 전과가 일본군의 전투상보에도 "독립군이 맹렬히 사격한 탄환은 전화선에 명중, 단선되어 통화불능의 상황에 떨어졌으므로 일시 경찰, 헌병의 전멸을 의심케 하였다."•고 기록되어 있다.

또 하나는 어느 날 최운산의 부인 김성녀가 마당에 있다가 독수리가 닭을 채가는 것을 보고 소리를 지르자 방에 있던 최운산 장군이 방문을 열고 뛰어나와 상황을 파악하고 다시 방에서 소총을 가지고 나와 날아가는 독수리를 맞춰서 떨어뜨린 것이다. 그만큼 최운산의 움직임이 빨랐다는 사례로 가족들 사이에 종종 회자되는 일화다.

최운산의 헌신으로 수천 명 규모의 통합 독립군부대 대한북로독군부가 결성되었고 봉오동 독립전쟁과 청산리 전투에서 대승을 거둘 수 있었다. 중국 측의 요구를 받아들이고 소련군과 협력하는 전략을 선택한 대

• 고경12537호(4.28):4.美占洞 十八日午前五時五十分長德洞及月坡,豊橋洞ニ侵襲…猛射セル彈丸ハ電話線ニ命中斷線シ通話不能ニ陷リシ爲一時警察憲兵ノ全滅ヲ疑…

한북로독군부 독립군은 밀산을 거쳐 연해주로 전위하였다. 그러나 그곳에서 우리 독립군들은 자유시 참변이라는 모진 고초를 겪어야 했다. 그러나 최운산 장군 3형제는 그 후로도 오랫동안 연해주와 북만주 일대를 무대로 삼림 지역에서 무장독립군을 양성하며 쉬지 않고 독립운동을 지속했다.

독립군 본부였던 최운산 장군의 저택은 경신 참변 때 전소되었다. 이후 최운산 형제들이 봉오동으로 돌아와 봉오동 중촌에 다시 집을 지어 거주하였으나 최진동 장군이 재혼을 하고 1932년 후처와 함께 도문으로 이사하자 최운산 장군도 중촌을 떠나 봉오동 입구마을 수남촌으로 집을 옮겼다. 경신 참변으로 저택이 전소당한 후에도 그대로 남아있던 토성은 1943년 대규모 홍수에 일부 훼손되었으나 해방 이후까지 대부분 남아있었다. 그러나 몇십 년 동안 마을 주민들이 양질의 비료라 하여 남아있던

오늘날의 봉오동 일대 모습 상촌과 중촌의 마을은 시나브로 사라져 숲이 되었다.

토성을 계속 헐어서 농사에 사용하느라 모두 없어져 버렸다.

1980년 중국 정부가 봉오동 계곡의 입구를 막아 거대한 댐을 건설했고 봉오동 독립전쟁 전적지임을 알리는 기념비도 저수지 대문 안쪽에 세워져 있다.

댐이 건설되면서 상촌, 중촌, 하촌으로 나뉘어져 있던 봉오동 주민들은 모두 마을을 떠나야 했다. 독립군 본부가 있었던 상촌과 주민들이 살았던 중촌은 댐에서 10km 정도 멀리 떨어져 있지만 마을로 들어가는 입구가 막혀버렸다. 입구에 있던 하촌은 대형 댐 속에 잠겨버렸다. 봉오동의 주민들은 모두 댐 아래 마을 수남촌과 도문시로 이주하거나 내륙 먼 도시로 이주했다.

현재 이 댐의 물은 도문시를 비롯한 인근 지역의 수자원으로 공급되고 있다. 봉오동에는 수남촌만 유일하게 남아 봉오동의 역사를 전하고 있다. 다행히 봉오동 입구의 수남촌이 중국 정부로부터 조선족 전통마을로 지정되어 봉오동 독립전쟁의 역사를 이어가고 있다. 최운산 장군이 1945년까지 거주하던 수남촌의 저택은 중국이 공산화되면서 압수당해 마을회관, 유치원, 공동작업장 등으로 사용되다 1980년대 초반에 허물었고 그 집터에 현재 다른 사람의 주택을 지어 거주하고 있다.

3장 　또 한 명의 독립군 김성녀

　　　　　　　　　결혼 후 10년이 넘도록 아들을 낳지 못했다
고 마음고생이 심했던 탓인지 할머니 김성녀 여사는 아들을 선호하고
손자들을 편애하셨다. 나는 위로 오빠가 둘, 아래로 남동생과 여동생이
있다. 5남매 중 셋째로 태어나 7살 터울의 막내 여동생이 생기기 전까지
는 아들 셋 사이의 하나뿐인 딸이었다. 그런데도 할머니는 내가 딸이고
머리가 짱구라는 이유로 나를 심하게 구박하셨다. 할머니의 그 유난함
은 나보다 다른 가족들이 더 잘 기억하고 있을 정도다. 내가 아기 때 할
머니는 앞뒤로 튀어나온 짱구머리를 납작하게 만들려고 모래주머니를
내 이마에 올려놓곤 하셨다. 아버지나 어머니가 그걸 보고 안쓰러워 몰
래 내려놓으면 할머니가 어느새 다시 모래주머니를 내 이마에 올려놓곤
하셨단다.

　　그러나 김성녀 여사의 지극한 노력이 무색하게 나는 아낌없는 앞뒤
짱구로 자랐고 사진을 찍으면 늘 이마가 먼저 빛났다. 지금은 이해가 잘

되지 않지만 아마 예전에는 여성들이 짱구머리를 선호하지 않았던 것 같다. 어쩌면 할머니는 당신처럼 짱구로 태어난 손녀의 두상에 미안해 하셨는지도 모르겠다. 그러나 아버지의 큰딸 사랑이 워낙 특별해서 나는 딸이라 차별받은 기억은 거의 없다. 단지 집안의 제일 어른인 할머니가 손자들을 더 챙기는 것이 부당하다는 생각에 할머니를 전형적 구습의 표상으로 단정지어 버렸다.

또 한 명의 독립운동가

최근 최운산 장군의 독립운동을 돌아보며 할머니 김성녀 여사의 삶에 대해 생각하게 되는 순간이 많아졌다. 김성녀 여사야말로 할아버지 최운산 장군의 독립운동사 전체에 빠지지 않는 동반자였다는 것을 새롭게 인식하게 된 것이다. 최운산 장군과 혼인한 순간 김성녀 여사의 삶은 이미 한 명의 여성 독립운동가로 거듭나는 길에 들어섰다. 독립운동에 자신의 모든 것을 먼저 내어주는 남편의 선택에 단 한 번도 불만을 가지거나 훼방을 놓지 않았을 뿐만 아니라 그 모든 것이 가능하도록 평생 당신의 몫을 충실히 살아내셨기 때문이다.

김성녀 여사는 청년 최명길이 독립투사 최운산으로 성장하는 모든 과정을 함께하셨다. 그래서 부대원들을 먹이고 입히는 일부터 봉오동 전투 실제 상황까지, 독립군들이 머무를 공간이 부족해 1915년 연병장을 만들고 막사를 지었던 모든 역사를 다 설명해주실 수 있었다.

최운산 장군이 독립군 본부인 저택 주위에 대규모 토성을 쌓을 때 강도를 높이기 위해 흙과 짚을 섞어 만든 것도, 토성이 두께가 1m가 넘어 말을 타고 토성 위를 돌며 수비할 수 있었고, 이 토성의 사방 모서리에

높은 포대를 쌓아 대포를 배치한 것까지 마치 그림을 그리듯이 자세하게 알려준 분도 김성녀 여사였다. 손위 동서인 최진동 장군의 부인은 병약했고 독립군부대 살림에 관여하지 않았다. 그녀는 최진동 장군이 봉오동 독립전쟁 후 독립군들과 함께 연해주로 떠나자 마음의 병을 얻었고 그만 일찍 돌아가셨다. 남은 다섯 조카를 키우는 것도 김성녀 여사의 몫이 되었다.

김성녀 여사는 자경단부터 대한북로독군부까지 수백에서 수천에 이르는 장정들을 먹이고 입히는 큰살림을 혼자 책임졌다. 최운산 3형제가 대한군무도독부와 대규모 통합군단 대한북로독군부를 창설하면서 온 집안이 군사기지가 되었을 때도 엄청난 규모의 독립군들 뒷바라지를 적극적으로 해내신 분이다. 할머니는 독립군의 숫자가 정말 많았다고, 재봉틀을 여러 대 마련해 군복을 지었고, 매번 어마어마한 규모의 식사준비를 해야 했다고 말씀하시곤 했다. 그리고 당신이 한 끼에 최고로 많이 밥을 해먹인 독립군의 숫자가 3000명이 넘었다고 하셨다.

독립전쟁을 치르는 최운산 장군은 자주 집을 비웠고 급할 때는 김성녀 여사도 직접 총을 들었다. 당시 봉오동에 살던 아낙네들은 대부분 독립군의 가족들이었고 여성들도 총을 쏠 줄 알았다. 김성녀 여사는 대범하고 겁이 없는 분이었다. 봉오동 독립전쟁 때 최운산 장군과 지휘부는 봉초봉에 전투 본부를 구축하고 있었다. 그때 중요한 첩보가 최운산 장군의 집에 도착하면 산 위에 자리한 독립군부대 본진에 그 첩보를 전하는 역할도 김성녀 여사가 직접 했다. 긴요한 첩보를 남에게 맡길 수 없고 목숨을 걸어야 하는 위험한 일이었기 때문이다. 할머니는 주야를 불문하고 본인이 직접 본부로 달려가셨다.

일생 남편을 사랑하고 존중했던 김성녀 여사는 최운산 장군의 가장 강력한 지지자였다. 간도 제일의 거부였던 최운산 장군이 봉오동 청산리 전투뿐 아니라 연해주와 북만을 넘나들며 독립군들을 모아 훈련하고 무장투쟁을 이어가기 위해 가진 재산을 모두 소모시키는 것을 보면서 아무런 불만을 표하지 않았다. 그러나 단 한 가지, 최운산 장군이 자신을 드러내지 않고 모든 일을 형님인 최진동 장군의 이름으로 처리하는 것에 대해서는 가끔 불만을 표하셨다. 군자금을 보내고 성금을 내어놓는 일 뿐 아니라 군대 운영의 모든 일에 사령관인 형님을 앞세우고 자신은 마치 그림자처럼 뒤에 서 계셨던 것이다. 김성녀 여사가 문제를 제기할 때마다 최운산 장군은 허허 웃으시며 '내 일이 곧 형님의 일이요. 나는 아무래도 괜찮소.' 하고 답하셨다고 한다.

전쟁과 생이별

　　6.25 전쟁 당시 김성녀 여사는 큰아들 봉우가 교통사고로 팔이 부러져 병원에 입원했다는 소식에 평양의 아들집을 방문했다. 그런데 당시 정치상황이 급변하던 때라 북한과 만주의 국경이 일시적으로 닫혀버렸다. 할머니는 어린 자식들이 기다리는 봉오동의 집으로 돌아가지 못하셨다. 전쟁이 지속되고 미군의 폭격으로 평양이 초토화되었다. 팔이 거의 아물어가자 병원 생활이 지루했던 아들 봉우가 외출을 허락 받고 집에 다녀온 날 그 병원은 미군의 폭격으로 잿더미가 되었다. 최봉우는 그 병원에서 유일하게 살아남은 사람이었다. 김성녀 여사는 1.4 후퇴 때 평양을 떠나기로 결단한 큰아들 가족과 함께 피난길에 오르셨다. 당시 많은 집에서 젊은 사람들이 피난을 가도 나이든 부모는 집에 남아 자식들이 돌아오는 것을 기다리기로 결정한 경우가 많았다. 대

부분의 이산가족들은 그렇게 잠시 헤어지는 것을 선택했다가 영원한 이별을 하게 된 것이었다. 김성녀 여사는 다행히 큰아들과 함께 남으로 피난길을 떠나는 결단을 했다. 그러나 그 길이 봉오동에 남아있던 어린 자식들을 다시 보지 못하게 되는 영원한 이별이 될 줄은 상상도 못하셨다.

두 살 아기였던 손자를 업고 네 식구가 평양에서 거제도 피난민 수용소까지의 모든 여정을 폭격을 피해가며 걸었다. 지금으로선 상상조차 하기 힘든 일이지만 일제 강점기와 6.25 전쟁을 온몸으로 겪어내신 어른들의 삶은 언제나 그렇게 진하고 눈물겹다. 거제도 피난민촌을 거쳐 대한민국의 가장 남쪽 도시 부산에 정착한 할머니는 봉오동에 남겨두고 온 자식들을 평생 가슴에 품고 사셨다. 그러나 독립군 대군단의 살림을 이끌었고, 첩보를 전하고, 총을 들기도 했던, 여성 독립군으로 불러 마땅한 김성녀 여사는 수천의 독립군 조직을 이끈 최운산 장군의 아내답게 언제나 당당하셨고 마지막까지 남편의 업적을 밝히려고 애쓰셨다. 1960년 아버지가 국제시장에서 우연히 최운산 장군의 부하였던 독립군을 만났다. 그분은 할머니께 인사를 드리러 가끔 우리 집을 찾아오곤 했다. 그분은 다음과 같이 힘주어 강조했다.

"김성녀 여사야말로 여성독립군이다. 수많은 우리 독립군들을 먹이고 입히고 돌보며 힘을 주신 너희 할머니야말로 독립군으로 훈장을 받으셔야 할 분이다."

너무나 당연한 말이었다. 그러나 당시엔 최운산 장군도 서훈을 받지 못했던 상황이라 아들인 아버지조차 김성녀 여사의 업적을 따로 정리할 생각을 하지 못했다.

1961년, 최운산 장군의 업적이 서훈심사위원회를 통과해 독립유공자로 서훈이 결정되었다는 통보를 총무처로부터 받았다. 그러나 당시 보훈 업무를 담당하던 총무처의 직원이 서훈을 조건으로 뒷돈을 요구했고, 격분한 아버지는 그에게 주먹을 날리셨다. 그 사건 뒤 최운산 장군의 서훈이 취소되었다. 몇 번의 재신청도 계속 거부당했고 세월이 흘렀다. 무작정 기다리기만 할 수 없었던 김성녀 여사는 1969년 요로에 진정서를 제출했다. 당시는 서류를 모두 수기로 작성할 때라 진정서의 사본이 남아 있지 않았다. 우리 형제들은 그 진정서의 존재를 알지 못했다.

지난 2015년 가을 도서관에서 최운산 장군의 사료를 찾던 중 봉오동 독립전쟁 당시 통합군단의 하나였던 국민회군을 연구한 책《항일국민회군》에서 할머니 김성녀 여사가 기록한 〈진정서〉를 발견했다. 이 책의 저자가 어떻게 김성녀 여사의 진정서를 보게 되었는지 입수 경로는 알 수

김성녀 여사

없으나 저자는 "최운산 장군의 처 김성녀의 기록은 지금까지 일반적으로 알고 있는 봉오동 독립전쟁의 전황을 다르게 설명하고 있다."고 밝히며 "그 당시 현장에 없었던 사람은 알 수 없는 내용이 실려 있으니 향후 자세한 연구가 되어야 한다."는 주석을 달아 그 책에 참고자료로 김성녀 여사의 진정서를 실어놓았다.

할머니의 진정서에는 어린 시절 우리가 들었던 이야기가 숫자도 틀리지 않고 그대로 들어있었다. 만주의 무장독립운동과 봉오동 독립전쟁, 그리고 가족사에 대한 우리의 기억이 왜곡되지 않았다는 것을 말해주는 김성녀 여사의 진정서 내용을 확인하니 마치 돌아가신 할머니가 손을 내밀어 이제라도 봉오동과 최운산 장군의 역사를 바로잡아 달라고 손자들에게 당부하시는 것 같았다.

김성녀 여사의 진정서

본인은 독군부 총사령관 최진동의 제수이며, 도독부 독군부의 창설자이며 참모장으로서 모든 군자금을 맡아 조달하였으며 일생을 독립운동에 헌신한, 최진동 장군의 친제인 최운산(일명 만익)의 미망인이며, 도독부 독군부의 지략가이며 작전참모였고, 최진동 장군과 최운산의 친제인 최치홍(일명 명순)의 형수되는 사람입니다.

3형제가 혼연일체가 되어 도독부 독군부를 창설하여 일생을 독립운동에 헌신하시다가 작고하신 분들의 공적이 사록에 누락 및 오기된 사정을 시정코저 하오며, 물론 독립 운동한 것은 개인의 명예욕에서 행한 것은 결코 아닙니다.

본인은 국민과 후손들에게 최진동 3형제의 혁혁한 독립운동 투쟁사를 사실대로 명백히 밝히고자 아래와 같은 내용의 진정서를 제출하나이다.

1. 최진동 장군은 1963년 3월 1일에 독립유공훈장 단장(제374호)을 수여 받았음, 최진동 장군의 공적은 국사편찬위원회에서 발행한 한국독립운동사 제3권 및 제4권에서만도 수십 페이지에 달하도록 공적이 수록되어 있으나 수하에서 독립운동을 하신 분들이 복장이나 중장을 수여받고 있기에 사실을 공명코저 하오며, 모든 공적을 사실과 동일하게 남기고자 하오며 품격의 승격도 원하는 바입니다.

2. 최운산(일명 문무, 만익)은 1961년 1월 29일 공적심사위원회에서 대통령 포장으로 결정되었다고 총무처로부터 통보받은 사실이 있으며, 1968년 2월 12일 공적심사위원회에서 다시 심사하여 보류되었으며, 1969년 12월 17일에 총무처에 사료를 보완하여 제출하였습니다. 공적으로는 국사편찬위원회 발행 한국독립운동사 제3권 및 제4권과 공보처 발행 무장독립운동비사 및 대지의 성좌 제1부 망명지대와 애국동지회 발행 한국독립사에 기록되어 있습니다.

3. 최치흥(일명 명순)은 한국독립운동사(애국동지회 발행) 및 국사편찬위원회 발행 한국독립운동사 제3권 및 제4권에 수록되어 있는 것과 같이 일생을 독립운동에 헌신한 독립투사이다.

이와 같이 최진동 장군을 위시하여 3형제가 혼연일체가 되어 조국의 광복을 위해 일생을 헌신하시다가 작고하시었는데, 조국광복을 맞아 독립운동 당시 하급지휘관 및 졸병으로서 생존한 독립인사가 자신의 공적을 과대 선전하기 위하여 허무맹랑한 사실과 왜곡되고 과장된 조작 사실로 인하여 독립운동사에 오점을 남겼으며 일생을 독립운동과 조국광복을 위해 생명과 재산을 총투입하여 투쟁하였으나 공적이, 사록에 수록이 뒤바뀌어져 있기에 반드시 사학가들에 의하여 사실이 입증되리라 보며 독립운동을 하시고 생존해 계시는 분들의 양심에 호소코자 합니다.

가. 북만주 지역에는 많은 독립운동 단체가 있었으나, 그 단체들이 왜 통합을 하여야 했으며, 통합 후에는 누가 총사령관에 취임하였으며, 통합 후에는 누가 자금을 지원하였는가요?

나. 북만주 지역에서 독립운동 당시 누가 거처와 모든 장비 및 피복, 식량과 모든 군자금을 제공하였는가요?

다. 일본군에서 독립군의 근거지라 하는 왕청현 봉오동 일대와 서대파는 누구의 소유였는가요?

라. 도독부, 독군부에서 사재를 투입하여 서대파에 군정서 겸 군사교련소를 창설한 사실을 알고 계시며, 창설 당시 자금은 누가 조달하였는가요?

마. 한국에서 북만주로 독립운동을 위하여 입만 하신 분 중에 누가 자금을 가지고 들어가셨던가요? 유일한 분으로서는 이시영 선생(2대 부통령 취임한 분)이시며, 그 외에는 북만주에 거주하는 교민의 도움으로 지탱하였고, 그 외 자금은 누가 지원하였

던가요?

본인은 이상과 같은 사실의 진부를 가려서 한국독립운동사의 오점
을 시정하고, 일생 독립운동에 헌신하시다가 작고하신 최진동 장군
3형제의 명예를 위하여 흑백을 가려서 모든 역사의 산 증거에 의하
여 사실대로 밝히고자 하여, 여러 사학가 제씨들에게 호소하며, 자
에 진정서를 제출하나이다.

할머니 김성녀 여사는 총사령관인 최진동 장군의 훈격이 공적에 비
해 낮게 책정되었다고, 더구나 함께 싸웠던 부하들보다 수품이 낮은 사
실을 안타까워하며 시정되길 요청했다. 또한 대한민국의 첫 군대인 대한
군무도독부와 통합부대 대한북로독군부의 창설자가 최운산 장군이라고
적시하며 최 씨 3형제의 업적이 밝혀지고 독립유공자 서훈이 제대로 이
루어지길 바란다고 하셨다. 또한 안타까움과 분노를 담아 해방 후 남쪽
으로 내려온 독립군 출신의 한 유력 인사에게 묻고 있었다. 북만주의 무
장독립운동이 최운산의 땅에서 최운산의 재산이 바탕이 되었다는 것을
잘 알고 있지 않느냐고! 할머니는 당시《우등불》이라는 소설로 자신의
공적을 극화하여 정치인으로 성공한 이범석 씨에게 역사의 죄인이 되지
말라고 호소하고 있었다.《우등불》은 그가 싸웠던 청산리 전투를 감동적
으로 그려낸 책이다.

1960년대 아버지가 최운산 장군의 서훈을 위해 애를 쓰실 때 어머니
가 이범석 씨를 찾아갔다. 어머니는 세 차례나 그를 찾아갔으나 만나지
못하고 중국인 부인만 만나고 돌아서야 했다. 이범석 씨가 중국인 부인
과 함께 최운산 장군의 집 사랑채에서 한동안 살았기 때문에 그 부인과

는 잘 아는 사이였다. 그녀는 반가워하면서 최운산 장군의 서훈이 잘 되기를 바란다는 인사를 했다고 한다.

그러나 할머니의 호소처럼 진실은 역시 힘이 세다. 많은 시간이 지났지만 그 책의 내용이 지나치게 과장되었다는 것이 역사학자들에 의해 밝혀지고 있다. 청산리 전투도 김좌진 장군의 영웅적 투쟁을 넘어 독립군 통합군단 대한북로독군부의 승리였다는 것과, 최운산 장군이 자신의 땅인 서대파을 내어주고 북로군정서를 설립한 사실과 십리평에 사관연성소를 설립한 것, 그리고 북로군정서가 그렇게 단기간에 완전무장을 할 수 있었던 배후에 최운산의 자금력이 있었다는 것까지 하나둘 역사의 진실에 가까워지고 있다.

독립군부대의 안살림을 모두 책임졌던 김성녀 여사는 지금까지 일반적으로 알려진 것보다 훨씬 규모가 큰 봉오동 독립전쟁의 전황을 전하며 향후 학자들이 사료를 찾아 역사적 진실을 밝혀주길 당부했다. 일본군의 규모나 독립군의 규모가 기존 학계의 연구에 비해 방대하다. 개인적인 기록이라 아직 학계의 검증과 연구가 뒤따라야 할 것이다. 당시 현장을 지켰던 김성녀 여사의 증언과 기록이 역사의 진실을 찾아가는 단초가 되기를 기대한다. 독립운동사를 연구하는 반병률 교수는 학자들의 연구와 후손들의 기억이 불일치할 때가 많았지만 오랜 시간이 흐른 후 다시 살펴보면 대체로 후손들의 주장이 사실로 밝혀지는 경우가 많았다고 하면서 김성녀 여사의 기록을 학계가 무시하지 않아야 한다고 했다. 김성녀 여사가 무슨 실익이 있어 전투의 규모를 부풀렸겠는가. 그녀는 단지 봉오동 독립전쟁의 역사를 진실 그대로 후세대에 알려주어야 한다는 마음으로 기록을 남기고 증언한 것이다. 북간도 무장독립전쟁에 대한 올바른 분석과 평가가 시작되어야 한다. 아직 학계의 연구가 역사적 진실에 미치지 못했고, 당신의 이야기가 부정당하기도 한다. 그러나 손자인 우리는 안다. 단 한마디도 허투루 뱉은 적이 없었던 당신들의 고지식한 삶을, 그 한마디의 무게를 안다. 그리고 이렇게 이어지는 역사에 책임을 느낀다.

최운산 장군은 1977년에야 비로소 서훈되셨다. 김성녀 여사는 남편의 서훈을 보지 못하고 1975년 3월 3일에 돌아가셨다. 이제 할머니가 남기신 자료를 모아 최운산 장군의 삶을 세상에 온전히 드러내는 일과 더불어 한 영웅의 동반자로서 일생 동안 여성독립운동가의 면모를 충실히 보여주신 할머니 김성녀 여사의 삶을 새롭게 인식하고 재조명하는 작업도 시작해야겠다. 할머니와 다시 만나야 한다.

4장

내 아버지,
최운산 장군의 큰아들 최봉우

2018년 어느 날, 오랫동안 꿈꾸었던 남북 간의 화해가 벼락처럼 찾아왔다. 남북 정상회담이 이뤄지고 공동의 평화와 번영을 기조로 하는 판문점선언을 내놓았다. 평양냉면을 나눠 먹으며 민족의 앞길을 축복하는 남북정상의 만남을 보며 만감이 교차했다. 민족의 통일을 생각하면 언제나 목이 먼저 메어 온다. 한반도의 남단 부산에서 태어났고 단 한순간도 북한 땅을 밟아본 적이 없는 남한산産이지만 나는 늘 북녘을 가슴에 깊이 품고 살고 있다. 아마 평생 실향민으로 사셨던 부모님의 정서를 내 것으로 했던 탓이겠지만 나는 누구보다 통일을 애타게 기다리고 있다.

최운산 장군의 아들다웠던

위로 누나만 넷에, 다섯째로 태어났으나 딸 부

김성녀 여사 곁에 앉아 있는 아이가 필자다.　　　　젊은 시절의 아버지

잣집의 귀한 장남이었던 아버지는 최운산 장군의 수려한 용모를 물려받은, 요즘 말로 엄친아의 전형이었다. 최운산 장군의 큰아들이 태어나던 날 봉오동 초모정자산에 환한 서기가 감돌았다는 이야기가 전해질 만큼 최봉우는 그 마을의 신화적 인물이었다. 얼굴뿐 아니라 결단력까지 최운산 장군을 닮았던 아버지는 어린 나이에 부모 몰래 일본 유학을 감행했다. 소학교를 졸업한 후 할아버지가 일본행을 허락하지 않자 용돈을 모아 무작정 봉오동을 떠났고, 동경에 도착해서야 집으로 소식을 보냈다. 아들의 뜻을 꺾지 못한 최운산 장군은 아들에게 경제적 지원을 해주었고 아버지는 중고등학교와 대학교를 일본에서 다니셨다.

　10대 초반에 만주에서 일본으로 홀로 유학길을 떠날 만큼 담대함을 지녔던 아버지는 창씨개명도 하지 않았고, 일본 학생들과 정면으로 겨루는 강단이 있었다. 물론 부모님의 경제적 지원이 있었고, 천성적으로 사람을 좋아해 교우관계가 원만했던 아버지는 대체로 편안한 유학생활을 하셨다. 그러나 어린 학생이 혼자 타국에서 유학생활을 한다는 것이 그리 만만한 일은 아니었다. 처음엔 조센징이라고 놀리던 아이들도 있었다. 그러나 최운산 장군을 닮은 형형한 눈빛의 아버지는 승부사 기질이 있었다. 학기 초가 되면 최봉우는 제일 강한 동급생과 승부를 겨루는 것으로 학교생활을 시작했다.

내가 어떻게 일본 학생들을 제압했는지 그 비결을 물었을 때 아버지는 "싸울 때는 힘이나 싸움기술이 부족해도 죽기를 각오하고 덤비면 상대가 이길 수 없단다. 나는 그 싸움에서 진다면 유학을 포기하고 돌아가야 한다는 생각을 했으니까 어차피 다른 선택이 없었어. 사생결단을 하고 싸웠던 거야!" 하고 대답하셨다. 덩치 큰 일본 아이들도 강단이 센 최봉우를 이길 수 없었다. 그들은 싸움에서 한 번도 뒤로 물러서지 않았던 친구를 '사이상(최 씨)'이라고 부르며 깍듯하게 대했다고 한다.

아버지는 노래를 참 잘 부르셨다. 술이 한 잔 들어가는 날이면 "날 좀 보소~ 날 좀 보소~" 하고 밀양 아리랑을 즐겨 흥얼거리곤 하셨다. 타고난 미성과 풍부한 성량으로 일본에서 성악 콩쿨에서 입상도 했던 아버지는 음악대학 성악과로 진학하라는 하숙집 주인의 권유에 마음이 흔들리셨다. 그러나 당시 아버지를 따라 일본으로 건너와 함께 지냈던 사촌형 국빈(최진동의 셋째 아들)의 강한 반대에 부딪쳤다. '우리 집안에 딴따라는 없다. 내가 작은아버지(최운산)한테 알려서 유학자금을 끊게 하겠다!'는 협박성 만류에 정치외교학과를 선택하셨다고 한다. 성악가가 되는 길을 포기한 아쉬움이 남아선지 아버지는 이 에피소드를 여러 번 들려주셨다. 노래를 좋아하고 음악가를 꿈꾸기도 했던 나는 아버지의 심정에 깊이 공감하곤 했다.

얼굴뿐 아니라 목소리까지 최운산 장군과 닮았던 아버지와 통화할 때는 전화기를 귀에서 멀리 떼어야 했다. 내가 "아버지, 목소리가 너무 커서 귀가 아프니 조금 작게 말씀해주세요."라고 말하면 아버지는 "허허, 나는 아무것도 아니다. 너희 할아버지가 마을 뒷산에서 독립군들을 훈련을 시킬 때면 구령소리에 산골짜기가 쩌렁쩌렁 울렸고, 산 아래 집에서도 최운산 장군의 호령 소리가 들렸단다." 하고 답하시곤 했다.

노래를 좋아하면서도 성량이 부족한 나는 아버지의 목소리를 제대로 닮지 못한 것이 늘 아쉬웠다. 그렇지만 형제들 중 내가 외모도 성격도 아버지와 제일 많이 닮았다. 그리고 큰딸에 대한 아버지의 사랑은 언제나 특별했다.

결혼과 누명

2차 대전 막바지, 일본의 대학생은 모두 학도병 징집의 대상이었다. 와세다대학교에서 정치학을 공부하던 아버지는 3학년을 마친 뒤 더 이상 징집을 피할 수 없게 되자 졸업을 포기하고 학교를 그만두셨다. 만주에서 독립군을 양성하고 무장투쟁을 이끄는 최운산 장군의 큰아들이 일본 군인이 될 수는 없었던 것이다. 아버지는 일본을 떠나 봉오동의 집으로 돌아가셨다. 할아버지와 할머니는 아들이 긴 유학을 마치고 돌아오자마자 정혼자였던 어머니 차연순과 혼인을 시키셨다. 아버지 나이 스물넷, 유학 때문에 미뤄진, 당시로는 늦은 결혼이었다. 그러나 해방이 얼마 남지 않았던 당시 연변은 지주의 큰아들에게 따뜻한 신혼을 즐길 시간을 허락하지 않았다. 일본 유학생 출신의 젊은이에게 봉오동은 이미 안전한 공간이 아니었다. 학병을 거부하고 돌아간 고향에서 아버지는 간첩이란 누명을 쓰고 끌려갔다.

당시 간첩은 때려서 죽이는 게 불문율이었다. 상상할 수 없는 매질이 매일 가해졌다. 아버지를 때리던 간수들은 아침이면 쓰러져있는 최봉우를 발로 툭툭 차며 살아있는지 확인했다. 그런데 거의 두 달간의 매질에도 목숨이 붙어있자 간수들 사이에서 이상한 말이 돌면서 매질의 강도가 약해졌다. 초모정자산의 상서로운 기운이 비추는 이 인물을 죽이면 그 사람에게 해가 돌아갈지도 모른다며 겁을 먹기 시작한 것이다. 그러나 "어차피 살아서 이 감옥을 나갈 수 없다!"는 판단을 한 최봉우는 치사량의 아편을 넣어달라고 요청했다. 당시는 민간에서 상비약으로 아편을 많이 사용하던 때였다. 아마 할머니는 아들의 통증을 덜어주기 위해 아편을 차입시켰을 것이다.

그러나 젊은 아버지는 죽음을 선택했다. 최봉우가 치사량의 아편을 먹고 사경을 헤매자 간수들은 집에 가서 죽게 하려고 며칠의 말미를 주어 그를 감옥에서 내보냈다. 아들이 집으로 돌아온 그날 밤 가족들은 그를 두만강 건너로 몰래 피신시켰다. 봉학 삼촌이 형님을 업고 강을 건너 새댁인 어머니와 함께 두만강변에 있는 허름한 움막에 아버지를 숨겼다. 그런데 정말 초모정자산의 정기를 받은 탓이었을까. 움막에 숨어있던 아버지는 기적적으로 다시 살아나셨다. 죽기 위해 먹은 아편이 오히려 강력한 치료 효과가 있어 고문으로 인한 장독이 빠르게 치유되었다. 아버지는 이 이야기를 들려주실 때마다 약과 독은 종이 한 장 차이라고, 아편처럼 잘 쓰면 약이 되고 못 쓰면 독이 되는 게 약리의 기본이라는 말씀을 덧붙이시곤 했다.

아버지는 당신이 젊을 때라 회복이 빨랐던 것도 있었겠지만 우리 집안이 체질적으로 회복력이 좋은 것 같다고 말씀하셨다. 할아버지도 감옥에 갇힐 때마다 고문을 당해 매번 수레에 실려 나오셨지만 오래지 않아 털고 일어나 아무도 모르게 변장하고 다시 무장투쟁에 뛰어드셨다는 것이다. 움막에 숨어 지내며 아내의 보살핌 속에 몸을 회복한 아버지는 움직일 수 있게 되자 평양으로 피신했다. 당시 평양에는 한 살 많은 누이 옥순과 손위 처남이 살고 있었다. 건강을 회복한 아버지는 유학 시절 친구이며 공산당 간부인 매부 심종운과 인민군 대좌인 큰외삼촌 차홍균의 도움으로 평양에서 새로운 생활을 시작할 수 있었다.

그렇게 삶과 죽음의 경계에서 가까스로 살아나 봉오동을 탈출한 아버지에게 '불사조'라는 별명이 붙여졌다. 아버지를 고문했던 사람들 주변에서 흘러나온 이야기였는지 시간이 흐르면서 최봉우가 평양에서 복수를 위해 백골단을 조직해 군사들을 훈련을 하고 있다는 소문이 돌기 시작했다. 마치 누가 보고 오기라도 한 것처럼 최봉우가 어깨에 금빛 견장을 단 백색의 군복을 입고 군대를 모으고 있다는 구체적인 묘사까지, 최운산 장군이 독립군을 양성하는 것을 본 사람들이 그 아들도 그런 일을 하리라 생각했는지 소문은 실체를 지니고 퍼져나갔다. 아무도 감옥에서 살아서 나오지 못하리라 생각했던 극한의 상황에서 탈출에 성공한 사람에 대한 놀라움과 두려움이 또 하나의 신화를 만들어낸 것이었다.

그러나 어느 날 갑자기 살던 집에서 쫓겨나 고아가 된 어린 고모와 삼촌은 그런 이야기가 들릴 때마다 더 멀리 도망쳐야 했다. 지주 집안이라는 신분과 탈주자 최봉우의 동생이라는 굴레가 자신들의 생존을 위협했기 때문이다.

1945년 7월 5일, 평양에 정착하기로 결정한 아들을 보러 오셨던 할아버지 최운산 장군이 갑자기 돌아가셨다. 1939년 11월에 잡혀가, 10개월간 감옥에서 보내며 얻은 고문후유증이 도진 것이었다. 뛰어난 무술인으로 자신의 죽음을 직감한 최운산 장군은 미래에 대한 두려움으로 긴장해 있던 아들 봉우를 위로하며 유언을 남기셨다.

"내 삶이 얼마 남지 않았다. 내 평생 의를 구하고 조국을 위해 부끄러움 없이 살았다. 동포들을 위해 일했고, 다행히 많은 사람들의 목숨을 구할 수 있었다. 이제 우리나라가 곧 해방이 될 것이다. 당장 눈앞에 길이 보이지 않는다 해도 너무 근심하지 말라. 시대가 어려운 때라 너희가 모두 고초를 겪고 있지만 내 자식들이 크게 잘못되는 일은 없을 것이다."

간도에서 봉오동 신한촌을 건설하고 동포들과 함께 공동체적 삶을 실천하셨던 최운산 장군, 그들의 안위를 지키고 조국의 독립을 위해 온 일생을 투신했던 독립전쟁의 영웅 최운산 장군은 조국의 광복을 한 달 앞두고 평양에서 순국하셨다.

비록 타향이었지만 부친의 임종을 곁에서 지킬 수 있었고, 유훈을 들을 수 있었으니 아버지는 그것만으로도 큰 위로를 받았다. 평양비행장 근처 야산에 최운산 장군을 모셨다. 임시 산소였다. 정세가 좋아지면 곧 봉오동 증조할아버지 최우삼의 묘소 아래로 모셔 가리라는 생각에 비석을 세우지 않았다. 그러나 공산화가 심화되면서 아버지의 귀향도 기약이 없어졌다. 1.4 후퇴 때 평양을 떠나기 전 아버지는 할아버지 묘소에 당신이 잘 알아볼 수 있는 표식을 해두었다. 전쟁이 끝나면 함께 봉오동으로 돌아갈 수 있으리라 생각했다. 아버지는 평생 통일을 염원하셨다. 그러나 3.8선으로 갈라져버린 나라의 운명은 아버지의 평양행을 끝내 막아섰고 최운산 장군은 지금도 홀로 평양에 누워 계신다.

얼마 후 아버지는 친구와 처남의 보증으로 평양방송국에 아나운서로 취직하셨다. 유려한 말솜씨와 미성의 소유자인 아버지에게 아나운서란 직업이 잘 어울렸을 것 같다. 당시는 아나운서가 직접 원고를 쓰고 방송을 하던 시절이었다. 레닌과 트로츠키를 인용하는 동경 유학파 출신인 아버지의 방송은 인기가 많아서 수당이 더 높았다고 한다. 생활은 곧 안정되었고 아들도 태어났다. 그러나 능력을 인정받는 편안한 직장생활이었지만 공산주의자가 아니었던 아버지에게 평양에서의 생활은 늘 긴장의 연속이었다. 김일성을 우상화하는 정치 상황도 받아들이기 힘들었다. 신분을 숨기고 취직을 했지만 지주의 아들이라는 출신 성분이 언제 드러날지 모르는 일이었다. 고민과 긴장 속에서 하루하루를 지내며 처음으로 담배를 배우기도 했다.

피난

한국전쟁이 터지자, 아버지는 안정된 생활을 버리고 남쪽으로 내려오기로 또 한 번의 결단을 하셨다.

사실 아버지가 피난을 떠나려고 마음먹을 때 처음부터 가족과 함께 피난길에 오를 생각은 아니었다. 전쟁이 끝나면 곧 데리러 올 테니 할머니와 아기와 함께 평양에서 기다리라고 아내에게 당부했다. 그러나 엄마는 이 전쟁통에 헤어지면 어떻게 될지 모른다며 아버지 혼자 떠나는 것을 강력하게 반대하고 혹시 혼자서 훌쩍 떠나버릴까 봐 아버지 뒤를 졸졸 따라 다니셨단다. 결국 모두 함께 피난길에 올랐고 아버지와 어머니, 할머니와 큰오빠 네 식구는 전쟁의 소용돌이를 헤치며 평양에서 부산까지의 먼 피난길을 걸어서 내려오셨다.

도중에 길을 막아서는 군인들과 담판을 지으며 길을 열기도 했고, 다리를 건너자마자 폭격으로 등 뒤에서 다리가 끊어지는 일도 다반사였다. 목숨을 걸어야 했던 위기가 이어졌으나 네 식구는 무사히 거제도 피난민 수용소에 도착했다.

이후 피난민 수용소를 떠나 부산에 정착한 아버지는 아들과 딸을 둘씩 더 낳아 모두 5남매를 두셨다. 젊은 최봉우는 부산에서 운수업을 시작했고 사업에 성공해 경제적 여유도 생겼다. 경제력을 바탕으로 정치에도 참여하셨다. 오랫동안 우리집은 최 동지를 찾는 옛 민주당원들의 사랑방이었다. 그러나 박정희 정권이 회사의 지역운영권을 박탈했고 사업은 부도가 났다. 이후 아버지는 몇 번의 사업 실패를 더 겪은 뒤 어머니가 직장을 다니며 살림을 책임지셨다. 어려운 시절이 길었다. 그러나 비록 경제적 여유는 없었지만 할머니도 살아계셨고, 부모님과 우리 5남매가 평범한 가정의 행복을 나눌 수 있었던 소중한 시간이었다.

아버지는 내게 살아있는 역사책이었다. 학교 공부 중 궁금해진 역사적 사건이나 인물에 대한 질문을 하면 아버지는 그와 관련한 내용과 배경, 역사적 의미까지 두루 꿰어 설명해 주셨다. 고대에서 근현대사에 이르기까지 정사와 야사를 넘나드는 아버지의 역사에 대한 해박한 지식은 언제나 역사를 과거가 아닌 오늘로 불러와 생생하게 살아나게 하는 힘이 있었다. 아버지의 영향 때문이었는지 나는 역사가 재미있었다. 세계사에도 관심이 많았던 나는 사학자가 되고 싶었다.

내가 막 고3이 된 1975년 3월 3일, 할머니가 노환으로 돌아가셨다. 그리고 그해 8월 19일, 할머니의 장례를 치른 지 다섯 달 만에 마흔아홉의 어머니가 암으로 돌아가셨다. 당시 대학 졸업반이던 큰오빠, 군대에 있던 작은오빠, 고3인 나와 고1인 남동생, 그리고 초등학교 5학년 막내까지 모두 엄마의 손길이 필요한 시기였다. 살림에 대해 아무것도 몰랐지만 큰딸인 내가 어머니의 빈자리를 채워야 했다. 집안 형편도 더 어려워져 대학진학도 포기했다. 우리 5남매는 각자의 아픔을 넘어 서로 도우며 어머니의 부재를 메우려 했다. 그러나 아버지에게 어머니는 생사고락을 같이하던 동지였고, 위로이자 의지였다. 어머니와 아내를 한 해에 떠

가족사진 내가 중학교 입학하던 해이고, 큰오빠는 대학생이었다.

나보내야 했던 쉰셋 아버지의 심정은 상상할 수도, 가늠할 수도 없다.

2년 후인 1977년에야 최운산 장군이 독립유공자로 서훈되셨다. 1961년에 시작했던 서훈 신청이 오랜 노력 끝에 결실을 보았으나 아버지 곁에는 그 기쁨을 함께 나눌 어머니도 아내도 없었다. 얼마나 안타까우셨을까! 그 후로 많은 시간이 지나고 어른이 된 막내가 언제 엄마 생각이 가장 많이 나셨는지 물었을 때 아버지는 자식들이 성장하면서 각자의 삶에 대해 뭔가를 결정해야 할 때였다고 답하셨단다. 우리 5남매는 홀로된 아버지의 외로움을 살피며 각자의 삶을 씩씩하게 살아내려고 노력했고 아버지를 사랑했다. 그러나 다섯 자식들이 자라면서 인생의 각 단계를 지날 때마다 아버지 혼자서 감당해야 했던 무게와 시간들이 너무 깊고 길었나 보다. 아버지는 그렇게 오래도록 외로우셨다.

1992년에 중국과 수교가 이루어졌다. 봉오동이 마음만 먹으면 갈 수 있는 고향이 되었을 때는 이미 노인이 된 아버지를 가로막는 핑계가 너무 많았다. 건강도 경제력도 여의치 않았다. 아버지의 절박한 심정에도 우리 5남매는 아버지의 방문을 동반하지 못했다. 지금도 우리 형제들이 가장 후회하고 있는 일이다. 1997년, 더 이상 기다릴 수 없었던 아버지는 시간 여유가 있던 큰며느리를 데리고 처음이자 마지막으로 봉오동을 방문하셨다. 그러나 봉오동에서 돌아오신 후 건강이 급격히 나빠졌고 신부전증으로 투석치료를 받으셨다. 2년여의 투병 끝에 2001년 하늘로 떠나신 아버지는 다시는 봉오동에 돌아가지 못하셨다.

5장

세월을 건너온 최운산 장군의 자녀들

                                    최운산 장군과 김성녀 여사는 모두 열한 명의 자식을 낳았다. 그래도 출산 과정은 매번 건강했고, 산후조리는 오히려 휴식과 재충전의 기회였다고 한다. 그래서인지 할머니는 유난히 자식 욕심이 많으셨다. 하지만 얼굴이 예뻐 고분네라고 불렸던 딸을 포함해 모두 네 아이를 어려서 잃었다. 나머지 7남매, 딸 넷과 아들 셋은 건강하게 자랐다.

    첫째 청옥부터, 영옥, 일찍 세상을 떠난 고분네, 옥순까지 딸 넷을 낳은 후 장남인 아버지 봉우鳳羽와 둘째 아들 봉학鳳鶴을 낳았다. 그리고 독립운동으로 봉오동을 떠나있던 때를 건너뛰어 막내딸 계순과 막내아들 호석이 태어났다.

이산가족찾기로 만난 형제들

그들 중 세 명이 살아있었다. 1983년 KBS의 〈이산가족찾기〉 방송을 통해 연변에 살고 있던 첫째와 막내 고모와 막내 삼촌을 기적적으로 만나게 된 것이다. 사실 피난 내려와 최치영이란 이름으로 살고 있던 아버지는 공산당을 버리고 탈출한 당신으로 인해 북한과 중국의 형제들에게 불이익이 돌아갈까 봐 이산가족찾기 신청을 포기했었다. 가족을 보고 싶은 마음보다 공산 치하에서 지주의 가족이라는 신분을 숨기고 살고 있을 형제들의 안위를 더 걱정한 것이었다. 그런데 중국의 동생들이 먼저 방송을 통해 혹시 남한에 살고 있을지 모르는 형제 최봉우를 찾아주었다. KBS에서 중국에 가 녹화를 해온 것이다.

중국을 중공이라 부르던 시절이었다. 〈이산가족찾기〉 프로그램 중 '중공에서 찾습니다'란 코너의 방송에서 최봉우를 찾는 아버지의 형제들이 등장한 것이다. "만주 봉오동 출신, 평양방송국 아나운서였던 최봉우가 6.25 전쟁 때 사라졌는데 전쟁 중에 죽지 않았으면 혹시 남한에 살고 있을지도 모르겠다."는 사연이 한국으로 날아왔다. 정말 기적 같은 일이었다. 사회주의 국가 중국의 상황이 어쩌면 우리가 알고 있는 것보다 나쁘지는 않을지도 모른다는 생각도 했던 순간이다. 방송을 통해 연변에 살고 있는 형제들을 확인한 아버지는 청옥 큰누이에게 당신이 남한에 살고 있다는 답장을 보냈다. 그런데 큰고모도 정옥으로 개명해 살고 있었던 탓에 그 편지는 주인인 최청옥을 찾지 못해 1년 가까이 연변을 돌아다니다가 가까스로 큰고모에게 전달되었다. 그렇게 40여 년 만에 형제들의 만남이 시작되었다.

현재 막내고모와 막내삼촌은 독립유공자 후손으로 국적을 취득해 한국에 정착하셨다. 2017년 계순 고모가 돌아가시고 이제 호석 삼촌 혼자

남으셨다. 고모와 삼촌을 통해 들었던 우리 가족사의 또 다른 측면은 내가 알지 못했던 새로운 내용이었다. 할머니와 아버지로부터 들었던 오래된 가족사에 이분들의 이야기를 보태 가족사의 빈 퍼즐을 맞추는 일을 시작할 수 있게 되었다. 우리 가족사를 통해 열어보는 우리나라 근현대사의 한 자락은 여느 대하드라마 못지않다. 자신들의 삶과 집안에 대해 알고 있는 것을 정확하게 전해주려고 노력하는 고모들과 삼촌의 모습을 보면서 강직함과 고지식한 성품이 우리 집안 내력이라는 생각이 새삼스럽게 들기도 했다.

최운산 장군과 김성녀 여사, 두 분이 모두 강하고 대담한 분들이라 그런지 그 자녀들도 모두 겁이 없고 어떤 싸움에서도 지지 않는, 죽기 살기로 덤비는 강한 성격들이었다고 한다. 막내삼촌은 형님인 우리 아버지도 젊은 시절엔 싸움에서 물러서는 법이 없는 용감한 청년이었다고 했다. 그 이야기를 할 때면 형님에 대한 자부심으로 저절로 입가가 올라갔다. 늦둥이였던 계순 고모와 호석 삼촌은 동경 유학생 봉우와 옥순 남매가 방학을 맞아 집으로 돌아올 때면 봉오동 입구에서부터 온 동네가 훤해졌다고, 어린 나이에도 형님과 누나가 얼마나 자랑스러웠는지 모른다고 기억하셨다. 그렇게 삼촌이나 고모를 통해 듣는 이야기에는 숨겨둔 비밀을 발견하는 재미가 가득했다. 새로운 이야기도 있었지만 이미 알고 있는 이야기를 다시 확인할 때가 더 많았다. 어려서 헤어져 오랜 세월 만나지 못했지만 세월의 강을 건너 온 늙은 형제들, 그들의 어린 시절 기억을 통해 만난 아버지의 학창 시절은 최운산 장군의 아들 최봉우에 대한 새로운 발견이었다.

청옥 큰고모

큰고모 정옥은 할머니를 닮아 사느마한 제구였으나 성격이 담대했다. 큰고모는 곰, 호랑이, 멧돼지, 사슴 등이 가끔 출몰하는 봉오동 뒷산 숲속으로 나물이나 약초 등을 캐러 자주 올라갔다고 한다. 어린아이였던 막내삼촌은 낫 하나만을 들고 혼자 울창한 숲으로 들어가는 큰누이가 정말 대단해 보였다고, 겁이 없고 대담한 청옥에게 동네사람들도 함부로 대하지 못했다고 한다. 막내와 스무 살 이상 나이 차이가 나는 청옥 큰고모는 부모를 잃은 어린 동생들에게 엄마와 같은 존재였다. 공산화로 모든 것을 빼앗긴 몰락한 집안의 큰딸 청옥은 고아가 된 열두 살과 여섯 살의 늦둥이 동생들을 돌보기 위해 많은 희생을 감수해야 했다.

공산화된 중국에서 계급투쟁이 일상화되었다. 지주의 자식이라는 멍에는 봉오동에 남겨진 고모들과 삼촌의 삶에 큰 위협이 되었다. 특히 1960년대 중국이 문화혁명기를 지날 때는 혹독한 핍박을 피할 수 없었다. 집안의 맏이인 최청옥은 말할 수 없는 고초를 겪었다. 마을 조회 때면 주민들 앞에 끌려 나가 모진 비판을 당했다. 머리에 고깔을 씌우고 조리돌림을 당하면서 매를 맞았다. 그 상처의 흉터가 오래도록 청옥고모의 몸에 남아 있었다. 결국 고모들과 삼촌은 봉오동을 떠나 사람이 없는 개산툰이라는 도시로 가서 살았다. 청옥 큰고모는 그곳에서 출신 성분을 숨기고 이름도 최정옥으로 바꾸고 조용히 숨어 지냈다.

그렇게 긴 세월 잊고 살다가 40여 년 만에 한국에 살고 있는 동생 봉우를 만났다. 그야말로 감격적인 상봉이 있었다. 방송을 통한 만남 이후 막내삼촌은 연변의 생활을 정리하고 한국으로 들어오셨고 큰고모도 한국에 머물다 가셨다. 청옥 큰고모는 우리 가족사의 보물창고였다. 가족사를 가장 잘 아는 큰 고모와 이야기할 기회가 좀 더 많았으면 좋았을 텐데 아쉬움이 크다. 고모의 이야기에는 내가 알지 못했던 많은 새로운 역사가 숨어있었다.

중국인보다 중국말을 더 잘했다거나 무술 실력이 뛰어났다는 최운산 장군의 개인적인 배경부터 외교술과 상술에 이르는 외적 영역까지, 할아버지 형제들의 뛰어난 역량에 대한 여러 에피소드는 어려서부터 많이 들었었다. 그런데 한 집에 살았기에 형님인 최진동 장군의 영향이 클 수밖에 없었다. 여성이 가정의 중심이 되어야 하고 교육을 많이 받아야 한다는 것을 강조했던 최운산 장군과 달리 최진동 장군은 여성에 대한 교육관이 달랐다. 여자는 학교에 다닐 필요가 없다는 지론으로 자신의 딸들은 물론 어린 조카들도 학교에 가지 못하게 했다. 첫째 청옥과 둘째 영옥이 소학교를 다니고 있었는데 큰아버지가 최진동 장군이 두 조카의 학업을 중단시켰다는 것이다. 학교에 다닐 때 늘 1등만 했다는 청옥, 영옥은 학교를 그만두어야 했다.

동네 아이들을 가르치기 위해 아버지 최운산 장군이 세운 학교였다. 남자보다 여자들이 공부를 더 많이 해야 한다는 지론을 자주 피력하셨다는 최운산 장군이 형님의 결정을 받아들였다는 것이 지금도 잘 이해되지 않는 부분이다. 글을 읽고 배움의 즐거움을 알아가던 청옥, 영옥 고모의 마음을 헤아려본다. 호기심 많고 공부를 좋아하는 일가 식구들의 성향을 아는지라 학교를 그만두던 어린 고모들의 실망이 시공을 초월하여 내게로 다가왔다.

그래도 셋째 옥순 고모가 대학까지 무사히 마친 것을 보면 젊었을 때는 형님의 생각을 받아들였지만 시대의 변화에 따라 여성 교육에 대한 생각이 달라지셨던 것인지도 모르겠다. 후일 셋째 고모가 부모님 몰래 서울로 떠난 일도 공부 욕심이 많은 옥순 고모가 큰아버지의 눈을 피해 멀리 도망 간 것이 아니었을까 하는 생각이 들었다. 아니, 어쩌면 언니들이 멀리 가서라도 공부하라고 동생을 도와주었을지도 모르겠다.

둘째 영옥은 키가 크고 무거운 짐도 척척 들어 옮기는 등 웬만한 남자들보다 기운이 세고 일도 잘했다고 한다. 할아버지를 닮아 7남매 중 제일 미인이었고 노래도 잘했다는 둘째 고모는 일찍 돌아가셔서 직접 만나지 못했다. 청옥 고모는 90년대 중반 한국을 방문해 부산의 아버지 집과 서울의 삼촌의 집을 오가며 한동안 머무셨다. 청옥 고모는 동네사람들이 연변 말투를 듣고 조선족 할머니냐고 무시하는 태도를 보이면 정색을 하고 호통을 치셨다고 한다.

당시 내가 결혼하고 거제도에서 직장생활을 할 때라 자주 친정을 찾지 못했다. 고모가 한국에 머물 때, 고모가 살아계실 때 자주 만나지 못한 것이 너무 아쉽다. 최운산 장군의 모든 역사를 가장 잘 알고 있는 큰딸에게서 아버지 최운산 장군의 삶에 대해, 그리고 당신의 눈으로 목격한 만주 무장독립전쟁에 대한 생생한 이야기를 듣고 기록할 수 있는 가장 좋은 기회였는데 그때는 내가 역사를 만날 준비가 되어있지 않았다.

1912년생인 청옥고모는 봉오동 독립전쟁 당시 아홉 살이었다. 어린 애지만 겁이 없고 호기심이 많았던 청옥은 주민들이 모두 대피한 마을 귀퉁이에 숨어서 마을에 도착한 일본군을 몰래 훔쳐보았다. 번쩍거리는 긴 장화를 신고 누런 군복을 입은 일본군인들은 마치 개선행진을 하는 것처럼 나팔을 불면서 마을 뒷산을 향해 힘차게 올라가는 것을 지켜보았다는 것이다. 그런 큰고모가 한국에서 만주의 무장독립운동을 다룬 다큐 등 방송을 보고 크게 실망하셨다.

"아니, 어찌 이러오? 봉오동 독립 전쟁도 청산리 전투도 우리 아버지 최운산이 창설한 부대가 치른 전쟁이고, 총사령관은 큰아버지 최진동이지 않소? 어찌 한국에서는 봉오동 전쟁 총사령관은 홍범도라 하고 청산리 전투 사령관을 김좌진이라고 하오? 어찌 이런 일이 있을 수 있소?"

도대체 이게 가능하기나 한 일이냐고, 기가 막혀 하시는 고모의 질문에 아버지는 얼른 대답하지 못하고 말문이 막히셨다. 아버지는 "지금은 한국에서 만주 무장투쟁에 대한 이해가 잘못되어 있지만 언젠가 역사학자들이 제대로 정리해줄 것"이라 답하시며 죄스럽고 미안한 마음을 숨기지 못하셨다. 이미 노인이 된 아버지는 당신이 사회적으로 좀 더 성공했더라면 이렇게 역사가 왜곡되도록 방치하지 않았을 거란 자괴감으로 많이 힘들어 하셨다.

"홍범도, 김좌진은 우리 아버지 최운산 장군의 부하들이었소. 두 사람은 봉오동 독립전쟁 전에 대한북로독군부의 본부인 봉오동 우리 집에서 함께 지냈소. 특히 김좌진은 몇 달을 우리 집에서 머물다 사관연성소장으로 갔소!"

"김좌진 장군은 북로군정서가 설립되기 전에 본부인 최운산 장군의 집에서 머물렀다. 그러다가 최운산 장군이 서일총재와 함께 서대파에 북로군정서를 창설했을 때 간부로 임명돼 서대파로 갔어. 홍범도 장군은 김좌진 장군보다 늦게 봉오동에 들어왔지."

"홍범도 장군이나 김좌진 장군은 자주 우리집에 와서 회의 등을 하면서 머물렀고, 쌀 때는 수십 개의 수레에 곡식을 가득 싣고 자기들이 속한 부대로 돌아갔다. 식량 수레들이 꼬리를 물고 지나갔는데 그 수레들이 너무 길어서 행렬의 끝이 보이지 않았어!"

이렇게 역사의 숨겨진 진실을 밝혀주던 큰고모, 80세가 훌쩍 넘은 노인으로 만났던 청옥 큰고모는 먼저 하늘로 떠나셨다. 그 후로도 20여 년의 세월이 흘렀다. 이제야 아버지가 큰고모에게 다짐하셨던 '봉오동 독립전쟁의 역사 찾기'가 시작되고 있다.

나는 '어찌 그러오?' 하고 묻던 고모의 강한 질문에 '큰고모, 이제야 우리가 바른 길로 가려고 노력하고 있어요. 그런데 공부할수록 궁금한 게 너무 많아요. 이게 맞나요?' 하며 매순간 다시 질문하고 대답을 기다린다.

왼쪽부터 셋째 둘째 첫째 넷째 고모들 1940년경으로 추정, 아버지가 뒤에 서있었는데 최봉우 가족이란 것이 알려지는 것이 무서워 사진을 잘라버렸다.

2017년 형제들 곁으로 가신 계순 고모의 유품에서 어린 시절 고모들이 함께 찍었던 가족사진을 발견했다. 거기 젊고 예쁜 청옥 고모가 있었다. 다시 만난 사진 속 청옥은 내가 기억하는 큰고모보다 훨씬 곱다.

셋째 딸 옥순 고모

아버지가 한국에 살고 있다는 소식은 당시 함흥 외곽에 살면서 연변의 형제들과 왕래하고 있던 셋째 고모 옥순에게도 전해졌다. 서른 살에 헤어진 연년생 오라비의 소식을 일흔이 넘어서야 들은 것이다. 아버지보다 한 살 위인 옥순 고모는 동생 봉우가 소학교를 졸업하고 일본으로 도망가 일본 유학을 극적으로 허락받는 과정을 지켜보면서 자신도 부모 몰래 유학을 떠나기로 결심했다. 중학교를 졸업한 옥순은 동생처럼 혼자서 집을 떠나 서울에 도착해서 편지를 보냈다. 평소 '사내자식은 소 궁둥이를 때리면서 키워도 딸들은 책상 앞에서 키워야 한다'는 지론을 펼치셨다는 최운산 장군은 용감한 옥순의 서울 유학도 허락하셨다. 여성 교육의 중요성을 일찍 간파하셨고, 여자가 집안의 중심이 되어야 그 집안이 편안하다는 것을 자주 피력하셨던 최운산 장군의 모습에서 시대를 앞선 페미니스트의 면모를 발견한다.

옥순은 서울에서 이화여전을 졸업했다. 그런데 여학교를 졸업한 옥순에게 아버지는 함께 동경에 가서 공부를 더 하자고 제안했다. 공부를 좋아했고 학문적 호기심이 많던 옥순 고모는 망설이지 않고 동생 봉우를 따라 일본으로 떠났다. 그런데 당시 서울에는 옥순을 짝사랑했던 기자가 한 명 있었다고 한다. 옥순 고모가 서울을 떠나던 날 아침, 꽃다발을 전해주며 눈물로 옥순이 떠나지 않기를 바랐다는 이름 모르는 젊은 기자의 마음이 헤아려진다. 당시 서울에 신문사가 몇 되지 않았으니 마음만 먹으면 그 기자가 누구였는지 찾을 수도 있을 것 같다. 오랫동안 언론 분야 시민단체 활동을 하고 있는 나는 기자들을 많이 알고 지낸다. 이미 고인이 되었을 그분이 몹시 궁금했다. 어쩌면 고모가 결혼하러 평양이 아니라 서울로 갈 수도 있었겠구나! 하고 또 다른 상상의 나래를 펼쳐보기도 했다. 옥순 고모에게는 그저 지난 추억이었지만 평양에서 함흥으로 쫓겨 간 이후 옥순 고모의 삶이 얼마나 신산했는지 알고 있는 나는 가슴 가득 안타까움이 차올랐다.

일본에서 공부할 때 아버지는 당신보다 한 살이 많은 옥순을 동생이라고 친구들에게 소개하셨단다. 낯선 땅에서 누이를 보호하고 싶은 오라비의 마음이었다. 그런데 세상일은 참 알 수가 없다. 아버지의 유학 시절 친구가 미모에 성격 좋은 옥순 고모에게 반한 것이다. 유학생끼리의 만남으로 두 사람은 오래지 않아 결혼에 성공했다. 호석 삼촌은 당시 결혼을 허락받기 위해 봉오동의 처갓집을 찾았던 매형이 참 바보 같아 보였다고 했다. 자기 평생에 그렇게 아름다운 여인은 처음 봤다는 고모부의 순정어린 고백이 어린아이였던 삼촌은 정말 이해가 되지 않았다는 것이다. 꼬마 처남과 나이 많은 매부와의 첫 만남은 예쁘고 자랑스러운 누이를 기억하는 추억의 한 장면으로, 흐려지지 않는 그림처럼 그렇게 막내동생의 가슴에 남아있었다.

당시 많은 젊은 엘리트들이 사회주의에 기울었다. 고모부 심종운은 김일성 휘하의 공산당 간부가 되었다. 옥순 고모는 평양에서 큰딸 정애와 두 아들 철호, 철용을 낳고 행복하게 살았다. 봉오동에서 간첩 누명을 쓰고 모진 고문을 당하던 아버지가 구사일생으로 탈출해 평양에서 쉬이 정착할 수 있었던 것도 공산당 간부인 친구가 도움을 주었기 때문이다.

옥순 고모의 학창 시절 모습　　　옥순 고모가 평양에 살던 때

젊은 공산주의자 심종운은 김일성에 충성했다. 그러나 공산주의자들과 거리를 두었던 집안 분위기 탓이었는지 아버지는 평양방송국 아나운서로 일하면서도 김일성의 통치 방식에 동의할 수 없었다고 한다. 어느 날 고모부 심종운의 일처리가 지나치다는 생각에 친구에게 좀 더 인간적으로 처리할 것을 충고했다. 그러자 고모부 심종운은 처남만 아니면 당장 끌고 가 처단했을 것이라고, 다시는 그렇게 말하지 말라고 화를 냈다고 한다. 아버지의 탈북에 결정적 영향을 준 사건이기도 했다.

　1.4 후퇴 때 평양을 떠난 아버지는 당신이 전쟁 중 폭격에 의해 사망한 것으로 파악되길 원하셨다. 당신의 탈출이 공산당 간부인 누이 가족에게 부정적인 영향을 주지 않기를 바라신 것이다. 그러나 아버지의 그런 바람에도 옥순 고모는 전쟁 중에 행방불명된 오라비 탓에 남편이 공산당의 고급 간부임에도 불구하고 평생 공산당원이 될 수 없었다고 한다. 6.25 전쟁 후 고모부 심종운은 평양기계공장 지배인(사장)으로 일했다. 그러나 많은 북한의 엘리트들이 그랬듯이, 고모부 심종운도 40대에

숙청을 당했고 함흥 근처의 탄광으로 쫓겨 갔다. 탄광에서 노동자로 일하며 절치부심하던 고모부는 오래지 않아 오해가 풀렸으니 평양으로 다시 돌아오라는 김일성의 복귀 명령을 받았다. 그런데 평양으로 출발하기 하루 전 기쁜 마음으로 냉수마찰을 하던 고모부는 뇌출혈로 쓰러져 사망했다. 옥순 고모는 평양으로 돌아가지 못했고 홀로 함흥 근교 시골에서 세 아이를 키우며 오래도록 빈곤한 삶을 살아야 했다.

북한의 옥순 고모는 다행히 연변의 형제들과는 서로 방문하거나 소식을 주고받을 수 있었다. 자식들이 영양실조로 고생을 하는 등 극심한 생활고를 겪었던 80~90년대에는 오히려 중국의 형제들이 옥순 고모에게 도움을 주었다. 옥순 고모가 1992년 둘째 아들 철용과 함께 동생 계순 집에서 6개월 정도 지내고 돌아간 것이 마지막 중국 방문이었다. 당시는 막내고모와 막내삼촌이 모국방문단으로 한국에 와서 아버지를 만났고, 막내삼촌 호석은 이미 한국에 나와 정착한 후였다. 옥순 고모는 아버지가 남한에 살아있다는 소식에 정말 기뻐하셨다. 중국의 형제들을 통해 서로의 소식을 나누었고, 언젠가 중국에서 남매가 상봉할 것을 다짐하고 기대했다. 그러나 1997년 아버지가 처음이자 마지막으로 봉오동을 방문했을 때 옥순 고모가 중국으로 건너오지 못하셨다. 그후 옥순 고모는 중국방문을 쉽게 허락 받지 못하는 안타까움을 편지로 알려왔다. 아버지는 건강이 악화되어 더 이상 해외여행을 하실 수 없었다.

국경을 넘나들며 검문을 통과해야 하는 탓에 한국 소식을 편지에 그대로 담을 수 없었던 옥순과 계순 자매는 마치 암호를 쓰듯이 한국을 왕청이라 부르고 아버지를 왕청 오라비라 칭했다. 남한과 북한의 남매는 그렇게 간접적으로라도 서로의 소식을 주고받을 수 있었다. 2001년 아버지가 돌아가셨다는 소식에 아픈 마음을 전하셨던 옥순 고모의 편지를 끝으로 서로 간의 연락이 끊어졌다. 아버지보다 한 살 위니 옥순 고모가 80대 중반까지는 살아계셨을 것이다. 그러나 2005년 계순 고모가 한국으로 영주 귀국한 이후에는 더 이상 서로의 생사를 확인할 길이 없어지고 말았다.

함께 일본 유학을 떠날 만큼 가까웠던 연년생 오누이, 6.25 전쟁 중에 헤어진 옥순과 봉우 남매는 결국 생전에 다시 만나지 못했다. 아버지가 돌아가신지 19년이 지났다. 이제 북한의 고모도 돌아가셨으리라 짐작만 한다. 먼저 떠나신 아버지가 하늘나라에서 옥순 고모를 만나 무슨 말씀을 하셨을까…. 당신 때문에 서울이 아니라 평양에서 살게 되었던 예쁜 누이, 공부를 좋아했던 인텔리 누이가 끼니를 걱정하는 시골아낙으로 살았던 그 긴 세월에 오래도록 마음이 아팠다고, 정말 미안했다고 말씀하셨을지도 모르겠다. 그러면 고모는 어떤 상황에서든 긍정적이고 아버지의 손을 잡고 "모두 다 내 선택이었고 내 삶이었으니 아무런 후회가 없소! 나는 오라비의 사랑만 기억하오!"라고 웃으며 답하셨으리라 짐작해본다.

막내 삼촌은 내가 나이가 들면서 얼굴이 옥순 고모를 닮아가는 것 같다고 하셨다. 옥순 이모를 여러 번 만났다는 고종사촌들은 내가 옥순 고모와 성격이 닮은 것 같다고 한다. 그래서일까. 사실 한 번도 만나지 못했지만 오래전 아마 아버지의 유학 시절에 대해 들었던 어린 시절부터 옥순 고모가 내 가슴에 따뜻하게 자리 잡고 있었다. 이제 옥순 고모를 만날수는 없지만 남북이 소통하게 되면 먼저 고종사촌 심정애, 심철호, 심철용을 찾아보리라 다짐한다. 아니, 그보다 먼저 적십자에 이산가족 신청을해서 만날 수 있는 기회를 적극적으로 찾아봐야겠다.

막내딸 계순 고모

1932년 이후 만주는 일제 치하가 되었고 모든 활동을 최대한 비밀리에 해야 했다. 대황구 3만 정보 임야에 500여 명이 넘는 병사들이 숨어 지내며 낮에는 농사꾼으로, 밤에는 독립군이 되어 군사훈련을 했다. 농사는 군자금으로 활용하기 쉬운 아편농사를 지었다고 한다. '자유시 참변'으로 대부분의 동지들을 잃었지만 당시 정세를 파악하고 재빨리 다른 곳으로 이동해 살아남았던 최운산 장군 휘하의 독립군 병사들은 이후 새로운 부대의 주축이 되었다. 살아남은 〈대한군무도독부〉 출신의 독립군들은 여전히 강했다. 1933년의 대전자령 전투에서도 강력한 힘을 발휘해 승리를 이끌었고 크고 작은 여러 전투에서 중심적인 역할을 했다.

만주의 항일 독립운동 관련 자료를 조사하다가 독립군이었다가 일본에 투항한 귀순자들의 명단이 정리된 사료를 살펴본 적이 있다. 1919년 3.1 운동 후 만주 독립군의 숫자도 급격하게 늘었다. 임시정부가 출범하고 봉오동·청산리에서 일본군을 상대로 한 전쟁에서 승리하며 대한민국의 독립을 확신했던 열정적인 시기가 있었다. 그러나 주축 세력이 연해주로 이전하고 자유시 참변과 간도 참변의 험난한 시기를 지나며 만주 독립군의 세력이 점점 약화되었다. 일본의 치밀한 회유 작전이 펼쳐졌다. 살아남기 위해 일제에 자수하는 사람도 늘었다.

'귀순자 명단'에는 그의 이름과 그가 속해 있던 부대명이 같이 적혀 있었다. 국민회군, 북로군정서를 비롯해 당시 만주에서 활동하던 여러 부대명이 있었다. 책으로 정리되어 있을 만큼 귀순자의 숫자가 많았다. 연해주로 떠난 동지들이 목숨을 잃었다는 소식을 접하고, 독립군들의 세력이 점점 약화되자 함께 목숨 걸고 일제에 저항하던 뜨거운 열정도 시나브로 사그라졌을 것이다. 더 이상 저항하지 않겠다는 약속을 하는 그들의 마음이 어땠을까? 일제의 감시를 받으며 후회하고 아파했을까? 아니면 한 술 더 떠 독립군을 고발하는 밀고자가 되었을까? 명단을 보는 내내 여러 생각이 들어 마음이 아팠다. 그런데 그 명단에서 대한군무도독부 출신의 귀순자는 단 두 명에 불과했다. 오래도록 동고동락한 대한군무도독부군은 군율이 엄격해서 밀정이 파고들 여지가 적었던 것이 아닐까 짐작해 본다.

최운산 장군의 막내딸 계순은 어릴 때 아버지 최운산 장군이 늘 동지들이 있는 대황구 삼림森林에 가셨다고 했다. 주로 외부활동을 많이 하셨던 탓에 집에 거의 집에 계시지 않았다는 것이다. 경주 당고모도 어릴 때 아버지 최진동 장군이 동지들이 있는 삼림에 다녀오시곤 했다고 기억한다. 최운산 장군이 더 자주, 더 오래 집을 비우셨다. 경주 당고모는 어릴 때 아버지와 함께한 추억이 많은데 한 살 어린 계순 고모는 아버지와 살갑게 놀았던 추억이 거의 없었다. 사랑스러운 막내딸 노릇은커녕, 변장을 하고 밤에 몰래 다녀가시는 아버지에게 보고 싶다고 투정조차 할 수 없었던 그런 어린 시절이었다.

계순고모가 80세가 넘으면서 귀가 들리지 않아 보청기를 끼셨음에도 점점 대화가 힘들어졌다. 바쁘다며 얼굴보기 힘들던 조카가 이제야 최운산 장군의 역사를 찾겠다고 고모를 찾아 이것저것 자꾸 물어댔다. 내가 종이에 글을 써서 질문하면 고모는 귀찮아하지 않고 지난 기억을 더듬어 정확하게 답을 하려고 애쓰셨다. 이야기를 듣는 중간에 말을 끊고 다시 묻고 싶은 것이 많았지만 고모를 힘들게 하는 것 같아 망설였다. 편하게 이야기를 주고받을 수 있었으면 대화가 훨씬 풍부해질 텐데 필담의 한계가 고모의 아름다운 삶을 다 드러내지 못하게 했다. 열두 살에 부모를 잃

2013년 한국에서 계순 고모 팔순 기념

고 갑자기 어른이 되어 생활 전선에 뛰어들어야 했던 최운산 장군의 막내딸 계순은 그 모진 세월을 다 견뎌내고 2005년 70대 노인이 되어 한국으로 오셨다. 엄마보다 먼저 한국에 정착한 딸들이 친정엄마 근처에 살면서 힘이 되어드렸다. 고모는 꿋꿋하게 혼자 생활하시면서 매일 집근처 노인복지센터에 가서 운동도 하고 친구를 만나 소일하는 것으로 노년의 삶을 보내셨다.

　고모는 이것저것 궁금한 게 많은 내 질문에 답하느라 잊었던 옛일을 자꾸 들춰보아야 했다. 어린 동생 호석을 돌보며 10대부터 소녀가장으로 살아야 했던 고모에게 지난 시간들은 좋았던 기억보다는 잊고 싶은 아픈 기억들이 더 많았다. 고모집을 다녀 온 며칠 후 고종사촌 동생이 전화를 했다. 요즘 "엄마가 돌아가신 둘째 외삼촌 생각에 잠을 이루지 못하신다." 고 했다. 중국이 공산화되면서 집에 남아있던 계순, 호석 남매는 하루아침에 가산을 몰수당하고 맨몸으로 집에서 쫓겨났다. 어린 남매는 그 마을에서 가장 큰 집에서 비가 뚝뚝 새는 가장 허름한 집으로 쫓겨나 끼니를 걱정하며 지내야 했다. 언니들이 있었으나 몰락한 집안의 형제들이 서로를 돌보는 것은 한계가 있었다.

굶주림에 시달리던 어느 날 군대에 끌려갔던 둘째 오빠 봉학이 병에 걸려 집으로 돌아왔다. 궁핍한 형편의 어린 동생은 오빠의 치료는커녕 먹을 것도 제때 구할 수 없었다. 병든 몸으로 굶주리던 봉학 삼촌은 오래 버티지 못하고 돌아가셨다. 계순 고모에게는 죽어가는 오빠에게 밥 한 끼 제대로 해줄 수 없었던 어린 시절의 아픔이 아직도 선명한 상처로 남아있었다. 그 아픔이 가슴을 후벼서 쉬이 잠을 이루지 못하셨던 것이다.

"그날 오빠가 너무 배가 고프다고 국수 삶은 물이라도 좀 구해오라고 했어. 국수공장에 가서 국수 삶은 국물을 한 그릇을 구해다가 오빠에게 드렸는데, 국수 삶은 물을 맛있게 먹은 오빠는 그날을 넘기지 못했어…. 오빠는 극심한 영양실조로 병을 이기지 못하고 돌아가셨던 거야…"

얼마나 기가 막히는 일인가! 자신의 모든 재산을 무장투쟁에 내어준 최운산 장군의 가족이 남아있는 것조차 모두 공산당에게 빼앗겼고, 최운산 장군을 닮아 키 크고 기운 센 청년이었던 둘째 아들은 병마와 굶주림에 시달리며 죽어간 것이다. 그렇게 동생의 품에서 숨진 봉학 삼촌을 계순 고모는 평생 가슴에 품고 살았다. 가장 친하게 지냈던 바로 손위 오빠, 어린 시절 학교에 가는 오빠를 따라가겠다고 떼를 쓰는 동생을 학교에 데려갔던 착한 오빠였다. 얌전하게 근처에 있겠다고 약속을 하고 따라갔지만 장난꾸러기 계순이 선생님한테 엉뚱한 장난을 쳤고, 누가 그런 걸 알려줬냐는 선생님의 질문에 '봉학 오빠가 알려줬다.'고 거짓말을 했단 다. 그래도 오빠는 동생에게 화를 내지 않았다. 그렇게 학교에서 오빠를 골탕 먹이고 창피하게 했던 유년의 꿈같은 기억을 함께 나눈 그리운 오 빠였다. 그 사건으로 다시는 학교에 따라가지 못했지만 나이에 비해 의 젓했던 작은오빠는 늘 여동생 계순을 먼저 챙겼고 한문도 가르쳐주었다. 나무상자로 된 틀에 모래 넣고 흔들어 가며 글씨를 쓰고 지우며 놀이처 럼 한문을 배웠다.

고모는 "최운산 장군의 삶이 이제 역사의 문을 열고 자신을 드러내신 다"는 내 말에 설렘을 감추지 않았다. 최운산 장군의 역사가 복원된다면, 그 꿈같은 일이 이루어진다면 최운산 장군의 자식이라는 이유만으로 온 일생을 고통스럽게 살아야 했던 7남매의 삶에도 새로운 의미가 부여되 리라 기대했다. 그래서 귀가 안 들려 필담을 나누면서도 자신이 알고 있 는 것을 최선을 다해 전해주려 애쓰셨다. 그런데 옛 기억을 자꾸 소환하 면서 기쁨과 함께 어린 시절 너무도 허망하게 저 세상으로 보내버린 작 은오빠가 자꾸 마음 안에 되살아난 것이다. 고모는 그 후로도 오랫동안 잠을 이루지 못하셨다고 한다.

먹을 것이 없어 청산을 당하지 않은 친척들을 찾아가 도움을 청하기 도 했지만 아무도 도와주는 사람이 없었다. 어린 호석을 데리고 사촌오 빠 홍국의 집을 찾아갔을 때도 올케언니의 냉대로 하룻밤을 눈물로 지내 고 떠나야 했다. 청산을 당해 집에서 쫓겨난 빈손의 어린 남매를 아무도 반가워하지 않았던 것이다. 부모님이 살아계실 때는 그 큰 집이 늘 북적 거렸고 언제나 많은 사람이 모여들었는데 이제 부모님이 안 계신다고 이 렇게 다들 외면하다니 생각할수록 서럽고 고통스러웠지만 어린 계순에게 현실은 냉혹하기만 했다.

　봉오동 근처 도문시에는 최운산 장군의 친구였던 의사 김주경 씨가 살고 있었다. 그는 최운산 장군이 돌아가셨다는 것과 그 집안이 풍비박산이 난 것을 알고 있었다. 어느 날 길에서 둘째 영옥을 만난 김주경 씨가 동생 계순을 병원으로 보내라고 일렀다. 다음날 병원을 찾아간 계순에게 병원장이었던 김주경 씨는 내일부터 병원에 나와서 일하라고 취직을 시켜주었다. 일자리를 주고 당장 생활이 가능하도록 도와주려고 했던 것이다. 계순은 이제 살 길이 생겼다고 기뻐하면서 자신이 일하게 된 병원을 둘러보았다. 그런데 주사실에 들어갔을 때 누군가 계순을 알아보고 말을 걸었다. "너 혹시 봉오동 최봉우의 동생이 아니냐?"고 물었다. 깜짝 놀라서 아니라고 대답한 계순은 그 길로 병원을 나와 도망쳤다. 너무 무서워 다시는 그 병원 근처에도 가지 않았다. 최봉우의 동생이라는 것이 알려지기만 해도 어떤 해를 당할지 모르는 상황이라 한순간도 긴장을 놓을 수 없었던 것이다.

　6.25 전쟁이 끝난 후 큰오빠 봉우의 친구 박만홍(당시 도문시 공안국장이었다가 나중에 학교 교도주임으로 일했다고 함) 씨가 계순에게 "평양방송국에서 일하던 너희 큰오빠 봉우가 전쟁 중에 사라졌다."며 소식을 전해주었다. 당시 평양은 미군의 폭격으로 모든 것이 파괴된 아수라장이었다. 병원이나 교회도 공습에서 제외되지 않았다. 중국으로 건너온 북한의 피난민들을 통해 참혹했던 평양의 상황을 전해 들었던 봉오동의 형제들은 평양에 살던 오빠 가족과 어머니까지 전쟁 통에 폭격으로 모두 죽은 줄 알고 크게 상심했었다. 어느 집 친척이 구사일생으로 살아남았다는 소식이 가끔 들리기는 했지만 그런 운 좋은 집보다는 폭격에 일가족이 몰살당했다는 소식이 더 많이 들렸던 때였기 때문이다.

옥순 고모와 아들, 그리고 호석, 계순

  6.25 전쟁이 시작되었을 때 북한은 장교의 가족들을 중국의 시골 마을로 피신시켰다. 군관 간부 심종운의 가족인 둘째고모 옥순은 4살의 정애와 3살의 철호를 데리고 중국으로 피난을 갔다. 피난민들은 목단강 근처 산골인 팔면툰(목릉현)에서 흙집을 짓고 지게로 물을 길어 먹으면서 3년을 지내고 전쟁이 끝난 후 북한으로 돌아갔다. 피난민촌이지만 아이들을 가르치기 위해 학교를 열었고, 옥순 고모가 피난촌 학교의 선생님이었다. 그리고 피난민들에게 생활비가 지급되었는데 아이들은 8원, 어른은 6원씩이었다. 매달 22원을 받았던 옥순 고모는 그걸 아껴서 중국의 동생들에게 매달 10원씩 생활비를 나눠주었다고 한다.

  전쟁이 끝나고 북한으로 돌아간 후에도 옥순은 가능한 한 동생들을 도와주려고 애썼다. 어느 날 두만강가로 계순을 불러내 쌀 40근을 사주고 자신이 입고 온 빨간색 코트를 벗어주고 남편의 군복 코트 한 벌도 동생에게 주었다. 계순은 쌀을 머리에 이고 양손에 옷 보따리를 들고 도문 다리를 넘어 집으로 돌아왔다. 중간 중간 쉬어야 하는 힘든 길이었지만 먹을 것을 가져간다는 생각에 계순은 머리에 인 쌀이 무거운 줄도 모르고 한나절 길을 걸어 집으로 돌아왔다고 한다. 옥순 언니가 준 예쁜 코트는 팔아서 생활비로 쓰고 군복은 뜯어서 동생 호석의 겨울옷을 만들어 입혔다. 고모들은 그렇게 서로 도우며 어려운 시절을 함께 견뎌냈다. 정말 감사한 일이다.

할아버지 최운산 장군은 형제들이 일심동체가 되어 독립운동을 해내셨고, 그 자식들은 고난을 함께 견디며 다음 세대를 이어갔다. 계순 고모는 자신의 여명이 얼마 남지 않았다고 말씀하시곤 했다. 몸이 약했는데 기대보다 훨씬 오래 살았으니 감사한 일이고, 딸들과 사위들이 모두 착해서 자신을 사랑으로 잘 돌봐주고 있으니 그것도 모두 다 선물이라고 했다. 단지 죽기 전에 최운산 장군의 역사가 바로 서는 걸 보고 싶다고, 그리고 당신들이 해야 할 일을 조카들에게 맡겨놓아서 미안하다며 미소를 짓곤 하셨다. 계순 고모가 우리 곁에 살아계시다는 사실만으로 얼마나 힘이 되었는데… 그 고통스러운 세월을 묵묵히 감당한 고모의 당당한 삶이 얼마나 귀하고 감사한데… 그 말씀을 크게 써서 벽에 붙여드리고 싶었는데 쑥스러워 실행하지 못했다.

계순 고모 떠나다

2017년 4월 25일 아버지의 막내 여동생 계순 고모가 돌아가셨다. 간암 말기 진단을 받은 지 한 달 만에 마치 거짓말처럼 훌쩍 떠나셨다. 남은 시간이 한 달 정도라고 했는데 그 한 달도 다 채

우지 못하셨다. 노인의 내일은 예측할 수 없다고들 하지만 너무 갑작스러운 일이었다. 그동안 이곳저곳 아픈 데가 있었지만 노년이라 그러려니 했다고, 나이 들면서 귀가 들리지 않아 대화가 힘든 것을 제외하고는 그런대로 잘 지내셨는데 85세를 일기로 지상 여정을 마치셨다.

이제야 아버지 최운산 장군의 역사를 찾기 시작했는데, 봉오동과 청산리 독립전쟁의 역사가 진실을 찾아가는 첫 걸음을 시작했는데…. 대한민국의 첫 군대인 대한군무도독부와 통합군단 대한북로독군부를 창설해 만주 무장독립전쟁을 승리로 이끈 최운산 장군을 대한민국의 역사가 기억하기 시작했는데…. 그런 아버지로 인해 어린 시절부터 고통스런 삶을 살아야 했던 막내딸 계순 고모가 최운산 장군의 삶이 세상에 온전히 드러나는 걸 더 보셨어야 했는데…. 그 많은 안타까움을 뒤로 한 채 계순 고모는 아버지 최운산 장군 곁으로 서둘러 떠나셨다.

고모는 품격 있는 할머니 모습이 이런 거구나 하는 생각을 갖게 하는 분이었다. 우리를 맞아주실 때도, 대문 앞까지 배웅하실 때도 그 짧은 시간을 위해 다시 외출복으로 갈아입는 분이었다. 그런 고모에게서 항상 고운 모습을 잃지 않았던 깔끔한 성품의 할머니를 느낄 수 있었다. 갑자기 증세가 심각해져 보훈병원에 입원하셨을 때 어머니를 간호하는 옆 침대의 보호자와 인사를 했었다. 공익활동에 관심이 많다고 자신을 소개했던 분이라 이분에게는 최운산 장군의 막내딸이라고 고모를 소개했다. 그는 반가워하며 관심을 보였다.

그분의 어머니가 먼저 퇴원을 하셨고, 며칠 뒤 고모가 돌아가셨다. 그런데 고모의 장례를 치른 며칠 후 그분에게서 전화가 왔다. 고모가 다시 뵙고 싶어 병원에 찾아가보니 그새 돌아가셨다는 소식을 들었다고 안타까워 연락을 했다는 것이다. 그리고 그는 내가 알지 못하는 한 가지 에피소드를 들려주었다. 잠시 고모가 혼자 병실에 계실 때 화장실을 갈 수 있도록 자신이 도와드렸는데 그의 도움을 받고난 후 계순 고모가 "고맙소, 우리 집안 모두를 대표해 인사를 하오!"라고 자신에게 인사를 했다는 것이다. 그는 자신의 작은 친절에 집안 식구 모두의 감사를 담아 인사하는 고모의 태도가 너무 놀라웠다고, 역시 남다른 집안이라고 감탄했다.

주름진 얼굴의 80대 할머니였지만 소녀 같은 맑은 감성을 지닌 계순은 때와 장소에 맞는 복장으로 품위를 잃지 않으셨던 할머니 김성녀 여사를 떠올리게 했다. 계순 고모의 얼굴엔 열두 살에 고아가 되어 공장에서 일하며 여섯 살 어린 남동생을 부모 대신 돌보느라 고단했던 삶의 그림자가 없었다. 공산 치하의 어려움 속에서도 고모는 그 모든 것을 가슴에 간직하고 자존감을 잃지 않고 사셨다. 어떤 상황에 처해 있더라도 당당한 모습을 잃지 않았던 고모의 마지막 10년을 함께할 수 있어 감사하고 행복했다.

1983년 KBS의 이산가족 찾기 프로그램을 통해 서로의 존재를 확인하고 1986년 모국방문단으로 한국을 방문했을 때 처음 만난 고모가 낯설지 않았다. 아버지를 닮은 듯한, 그리고 할머니의 모습이 들어있는 고모를 만나 참 기뻤다. 핏줄이 이런 거구나! 이유를 알 수 없는 감동과 함께 어쩌면 내가 나이 들면 고모와 비슷한 모습이 될지도 모르겠다는 생각을 했다. 그리고 이제 나와 같이 나이 들어가는, 엄마를 많이 닮은 고종사촌 동생들에게서도 그런 핏줄의 정을 느낀다.

중국이 공산화되면서 살던 집과 땅을 한순간에 빼앗겨 버린 어린 고모와 삼촌은 문화혁명기를 지날 때 봉오동을 떠났다. 살아남기 위해 자신들을 알아보는 사람이 아무도 없는 개산툰이란 곳으로 옮겨간 것이다. 그곳에서 화학공장에 다녔던 고모는 여섯 살 아래 남동생을 학교에 보내기 위해 화학약품으로 자신의 당안(호적 서류)을 몰래 수정해서 빈농貧農으로 고쳤다. 계급투쟁이 심각했던 중국에서 지주의 자식들은 학교에 다닐 수 없었다. 계순의 목숨을 건 모험으로 빈농으로 신분이 바뀐 막내삼촌 호석은 우수한 성적으로 중고등학교를 마칠 수 있었고 직장에서도 능력을 인정받아 연변대학을 졸업했다.

2001년 최운산 장군의 큰아들인 아버지가 돌아가시고 막내아들인 호석 삼촌이 연금 수급자가 되셨다. 그런데 독립유공자 유족연금은 나이순으로 승계받게 되어있고, 손위인 계순 고모가 한국에 나오셨으니 연금 수급자가 바뀌어야 했다. 그러나 고모는 한국에 정착해서 새로운 생활을 시작한 남동생을 위해 수급권을 양보하고 본인은 가난한 기초생활수급자의 삶을 선택하셨다. 그리고 자식들이 외삼촌에 대해 서운해 하지 않도록 미리 당부하셨고 고종사촌들도 어머니의 뜻을 잘 받아들였다. 유족연금 때문에 사이좋던 형제들의 의가 갈라진 독립운동가 후손들의 이야기가 심심찮은데 계순 고모의 결단이 존경스러웠다.

1986년 첫 방문 후 바로 중국생활을 정리하고 최운산 장군의 아들로 국적을 취득해 1989년 한국에서 새로운 삶을 시작했던 막내삼촌과 달리 계순 고모는 연변으로 돌아가 시어머니와 남편이 돌아가실 때까지 거기서 사셨다. 2005년에야 엄마보다 먼저 한국에 정착한 자식들의 요청으로 한국 국적을 회복해 서울살이를 시작했다. 한국에 정착하면서 고모가 선택할 수 있었던 주거공간은 작은 부엌과 방 하나가 전부인 허름한 다가구주택의 2층이었다. 어린 시절 최운산 장군이 살아계실 때 동네에서 제일 큰 집에서 식구들과 동네 사람들이 한데 어울려 매일이 잔칫집이었던 큰집에서 살았던 최계순은 70년 넘는 세월이 지난 후 최운산 장군의 딸이 되어 돌아왔으나 7평도 안 되는 작은 단칸방에서 빈곤한 노년의 삶을 살다 떠나셨다.

그러나 계순 고모는 한국에서 지내는 12년 동안 대체로 건강하게 생활하셨다. 젊어서 가부장적이고 강한 성격의 남편과 시어머니의 시집살이에 마음고생이 심하셨지만 그 모든 일을 잘 감당하신 후 한국행을 택하셨던 것이다. 자식들과 함께했던 노년은 비교적 편안했다. 혼자였지만 5분 거리에 살고 있는 둘째 딸과 사위가 매일 드나들며 생활을 돌봐드려 외로움을 타지 않으셨다. 중국에서는 잔병치레도 많았다는데 한국에서는 아픈 곳이 거의 없다고 좋아하셨다. 착한 자식들이 마음을 모아 어머니를 잘 돌봐드리는 것이 참 보기 좋았다.

그런데 2017년 설날 인사드리러 갔을 때 고모는 당신이 몸이 약해 늘 골골했는데 생각보다 오래 살았다고, 어쩌면 이번 설이 마지막일지도 모르겠다고 하셨다. 깜짝 놀라 그게 무슨 말이냐고 물으니 고모가 어릴 때 우리 집에는 집안의 여러 앞일을 미리 살펴주는 사람이 있었는데 그 분이 계순 고모가 85세까지 살 거라고 했다는 것이다. 그렇게 오래 살 줄 몰랐는데 벌써 그 나이가 되었다고, 그동안 한국에 나와 잘 지냈으니 더 여한이 없다고 하셨다. 정정하신 고모의 말씀에 우리는 아버지도 그 사람이 예언한 수명보다 5년을 더 사셨다고, 그러니 고모도 앞으로 5년은 더 사실 거라고 답하며 웃었다.

사실 80세에 돌아가신 친정아버지도 어릴 때 당신의 수명이 75세라 했던 그분의 말씀을 기억하고 계셨다. 그러나 선대 어른들이 대부분 60세를 넘기지 못하거나 60대 초반에 돌아가셨으니 당신도 일흔다섯까지 살지는 못하리라 짐작했다고, 젊어서는 엉터리라고 생각했는데 일흔을 넘겨 살고 있으니 그가 대단한 사람인 것 같다고 몇 번이나 말씀하셨다. 그래서 우리는 아버지의 75세 생일을 기념해 함께 가족사진을 찍으며 축하해드렸다. 아버지는 그 후로도 5년을 더 사셨다. 고모의 수명을 알려준 분과 같은 사람인지 모르지만, 아버지에 대한 예측이 틀렸으니 고모도 앞으로 5년은 더 사실 거라며 덕담을 해드렸는데 고모는 정말 85세에 돌아가셨다.

〈최운산 장군기념사업회〉 설립과 창립식 날짜를 의논하면서도 좀 더 연구가 쌓인 후에 기념사업회를 만들자는 의견도 있었지만 최운산 장군의 자식인 계순 고모와 호석 삼촌이 살아계실 때 기념사업회 창립식을 해야 한다고 생각했다. 가능한 한 빠른 날짜를 선택했다.

2016년 7월 4일, 두 분을 모시고 〈최운산 장군기념사업회〉를 창립했다. 독립투사였던 부모들은 나라를 지키느라 자식들의 곁을 지켜주지 못했다. 어린 시절 부모를 잃고 모진 고난 속에서 살아온 고모와 삼촌 두 분이 살아계실 때 기념사업회를 창립하고 최운산 장군의 역사 찾기를 시작할 수 있어 얼마나 감사했는지 모른다.

그랬는데 1년도 지나지 않아 고모가 먼저 할아버지 곁으로 휘이휘이

최운산 장군 일가 2016년 7월 4일 〈최운산 장군기념사업회〉 창립식에 한국에 살고 있는 후손들이 모두 모여서 찍은 사진. 앞줄 가운데가 최호석, 최계순이다.

떠나셨다. 시간을 끌지 않고 기념사업회를 창립했고, 봉오동에 다녀왔고, 증조부 최우삼의 묘소에 손자들이 함께 가서 비석을 세웠던 것에 감사하며 가슴을 쓸어내렸다. 고모가 계실 때 그 모든 일을 할 수 있어 얼마나 다행이었는지 모른다. 고모에게 고향 봉오동의 사진을 보여드리며 전해드렸던 소식에 하나하나에 정말 기뻐하며 조카들을 대견해 하셨다. 고모를 떠나보내야 했던 우리에게 이 기억이 정말 큰 위로가 되었다.

돌아가신 할머니 김성녀 여사가 마리아란 세례명으로 신앙생활을 열심히 했다는 것을 알게 된 고모는 한국에 들어와 천주교 신자가 되었다. 고모가 살던 집 근처 화곡동성당에서 장례미사로 고모를 보내드렸다. 덕분에 한국의 장례문화에 서툰 고종사촌들이 많은 사람들의 기도 속에 어머니를 편안하게 보내드릴 수 있었다. 최근엔 고모의 귀가 들리지 않아 신앙생활에 소극적일 수밖에 없었지만 그런 것은 중요하지 않았다.

미사를 집전한 본당신부님께서 한국인들은 모두 최운산 장군의 따님인 최계순 마리아의 삶에 얼마간 빚을 지고 있음을 말씀하셨다. 정말 그랬다. 고모는 우리를 대신해서 독립운동가 아버지로 인한 간난신고한 삶을 투사처럼 살아내야 했다. 최계순 마리아의 일생에 감사하는 장례미사는 정말 감동적이었다. 고모의 장례를 치르며 누구나 비켜갈 수 없는 죽음의 시간이 그를 찾아올 때 남은 사람들에게 어떤 삶으로 기억될 수 있을지 돌아볼 수 있었다. 최계순 마리아는 우리에게 진하고 아름다운 삶을 남겨주고 떠나셨다.

막내삼촌 호석
최운산 장군의 막내아들 호석 삼촌은 지금 서

울에서 살고 계신다. KBS 〈이산가족찾기〉를 통해 한국에 살고 있던 형님 최봉우를 찾게 된 삼촌은 1986년 모국방문단으로 계순 고모와 함께 처음으로 한국을 방문했다. 당시 아버지는 60대 중반이었고 계순 고모는 50대, 호석 삼촌은 40대였다. 20대에 어린아이였던 동생들과 헤어진 후 40여 년 만에 다시 만난 아버지의 감격은 뭐라 설명하기 어려웠다. 아버지는 동생들과 몇 날밤을 새면서 지난 이야기를 나누셨다. 6살에 부모님과 헤어져 집안 이야기를 많이 듣지 못했을 막내 동생 호석에게 이제라도 부모님과 집안에 대해 정확하게 알려주어야 한다는 생각을 많이 하셨다.

1939년생으로 열한 번째 태어나 일곱째가 된 호석은 최운산 장군이 55세, 김성녀 여사가 46세에 낳은 막내아들이다. 최운산 장군은 첫 아들은 봉우鳳羽, 둘째 아들은 봉학鳳鶴이라 이름 지었다. 그런데 김성녀 여사가 셋째 아들의 이름은 당신이 짓겠다고 선언하셨다. 할아버지는 아내의 뜻을 받아들이셨다. 최운산 장군 휘하의 독립군 중 잘 생기고 인품 좋은 김호석金浩石 대장이 있었다. 그가 마음에 드셨던 할머니는 막내아들에게 호석浩石이란 이름을 주셨다. 그렇게 막내로 귀염을 받으며 유아기를 보냈다. 그러나 격변의 시대를 지내던 때, 호석은 6살에 아버지를 잃었고 어머니와도 헤어져 누이들 손에서 자랐다. 어려서는 큰누나 청옥이 엄마가 되어주었고 커서는 막내누나 계순이 공장일을 하며 동생을 가르쳤다.

공산화된 중국에서 지주 집안 자식들은 학교에 다닐 수 없었다. 지금은 사라진 계급투쟁의 방식이었다. 동생 호석이 출신 성분 때문에 공부를 할 수 없게 되자 계순 누이가 동생을 데리고 아는 사람이 아무도 없는 지역으로 떠났다. 그곳에서 출신 성분을 빈농으로 고치고 동생을 자신의 적에 올렸다. 누나 덕분에 학교에 다니게 된 호석은 항상 1등을 도맡아 했다. 그러나 너무 성적이 좋았던 탓에 가족력을 조사하다 출신 성분을 들켜 학교에서 퇴학을 당하기도 했다. 우여곡절 끝에 학교를 옮겨갔으나 또다시 들통이 나서 가슴에 지주의 자식이라는 커다란 이름표를 붙이고 구령대에 올라가 전교생이 보는 앞에서 혹독한 비판을 당하기도 했다. 학창 시절 내내 화장실 청소를 도맡아야 했다. 친구들의 놀림을 참지 못해 싸움을 하다 학교에서 쫓겨나기도 했다. 그럴 때마다 누나 계순이 공부를 그만두겠다는 동생을 어르고 달래며 고등학교까지 마치게 했다.

계순은 월급의 절반을 동생의 학비로 쓰면서도 포기 하지 않고 호석을 가르쳤다. 이 학교 저 학교를 전전하는 어려움 속에서도 언제나 1등을 놓치지 않는 호석의 가능성을 지켜주고 싶었던 것이다. 계순 고모의 동생에 대한 지극한 사랑으로 고등학교를 졸업한 호석 삼촌은 화학공장에 취직할 수 있었다. 그러나 들통난 출신 성분 때문에 늘 힘든 일을 배정받았고, 언제 쫓겨날지 모른다는 긴장 속에 지내야 했다. 호석은 작은 실수만 해도 쫓겨날 수 있다는 걸 알고 있었기에 그 공장에서 가장 힘들고 어려운 일을 맡을 수 있도록 자신을 숙련시켰다. 화학공장이라 위험한 화학물질을 다루는 일이 많았다. 공장 가동 중 문제가 생길 때마다 숙련공인 호석을 찾았다. 그 일은 작업 중 목숨을 잃을 수도 있는 위험한 일이라 모두가 하기 싫어하는 작업이었기 때문이다. 그렇게 의지적인 노력으로 화학공장에서 꼭 필요한 사람이 되자 무시당하지 않았고 안정되게 일할 수 있었다.

화학공장에서 일하면서도 지리 분야에 관심이 많았던 호석 삼촌은 독학으로 지리 공부를 꾸준히 했고, 지리교원 임용시험을 볼 수 있는 자격을 땄다. 중국에서는 고졸도 일정 정도 성적이 되면 교원임용시험을 칠 수 있는 자격을 준다고 한다. 뛰어난 성적으로 중등지리교원 임용시험에 합격한 삼촌은 화학공장을 그만두고 중등학교 지리교사가 되었다.

중등교사로 일정 기간이 지나고 능력을 인정받아 대학에 진학할 수 있는 자격이 생겼다. 연변대학교 지리학과를 졸업한 호석 삼촌은 고등 지리교사가 되었다. 봉오동에서 제일 큰 대궐 같은 집에 살다가 하루아침에 비가 줄줄 새는 마을에서 제일 허름한 빈집으로 쫓겨 갔던 어린 소년의 처절했던 삶으로부터 일궈낸 놀라운 변화였다. 계순 고모와 호석 삼촌의 의지에 감동하지 않을 수 없었다.

가난했던 고아 소년에게 만주의 겨울은 너무 길고 혹독했다. 호석은 해마다 동상에 시달렸다. 귀와 발가락이 얼어 상처가 아물지 않았다. 호석 삼촌은 동상으로 살이 떨어져 나간 자신의 발가락뼈를 직접 보기도 했다고 한다. 삼촌은 자신의 발가락을 보여주며 동상 걸린 발이 다시 제 모습을 찾을 거라고는 기대하지도 않았는데 세월이 지나고 보니 이렇게 멀쩡하게 아물었다고 덤덤하게 이야기하셨다. 살이 떨어져나가는 고통이 어떤 것인지는 짐작할 수도 없었지만 상상만으로도 가슴이 아렸다. 그러나 그 이야기 끝에 호석 삼촌과 나는 고문 끝에 극적으로 살아난 우리 아버지 최봉우도, 감옥에 갈 때마다 수레에 실려서 돌아왔지만 고문의 상처가 아물면 즉시 새로운 활동을 시작했던 할아버지 최운산 장군도, 호석 삼촌의 놀라운 회복력도, 그리고 이런저런 상처가 생각보다 빨리 나았던 우리 형제들을 보니 우리 집안이 유전적으로 상처가 잘 아무는 좋은 체질을 타고난 것 같다며 웃었다.

고등학교 지리교사로 안정된 생활을 하던 중 KBS를 통해 6.25 전쟁 때 죽은 줄 알았던 큰형님 최봉우를 한국에서 찾았다. 사실 어린 시절부터 들었던 큰형님에 대한 전설 같은 이야기가 너무 많았다. 17살이나 많은 동경유학생 큰 형님은 방학 때나 잠시 얼굴을 볼 수 있는 조금은 어려운 사람이었다. 방학이면 셋째 누이 옥순과 함께 집으로 돌아오곤 했는데 두 남매가 마을 어귀에 들어서면 온 동네가 다 훤해지는 것 같았다. 어린 호석은 그런 형님과 누나가 얼마나 자랑스러웠는지 모른다. 아버지를 빼닮은 큰형님과 어머니를 닮은 작은형님은 성격도 많이 달랐다. 큰형 봉우는 소학교를 마치고 부모님 몰래 유학을 떠날 만큼 담대했지만 착한 둘째 형 봉학은 어머니의 뜻을 거스르지 않고 집에 남았다.

형제들과 친척들 간의 우의도 깊었다. 사촌 형제들이 많았던 호석은 연어가 줄지어 다니는 봉오동 계곡에 자주 낚시질을 다녔다. 연어가 뛰어 노는 봉오동 강물은 맑고 수질이 좋은 곳이었다. 어느 여름엔 방학을 맞아 집에 돌아온 봉우와 봉학, 호석 3형제가 봉오동 계곡으로 물고기를 잡으러 갔다. 그런데 경험이 없어선지 큰형 봉우는 한 마리도 못 잡았고, 물고기를 잘 잡는 둘째 형 봉학이 양동이에 가득 물고기를 채워주었던 어릴 적 기억이 선명하게 남아있다. 3형제가 함께했던 몇 안 되는 행복한 순간이었다. 중국 정부는 봉오동 계곡 아래에 대형 댐을 건설했다. 현재 봉오저수지의 물이 국경도시인 도문시를 비롯한 인근 지역의 식수원으로 제공되고 있다.

6살 동생의 기억에 남아있는 청년 최봉우는 대단한 존재였다. 학창 시절 축구선수와 육상선수로 활약하는 등 운동을 잘했던 형님은 굉장히 민첩하고 멋진 젊은이였다. 어느 날 봉우 형님이 누군가와 싸움하는 장면을 우연히 목격했는데 몸집이 크지 않은 형님이 덩치 큰 상대에 전혀 밀리지 않고 단숨에 그를 제압하는 것이었다. 한국의 KBS가 연변에서 이산가족을 찾는다고 광고를 했을 때 어린 시절, 마치 불사조 같았던 봉우 형님을 떠올리며 어쩌면 살아계실지도 모른다는 생각을 했다. 봉오동에 살던 최봉우를 찾는다는 사연을 써서 한국으로 보냈다. 거의 1년이 지나 잊어버리고 지낼 즈음 봉우 형님이 살아 계시다는 소식이 한국에서 날아왔다. 꿈같은 일이었다.

계순 고모와 호석 삼촌이 모국방문단으로 한국을 방문한 1986년, 거제도에 살고 있던 나는 남편과 함께 부산으로 나가 두 분께 인사를 드리고 식사를 대접했다. 아버지가 일식을 좋아하시니 동생인 두 분도 당연히 생선요리를 좋아하시리라 생각한 나는 큰맘 먹고 유명한 일식집으로 두 분을 모셔갔다. 모두 맛있게 먹으며 즐거운 대화를 했다. 그런데 아주 오랜 시간이 지난 후에야 두 분 모두 회를 못 드신다는 것을 알았다. 바다가 먼 연변에는 회를 먹는 사람이 별로 없다는 것이다. 그렇지만 처음 만난 조카가 모처럼 비싼 식당으로 초대한 것이 고마워 아무 내색도 하지 않으셨단다. 오래전의 일이었지만 섬세하게 사랑하지 못한 나의 덤벙거림이 지금도 너무 부끄럽고 죄송하다.

40대에 한국에 살고 있는 큰형님을 만난 것은 호석 삼촌의 일생을 바꾼 대사건이었다. 중국으로 돌아가는 동생들에게 어떻게든 도움을 주고 싶어 하시는 아버지의 마음이 느껴져 내가 두 분의 귀국길에 약간의 보탬을 드렸다. 그게 중국에서는 꽤 큰 도움이 될 만큼 당시 남한과 중국의 생활 수준은 비교할 수 없는 격차가 있었다. 호석 삼촌은 연변생활을 정리하고 독립투사 최운산 장군의 아들로 대한민국 국적을 회복했다. 이미 경제력을 잃은 노년의 형님이 아무 도움을 줄 수 없다는 것도 알았지만 아직 자신이 젊으니 자본주의 사회가 제공하는 여러 가능성과 기회를 잡아보고 싶으셨다. 삼촌은 한국행을 원하지 않는 아내와 결별하면서까지 새로운 도전을 선택했다.

부산의 형님 곁으로 온 삼촌의 첫 직장은 경상대학교 중국어 강사였다. 국가에서 주선해준 것이다. 당시는 중국과 수교 전이라 중국어를 배우고 싶어 하는 사람이 지금처럼 많지 않았다. 그러나 한국 사회에 익숙

하지 않은 삼촌에게는 정말 좋은 시작이었다. 대학에서 학생을 가르치는 일은 아무나 할 수 없는 일이고 학생을 가르치면서 공부를 더해서 학위를 딴다면 앞으로 대학에서 안정적으로 자리 잡을 수 있으니 최상의 직장을 구한 것이라고 말씀드렸다. 대학에서 강의하는 동안 정말 좋은 분을 만나 결혼도 하셨다. 호석 삼촌을 눈여겨본 이웃집에서 서울의 대학병원에서 간호사로 일하는 친정 동생을 소개시켜 준 것이다. 10년이 넘는 나이 차이에도 두 분은 마치 20대 젊은이들처럼 연애를 하고 결혼에 성공해 지금까지 알콩달콩 잘 살고 계신다.

사회주의 국가인 중국에서는 직업에 대한 인식이 한국과 많이 달랐다. 돈 잘 버는 택시기사를 대학교수보다 더 선호한다더니, 호석 삼촌은 수입이 적은 대학교 강사라는 직업에 회의가 생겼다. 우리 모두의 만류에도 불구하고 기왕 자본주의 사회에 나왔으니 더 늦기 전에 자본주의식 경제활동을 해볼 수 있는 분야에서 일하고 싶다고 학교를 그만두셨다. 식품회사 영업부에 취직했으나 한국에서의 직장생활이 그리 만만한 것이 아니었다. 결국 별다른 성과를 내지 못하고 마음고생 끝에 회사를 그만두셨고 숙모도 늦둥이 아들을 낳느라 병원을 퇴직하셨다.

부부가 함께 장사를 했지만 그 또한 생각대로 되지 않았다. 어린 아들을 키우는 신혼살림은 무척 고생스러웠다. 삼촌은 자본주의 사회를 몸으로 겪으며 힘든 시기를 보내야 했다. 아이가 좀 크고 나서야 숙모가 다시 직장에 다니기 시작했다. 숙모는 지금도 산후조리원 관리 책임자로 일하신다. 호석 삼촌이 50세에 결혼하고 낳은 꼬마 사촌동생 정훈은 벌써 대학을 졸업한 직장인이다.

삼촌의 노년생활은 비교적 안정적이다. 연변을 떠나 한국으로 들어올 당시는 자본주의 사회에 대한 환상이 있었지만 30년 이상 한국에 살면서 많은 것을 이해하고 적응할 수 있었다. 비좁은 다가구 주택이지만 자신 소유의 집에서 가족들과 함께 건강하게 생활을 하고 있으니 그것으로 자족하신다. 더구나 이제 아버지 최운산 장군의 명예를 회복하는 일이 진행되고 있으니 더 바랄 나위가 없다고 하신다.

삼촌과 고모가 들려주는 연변이야기에서 가끔 생각하지 못했던 우리나라 근현대사의 진실을 마주하곤 한다. 6.25 전쟁 때 중공군 7만이 참전했는데 연변에 살던 조선 사람들이 중공군에 소속되어 한국전에 많이 참전했다. 그들 중에는 일제강점기 때 독립군이었던 사람들도 있었다. 분단의 역사는 일제를 향했던 총부리를 동포끼리 서로 겨누게 만들었던 것이다. 호석 삼촌이 잘 아는 이웃 중에도 중공군으로 낙동강 근처까지 내려갔다 돌아온 사람이 있었다. 그는 한국군의 병력이 대체로 약했지만 그 중에서 백골부대는 꽤 강한 부대라고 했다는 이야기를 들으며 우리 역사가 지닌 아픔에 가슴 깊은 곳에서 서러움이 밀려왔다.

얼마 전 삼촌을 만나 할아버지 부대 대한북로독군부가 부르던 독립군가가 있었을 텐데 한 번도 듣지 못해 아쉽다고 말씀드렸더니 삼촌이 어릴 때 집에서 따라 불렀던 독립군가는 다 잊어버렸다고 하면서도 몇 곡을 기억해 불러주셨다. 제목을 모르지만 가사에서 연해주와 북만을 넘나들었던 독립군들의 애환이 느껴졌다. 삼촌이 기억하는 독립군가 가사 두 편을 옮겨본다.

> 시베리아 타향에 이 몸이 자라
> 부모동생 이별을 당하였으니
> 눈물이 앞을 막아 옷을 적신다.
> 만리자창 천리에 어찌 가리오.

비쿠리시크 찬바람 살기를 띠고
밤인가 로수에 달이 비칠 때
막막히 앉아있는 나의 심사를
날아가는 저 기럭아 너는 알련만

나의 부모 동생 손목을
이별하기 싫어 슬피 운다.
소항영 시내야 너 잘 있거라.

바람 좇아오는 비 우수수 우두둑
우레 소리 번쩍 바다 물결 폭포수
노래도 가지각색 소리도 가지각색
귀뚜라미 또루룩 또루룩,
스르르 맴맴 스르르 맴맴
각각 좋다 노래하니
자연의 군악소리 또다닷띠 띠띠따

80세 노인이 어려서 따라 부르던 독립군가를 기억해내고 불러주시는
걸 보면 삼촌도 할아버지를 닮아 노래를 잘 하시는 것 같다. 삼촌이 기억
력도 좋으시고 아직 건강하셔서 정말 다행이다.

6장

빛나는 형제
최진동, 최운산, 최치흥

　　　　　　　　　　　　명록, 명길, 명순, 명철 4형제는 정말 의가 좋았다. 무장투쟁에 본격적으로 투신하면서 첫째 명록(진동)은 카리스마 있는 지휘관의 모습으로 앞장섰고 둘째 명길(운산)은 모든 일에 사령관인 형 명록(진동)을 앞세우고 자신은 뒤에서 일이 잘 돌아가도록 관리했다. 지략가인 셋째 명순(치흥)은 부대 운영과 전투작전에 이르기까지 독립전쟁의 전 과정에서 전략통으로 활약했다. 나이가 어렸던 넷째 명철은 주체적인 역할은 맡지 않았지만 형님들의 심부름으로 자신의 몫을 했다. 그러나 고지식한 성품의 할머니와 아버지는 최운산 장군 형제들이 혼연일체가 되어 함께 투신한 것을 설명하면서 독립군 명단에서 넷째 명철은 빼곤 했다. 명철은 독립군부대 운영에 정식으로 참여한 구성원이 아니라는 이유였다. 형제라도 선을 긋는 고지식함이다.

　　경제력을 갖추고 동생들을 공부시키는 등 집안을 다시 일으킨 진동과 운산은 혼연일체가 되어 대한군무도독부와 대한북로독군부를 성공적으로 운영해 봉오동과 청산리에서 일본군을 상대로 대승을 거두었다. 셋째 치흥과 넷째 명철이 혼인하고 분가를 한 후에도 진동과 운산 형제는 오래도록 한 집에 살았고, 무장투쟁을 함께 이끌었다.

서로에 대한 신뢰와 책임감으로 독립전쟁을 승리로 이끌었던 할아버지 형제들의 돈독한 우의를 돌아보면서 손자인 우리 형제들의 관계를 다시 생각해보게 되었다. 화내거나 큰소리 내지 않지만 조용한 카리스마와 설득력으로 동생들을 이끄는 큰오빠, 언제나 형님을 앞세우며 빈자리를 조용히 채우는 작은오빠, 형님들에 대한 절대적 신뢰로 자신의 위치를 지키는 남동생, 그리고 집안일을 남자 형제에게만 미루지 않고 적극적으로 함께하는 나와 여동생, 어려서부터 노인이 된 지금까지 한결같은 우리의 모습에서 할아버지 형제들의 삶이 이렇게 손자들에게 전해지고 있다는 생각이 들 때가 있다. 2016년 가을, 우리 5남매와 함께 봉오동 독립전쟁 현장을 답사했던 역사학자들이 마지막 날 간담회에서 봉오동 독립전쟁의 현장을 처음 보는 감동도 컸지만 우리 형제들의 조화로운 모습이 보기 좋았다고, 우리 5남매를 보고 최운산 장군 형제들이 어떻게 일치해 나갔는지 미뤄 짐작할 수 있었다고 했다. 예상치 못한 칭찬에 놀라고 쑥스러웠다. 책임감에 어깨가 무거워졌지만 참 기쁘고 감사했다. 신선한 경험이었다.

최진동 장군

독립전쟁에 투신하면서 최진동 장군은 개인적으로는 많은 시련을 겪어야 했다. 평소 병약하던 부인은 봉오동·청산리 독립전쟁 후 남편이 독립군부대를 이끌고 연해주로 이동하자 생사를 장담할 수 없는 남편과의 이별에 낙담하여 병이 깊어졌고 아들 셋과 두 딸을 남겨둔 채 사망했다. 당시 셋째 아들 국빈은 막 돌이 지난 어린 아기였다. 자유시 참변으로 부하들을 잃고 타향에서 피눈물을 흘리던 최진동 장군은 아내마저 잃는 아픔을 함께 겪었다. 제수인 김성녀 여사가 엄마 없는 다섯 조카들을 돌보았다.

최진동, 최운산, 최치흥 형제는 자유시 참변으로 수많은 동지를 잃는 절망을 딛고 북만주로 돌아왔다. 3형제가 함께 북만주 일대에서 동지들을 규합해 다시 독립군부대를 건설했고 새로운 터전을 다졌다. 삼동지방에 땅을 사고 다시 사관학교 열어 독립군을 양성하기 위해 노력했다. 그런데 위기가 닥쳤다. 1924년 최운산 장군이 일제에 검거되어 3년간 감옥살이를 했고 최진동 장군도 얼마 후 옥고를 치렀다. 어려서부터 부모에 대한 효심이 지극했던 최진동 장군은 어머니가 위독하다는 소식이 속임수일지도 모른다는 부하들의 만류를 뿌리치고 봉오동 집으로 돌아오던 길목에서 체포당했다. 당시 동북 3성에서 장작림 군벌과 오패부 군벌들이 서로 경쟁하면서 우리 독립군을 의심하고 경계했다. 군벌 간의 대립으로 독립군 지도자들이 검거됐던 것이다. 3년간의 감옥생활을 마치고 집으로 돌아온 최진동 장군에게 가족들은 재혼을 권했다. 생사를 보장할 수 없는 전쟁의 한가운데서 결혼은 사치라 생각했지만 어린 자식들을 생각하지 않을 수 없었다.

혼처가 두 군데로 압축되었다. 한 곳은 서로 잘 아는 독립운동가의 딸로 재혼이었고, 한 곳은 나이 어린 처녀였다. 누가 좋을지 쉽게 결정하지 못하던 최진동 장군은 백마를 타고 가다가 갈림길에서 고삐를 놓아 말이 찾아가는 곳으로 혼처를 정했다. 큰딸과 한 살밖에 차이가 나지 않는 사람이었다. 그런데 이 혼인이 후일 최진동 장군의 삶에 결정적 그림

1922년 모스크바 극동민족대회 참석 당시 홍범도 장군(왼쪽)과 최진동 장군(오른쪽) 레닌이 선물한 군복과 모자, 권총을 차고 기념촬영을 하고 있다.

모스크바 극동민족대회에 참석한 최운산 장군(가운데), 여운형 선생(왼쪽)

자를 만들고 만다. 많은 사람들의 생사를 책임져야 하는 무장독립군 지도자는 가정의 안락함을 우선에 둘 수가 없다. 무장독립군 지도자 최진동 장군의 삶은 이 젊은 후처가 감당하기에 너무 무거웠다.

비록 형제였으나 최진동과 최운산은 생김새는 물론 성격도 아주 달랐다. 키가 크고 힘센 아우 운산은 어릴 때부터 형님의 뒤를 든든하게 받쳐주었다. 장성한 뒤에도 집안일은 물론이고 독립군부대 운영까지 모든 것을 알아서 처리해주었다. 시대의 변화를 앞서는 열린 생각을 지녔지만 최운산 장군은 형님 앞에서는 언제나 자신의 생각을 내려놓았다. 후손들이 페미니스트로 기억할 만큼 생활문화 전반에서 딸에 대한 차별이 없었던 최운산 장군과 달리 최진동 장군은 가부장적인 면모가 강했다. 딸들은 공부를 시키지 않았을 뿐 아니라 무슨 일을 하던 형님을 앞세우는 동생들의 헌신도 당연하게 받아들였다. 시대적 한계 때문이겠지만 3형제의 독립운동이 대부분 장남인 최진동 장군의 업적으로 기록되어 있다.

의좋은 형제들이 우애를 나눌 수 있는 평화로운 시절이 아니었다. 셋째 치흥도 형님들의 결정을 온전히 자신의 것으로 받아들이며 전력투구했다. 독립군을 모집해 훈련시키며 군대를 조직하고 일본군과 전투를 치러야 하는, 모든 사람의 목숨이 걸린 전투 현장이었다. 형제들의 일치와 서로에 대한 절대적 신뢰는 앞날을 예측할 수 없는 이 전쟁터를 버티게 하는 무엇보다 큰 힘이었다. 그래서 그들을 기억하는 모든 사람들이 "최진동 3형제가 혼연일체가 되어…."라는 표현을 쓸 수 있었다.

최진동 장군은 전처에게서 딸 둘과 아들 셋, 후처에게서 딸 둘과 아들 하나를 낳아 모두 여덟 명의 자식을 두었다. 아들들의 이름은 국신國臣, 국량國良, 국빈國斌, 인국仁國으로 지었다. 나라를 위해 헌신하는 사람이 되라고 나라 국國을 쓸 만큼 민족정신과 애국심이 투철했다. 큰아들 국신은 아버지의 사랑을 넘어 온 집안의 기대를 한 몸에 받았다. 사촌동생인 아버지는 국신 형님이 정말 똑똑하고 멋진 젊은이였다고 회고했다. 국신은 당시 많은 젊은이들이 그랬던 것처럼 사회주의 독립운동에 뛰어들었다.

그러나 자유시 참변을 겪으며 갖은 난관을 뚫고 돌아온 아버지 최진동 장군은 소련에서 몇 천 명에 이르던 독립군 동지들을 잃었던 기억이 아물지 않았다. 공산주의자들과 함께 독립운동을 하겠다는 큰아들의 선택을 용납할 수 없었다. 그러나 아버지를 닮은 강직한 성품의 국신은 자신의 뜻을 꺾지 않았다. 부자간의 큰 충돌 후 큰아들 국신이 병이 났고 1년여를 앓다 사망하고 말았다. 설상가상으로 큰며느리도 그날 어린 딸 하나를 남긴 채 스스로 목숨을 끊었다. 큰아들에 대한 특별한 사랑을 지녔던 최진동 장군은 큰아들과 며느리를 동시에 잃고 오래도록 애통해 하셨다.

어린 손녀는 할아버지 최진동 장군의 극진한 돌봄 속에 자라 열여섯에 결혼을 했다. 부모 없이 자란 손녀가 남편의 사랑이라도 많이 받기를 바라는 마음으로 예단을 세 수레나 실어 보내며 일찍 혼인을 시켰다. 손녀는 친정 근처인 도문 소하구에 살았는데 두만강이 가까워 물난리가 날 때면 신랑이 어린 색시를 업어서 건네주곤 했다. 남편의 사랑을 많이 받았다는 예쁜 손녀는 할아버지 최진동 장군이 돌아가신 뒤 폐병으로 일찍 사망했다.

어려운 시대, 가정적으로도 감당하기 힘든 고통이 겪었지만 최진동 장군은 자신이 선택한 길을 꿋꿋하게 걸었다. 자유시 참변의 고통을 가슴에 품고 북만주를 넘나들며 최운산 장군과 함께 제2의 봉오동을 건설하는 일에 진력했다.

1930년대 후반이 되자 최진동 장군에 대한 일제의 감시도 점점 심해졌다. 그러나 대한민국의 독립을 위한 무장투쟁은 결코 포기할 수 없었다. 형제들과 함께 삼림 속에서 독립군을 훈련했다. 최진동 장군은 어릴 때 아버지의 목숨을 구하느라 기울어진 가정 경제를 돕느라 글을 익힐 기회를 놓치고 말았다. 그러나 중국말에 능통했고 실질적 부대 운영을 책임진 최운산 장군이 언제나 형님을 앞세우고 완벽하게 보필했기에 글을 모르는 것이 문제가 되지 않았다. 무인 집안의 장남 최진동 장군은 눈빛 하나로 그 모든 것을 제압하는 뛰어난 카리스마를 지닌 인물이었다. 최측근 외에는 가까운 부하들도 최진동 장군이 글을 모른다는 것을 몰랐다. 동생의 조용한 배려와 동행으로 최진동 장군은 불같은 성격의 카리스마와 위엄을 갖춘 지휘관의 면모를 잘 유지할 수 있었다. 명록, 명길 형제는 장성한 뒤에도 오랜 세월 한 집에 살면서 모든 일을 함께했다. 그러나 1930년 초 재혼한 최진동 장군이 봉오동을 떠나 도문으로 거처를 옮기자 두 형제의 생활방식에 변화가 생길 수밖에 없었다.

만주 무장독립군을 대표하는 최진동 장군에 대한 일제의 감시와 회유는 상상을 초월했다. 일제는 최진동 장군의 집 옆에 3층 건물을 지어 요정으로 운영했다. 3층에서 보면 마당과 집안이 훤히 내려다보았고 최 장군의 일거수일투족을 손쉽게 감시할 수 있었다. 예전처럼 동생 운산과 한집에 살면서 수시로 의논하는 것이 힘들어졌다. 자연히 동지들과 연락도 어려워졌고 운신의 폭도 좁아졌다.

1930년대 후반이 되면서 일제는 최진동 장군에게 재산 헌납을 집요하게 요구했다. 회유와 협박이 심해졌다. 어린 부인과 그녀의 가족을 앞세워 회유작전을 치밀하게 전개하기도 했다. 최진동 장군이 잡혀가고 갖은 협박에 시달리자 남편이 죽게 될지도 모른다는 두려움을 갖게 된 젊은 부인은 남편 몰래 일제에 헌금을 하였다. 그러나 그들은 부인 최순희 가 아니라 최진동이 100원을 헌금했다고 신문에 실었다. 나중에 그 사실 을 알게 된 최진동 장군이 크게 화를 냈으나 엎질러진 물이었다. 금액이 크지 않았고 많은 독립운동가들이 일제에 보험처럼 헌금을 했던 시절이 었지만 목숨을 걸고 무장독립운동에 헌신하던 독립투사의 일생이 아내 의 손에 의해 흠집이 생긴 것이었다.

그렇게 계속되는 압박과 감시 속에서 힘들게 지내던 최진동 장군은 갑자기 찾아온 병마를 극복하지 못하고 1941년 11월 25일, 58세의 나이 로 돌아가시고 만다. 동지들 만나러 갔다 돌아온 뒤 발병한 맹장염을 일 본 병원에는 가지 않겠다고 버티며 제때에 치료하지 않아 악화된 것이었 다. 최 장군은 한 달쯤 앓다 돌아가셨다. 경주 당고모는 당신의 죽음을 예 감한 아버지가 "우리나라의 해방이 얼마 남지 않았는데 그것을 못 보고 죽는 것이 애통하다."고 하셨다고 전한다. 최 장군이 돌아가신 후 많은 사 람들이 모이는 것을 우려한 일본군은 주변사람들의 문상을 막았다. 가족 장으로 치러진 장례식은 만장을 앞세우고 일본군이 가득 탄 트럭들이 장 례 행렬을 뒤따르며 감시했다. 일제의 감시 때문에 겉으로는 화려했으나 동지들이 함께하지 못한 쓸쓸한 장례식이었다.

일본군은 무장독립운동의 기를 꺾기 위해 봉오동의 주봉인 초모정자 산 정상에 쇠말뚝을 박았다. 봉오동 부친 최우삼 묘소 아래에 산소를 만 들지 못하게 막아 봉오동 입구 수남촌 들판에 최진동 장군의 묘를 써야 했다. 더구나 혼백마저 무덤에서 나오지 못하게 하겠다며 관 뚜껑을 쇠 로 만들어 덮는 만행을 저질렀다. 땅이 모두 얼어붙은 한겨울, 삽이 들어 가지 않아 불을 피워 땅을 녹이며 구덩이를 파야 했다. 그러나 아버지의 관에 쇠를 씌운 채 보낼 수 없었던 아들 국량과 최운산 장군은 한밤중에 일본군 몰래 묘를 다시 파고 나무 뚜껑으로 바꿔 덮었다.

계급투쟁이 심했던 문화혁명 당시 중국에서는 지주 출신 독립운동가를 폄훼했다. 지주들은 자기 재산을 지키려고 독립운동을 했고 결국 친일파였다고 매도한 것이다. 봉오동 마을에서도 그런 일이 있었다. 최진동 장군에게 불만을 가졌던 친척 중 한 사람이 최 장군을 고발했다. 게다가 며느리가 공산당에 충성하는 방법으로 시아버지 최진동 장군을 친일파로 고발하고 시아버지의 묘를 파서 뼈를 냇가에 갖다 버리는 만행을 저질렀다. 그것을 보고 자란 손자는 할아버지가 친일파라고 자신의 당안(호적)에 기록했다. 문화혁명기는 그렇게 정치적인 것이 주민들의 삶을 압도하던 때다. 가족들마저 마치 공산당을 향한 충성 경쟁을 하듯이 최진동 장군을 부정하는 것으로 자신의 정체성을 증명하고 살아남으려 몸부림쳐야 했던 것이다.

이제 세상이 달라졌다. 문화혁명기에 대한 평가도 달라졌다. 한국과 중국이 수교를 맺고 자유롭게 왕래할 수 있게 되었다. 어린 시절 할아버지를 친일파로 매도했던 손자들이 독립투사 최진동 장군의 후손으로 한국에 들어와 살고 있다. 그렇게 거부하고 싶었던 할아버지의 이름이 이제는 그들의 국적을 보장하는 가장 든든한 배경이 되었으니 역사의 아이러니가 아닐 수 없다.

1963년 독립유공자로 서훈된 최진동 장군은 1990년 건국훈장 독립장에 추서되었다. 최진동 장군의 유해는 2006년 봉오동을 떠나 대전 현충원에 모셔져 있다.

뛰어난 지략가 최치흥

몇 년 전 봉오동 최운산 장군의 저택에서 말을 관리하던 사람이 봉오동에 사는 최진동 장군 외손자의 증언으로 독립유공자로 서훈되었다는 이야기를 6촌으로부터 전해 들었다. 그런데 형님들과 함께 목숨을 걸고 활약한 대한북로독군부의 참모이자 전략가인 최치흥은 아직 독립유공자로 서훈을 받지 못하고 있다. 너무 안타깝고 죄송한 일이다.

독립전쟁을 직접 지휘했던 최운산 3형제의 이야기는 언제나 흥미진진했다. 셋째 치흥(명순)은 어릴 때부터 개구쟁이로 소문난 분이었다. 식구들뿐 아니라 집에 놀러온 사람들의 바지를 벗겨버리는 장난은 다반사였다. 가깝고 먼 친척들까지 명순에게 골탕 먹지 않은 이웃이 없었다. 예전엔 부엌이나 광에서 가끔 뱀을 발견할 수 있었다. 소년 명순은 뱀을 무서워하기는커녕 집 주변에 뱀이 나타나면 얼른 쫓아버리지 않고 잡아서 한두 대씩 때리며 갖고 놀다가 놓아주곤 했다. 그런데 어느 날 증조할머니 전주 이 씨 부인이 부엌문을 여니 부엌 바닥에 뱀이 가득했다고 한다. 깜짝 놀란 증조할머니는 이게 모두 셋째의 장난 때문이란 걸 직감하고 물 한 그릇 떠놓고 아들 대신 용서를 빌었다고 한다. 그렇게 한참을 빌자 얼마 후 뱀들이 하나둘 떠나갔다고 한다. 지금은 상식적으로 잘 이해가 되지는 않는 이야기지만 개구쟁이 시절 명순(치흥)의 면모를 드러내는 재미있는 일화로 자주 들었던 에피소드다.

명록, 명길, 명순 3형제가 중국군에 함께 복무할 때 첫째 명록(진동)은 희嬉라고 불렀다. 지나치게 근엄하고 무게를 잡는 명록에게 좀 웃으면서 지내라는 의미로 희嬉라는 이름을 붙여주었다고 한다. 둘째인 명길(운산, 만익)은 풍豐이라 불렀다. 긍정적이고 너그러운 성품과 경제적 여유가 있는 최운산 장군에게 어울리는 이름이다. 셋째 명순治興은 흥興이라고 불렀다. 주변사람들 모두를 웃게 만드는 재주를 지닌 사람이라는 뜻이다. 활달하고 재미있는 성격의 소유자란 것이 이름에도 드러난다.

할머니는 바로 아래 시동생을 특별히 아끼셨다. 늘 셋째 명순이 형제들 중 가장 똑똑하고 지혜로운 사람이라는 설명을 덧붙이시곤 했다. 명순도 둘째 형수를 잘 따랐고 두 분이 서로 잘 통하셨던 것 같다. 두 분의 관계를 이해할 수 있는 중요한 에피소드가 하나 있다. 최진동 장군의 부인인 큰며느리는 아들 셋, 딸 둘을 낳았다. 그런데 둘째 며느리인 김성녀 여사는 계속 딸만 낳았다. 딸이 넷이나 되자 최운산 장군도 첩을 들여서라도 아들을 낳으라는 집안 어른들의 요구를 더 이상 외면할 수 없게 되었다. 드디어 적당한 사람을 구해 집을 마련해주고 돈과 패물 등을 보내 첩실로 데려오기로 결정했다.

그런데 최운산 장군이 그 여인을 만나러 가기 직전, 동생 명순이 먼저 그녀를 찾아갔다. 그는 "우리 형수가 얼마나 무서운 사람인지 아느냐, 우리 집안에 들어오면 우리 형수 때문에 앞으로 편히 살기는 힘들 것"이라며 겁을 주면서 이미 받은 돈을 챙겨서 떠나라고 종용했다. 만주 독립전쟁의 전략가 최치흥이 그녀를 어떻게 설득을 했는지 모르지만 그 여인은 정말로 패물을 모두 챙겨서 멀리 떠났다. 결국 최운산 장군이 첩실을 두는 일은 동생 명순(치흥)으로 인해 없던 일이 되고 말았다. 덕분에 김성녀 여사도 마음고생을 면하게 되었다. 시동생과 형수의 관계가 얼마나 돈독했을지 짐작이 가는 이야기다. 그 후 다섯째로 태어난 첫아들이 우리 아버지 봉우鳳羽다.

최운산 장군은 머리 좋은 동생 치흥을 위해 학교 공부뿐 아니라 좋은 스승을 초빙해 가르치기도 했다. 형님인 최진동 장군이 집안 형편을 돕느라 글을 배우지 못했고 자신도 충분히 공부할 여유가 없었던 안타까움 때문이다. 어릴 때부터 재주가 많아 늘 주위의 주목을 받았던 셋째 치흥은 형님의 믿음대로 봉오동 독립전쟁을 비롯한 여러 독립전쟁에서 뛰어난 전략가적 기질을 발휘하며 자신에게 주어진 몫을 충실히 해냈다. 봉오동 독립전쟁 당시 일본군을 봉오동으로 유인하는 등 대한북로독군부의 작전은 이미 일본군을 능가했다. 작전 참모 최치흥은 직접 부하들을 이끌고 전투에도 참전하기도 했다. 형님들과 연해주에서 가서 자유시참변의 고통도 함께 겪었다. 만주의 독립군이 와해되는 고통 속에서도 절망하지 않고 형님들과 함께 다시 독립군을 모집해 사관학교를 세워 독립군을 양성하는 일에 투신했다. 이 시기 최치흥은 북간도 흑룡강성 농촌에 장기간 머물면서 아편 농사를 짓는 농부로 위장하고 지냈다. 독립군의 군자금을 운반하고 연해주와 북만주, 봉오동을 연결하는 비밀연락책으로, 독립군 모집책으로 활약한 것이다.

그러나 만주의 무장독립투사 최치흥은 아직 대한민국에서 독립유공자로 서훈을 받지 못했다. 후손들이 모두 연변에 살면서 할아버지의 독립운동에 대해 알지 못했던 탓이다. 문화혁명기를 지날 때 아들이 아버지 최치흥의 유품을 모두 불태워버렸다. 자신의 아버지가 친일파로 매도당하는 최진동 장군의 동생이라는 것이 알려지는 게 두려웠다. 자식들에게 할아버지 최명순이 독립투사 최치흥이란 것도 말해주지 않았다. 그렇게 손자들은 할아버지 최치흥의 역사를 모른 채 성장했고 세월이 흘렀다.

목숨을 걸고 무장독립운동에 나섰던 수많은 독립군들은 만주와 연해주의 전투 현장에서 전사했다. 젊은 청년이라 후손이 없는 경우도 많았다. 살아남아 연변에 정착한 독립투사의 후손들도 선조들의 치열했던 삶과 분투를 기억하고 증명할 수 있는 방법을 몰랐다. 봉오동과 청산리에서 일본군과 싸웠던 수천의 무장독립투사 중 대한민국의 독립유공자로 서훈된 분은 단지 몇 명에 불과하다. 최운산 장군의 동갑내기 조카로 함께 체포되었던 모연대장 최태여와 전투에 참전한 기록이 있는 최진동의 종제 최광보를 비롯한 일가친척도 아직 서훈 신청조차 하지 못하고 있다. 앞으로 해야 할 일이 너무 많다.

2015년 봉오동을 방문하면서 셋째 할아버지 최치흥의 손자들을 만났다. 그런데 연변에 살던 6촌 형제 중 두 여동생이 한국에 나와서 일하고 있었다. 서로 교류가 없던 탓에 오래전에 한국에 들어온 것을 몰랐던 것이다. 친척도 별로 없는데 같은 서울에 살면서 모르고 지냈다는 것이 너무나 미안했다. 그들은 한국이 중국과 수교를 맺은 후 같은 동네에 살던 6촌 최진동 장군의 손자들이 독립유공자 후손으로 한국을 드나드는 것을 보고서야 할아버지 최명순이 독립투사 최치흥이란 것을 알았다. 다행히 그때까지 살아있던 최치흥의 딸을 통해 할아버지 3형제의 역사를 알게 된 것이다. 그들은 이제야 다시 가족사를 돌아보고 있다. 그들이 몰랐던 선대와 가문의 역사를 6촌인 우리가 조금 더 구체적으로 알려줄 수 있어 얼마나 다행인지 모르겠다.

6촌 동생들은 아직 당당한 독립유공자의 후손으로 한국에 들어올 수 없다. 할아버지 최치흥이 아직 대한민국의 독립유공자로 인정받지 못했기 때문이다. 가사도우미로, 식당종업원으로 일하고 있는 독립투사 최치흥의 손녀들은 10여 년 전 취업을 위해 거액의 수수료를 브로커에게 지불하고서야 한국행 비행기를 탈 수 있었다.

우리를 만난 6촌 형제들이 할아버지 최치흥의 독립유공자 서훈신청서를 다시 제출했다. 그러나 보훈처의 서훈심사는 여전히 벽이 높다. 최진동, 최운산과 함께 봉오동 독립전쟁을 승리로 이끈 전략가 최치흥이 보훈처의 서훈심사기준을 통과하지 못하고 있다. 보훈처는 독립투사 최치흥과 현재 서훈을 신청한 최치흥이 동일인이라는 것이 확인되지 않았다고 더 많은 기록으로 증명되어야 한다고 답변한다. 이해할 수 없는 논리다. 우리와 6촌의 DNA검사라도 해서 증명하면 될 일이 아닌가! 100년 전 만주에서 모든 걸 바쳐 무장독립군부대를 이끌고 독립전쟁을 준비한 3형제의 분투를 기억하는 대한민국의 오늘이라면 독립투사 최치흥의 이름을 이렇게 오래 외면하지 않아야 한다.

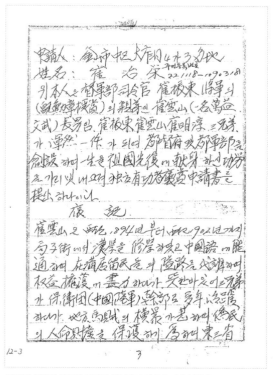

1977년 최운산 장군의 큰아들 최봉우가 제출한 서훈신청서

7장

최운산 장군의 맏며느리 차연순

내 어머니의 고향은 연변의 대도시 훈춘이다. 훈춘의 명망가 차정천車正天의 셋째 딸 차연순車蓮順은 올리베따노 베네딕또 수녀회가 훈춘에서 운영하던 해성학교를 졸업했다. 한국에서 이해인 수녀님이 계신 곳으로 유명한 올리베따노 수녀회는 중국이 공산화되자 훈춘을 떠나 부산으로 터전을 옮겼다. 덕분에 엄마는 친언니처럼 따랐던 고향의 수녀님들을 피난지 부산에서 다시 만날 수 있었다. 결혼 전 서울에서 은행원으로 일하셨던 어머니는 독실한 가톨릭신자로 수녀가 되고 싶었으나 집안끼리 정혼한 아버지와 혼인하셨다.

오랜 인연으로 만난 두 가문

오래전부터 연변에서 터를 잡고 살던 연안延安 차 씨 집안과 진산珍山 최 씨 집안은 인연이 깊다. 최운산 장군의 누나

인 최복실이 먼저 차 씨 집안의 며느리가 되었고, 복실의 자식들과 사촌 지간인 큰이모와 어머니 자매가 최 씨 집안에 며느리로 들어왔으니 세대를 내려오는 겹사돈의 인연이었다. 외할아버지 차정천은 모든 사람들의 존경을 받는 훌륭한 교육자로 신망이 두터운 분이었다. 아버지는 외할아버지가 정말 잘 생기고 인품이 좋은 분이라고 자주 말씀하시곤 했다. 그러나 외할머니 이기자李基子는 별로 좋아하지 않으셨다. 어머니도 말없는 눈빛으로 동의하시곤 했다.

큰 외삼촌들(차흥균, 차응균)의 얼굴을 본 적이 없지만 피난 내려와 우리 집에서 한동안 함께 지냈던 막내 외삼촌(차상균)의 얼굴에서 그분들의 모습을 짐작한다. 조카들과 잘 놀아주는 싹싹한 성품의 막내 외삼촌은 잘생기고 키가 컸다. 조각 같은 외모에 사교성이 좋은 외삼촌이 배우가 되면 크게 성공했을 텐데 하는 생각을 자주 하곤 했다. 어머니와 이모는 서로 닮지 않았다. 나는 두 분을 보고 외갓집은 딸보다 아들들이 더 잘생긴 집안이라고 단정해버렸다. 6.25 전쟁 전에 결혼한 둘째 이모(차봉출)

어머니 차연순

가 서울에 살고 계셔서 어머니 3남매는 남쪽에서 재회할 수 있었다. 덕분에 친척이 귀한 우리 형제들은 방학이면 이종사촌들이 있는 서울로 나들이를 하곤 했다.

일제 강점기 많은 젊은이들은 식민지 조국의 독립을 갈망하며 독립운동에 투신했고 새로운 꿈을 꾸기 위해 사회주의자가 되는 길을 택했다. 어머니의 두 오빠도 그러셨다. 우리 부모님의 기억 속의 외삼촌 두 분은 아주 똑똑하고 잘생긴 젊은이들이었다. 해방 전부터 평양에 사셨던 큰 외숙부(차홍균)는 인민군 대좌였다. 우리 아버지가 만주에서 고문을 당하다 구사일생으로 탈출해 평양에 정착할 때 도움을 주셨다고 했다. 언젠가 남북이 왕래하게 되면 외사촌들을 찾아봐야겠다. 한 번도 만나지 못한 외숙부의 사진이라도 볼 수 있게 되기를 기대한다.

아버지보다 네 살 아래인 어머니는 아버지가 고향으로 돌아오기 전부터 일본 유학생인 정혼자 최봉우를 잘 알고 있었다. 독립투사 최운산 장군을 닮은 강렬한 눈빛의 젊은이는 일본의 명문 와세다대학교에서 정치학을 공부한 촉망받는 청년이었다. 그러나 1945년 초 아버지가 결혼할 당시는 대부분의 재산을 군자금으로 소진한 후였다. 40년 가까운 긴 세월 만주와 연해주 곳곳에서 독립군을 양성하느라 모든 땅과 수많은 공장을 모두 팔아버렸기 때문이다. 결혼 무렵 최운산 장군에게 남은 재산은 봉오동 수남촌의 집과 그 주위의 땅이 전부였다. 당시 외할머니는 다 기울어진 집안이라며 혼인을 반대했는데 당사자인 어머니가 괜찮다고 고집을 부리셨단다. 어머니의 당차고 적극적인 성격을 엿볼 수 있는 몇 가지 에피소드 중 하나다.

어린 시절 할머니는 집안 이야기를 많이 들려주셨다. 일가친척이 많았고 이야기의 소재도 다양했다. '창극이 어미'라고 불렸던 큰 이모도 가끔 등장했다. 며느리에 대한 신뢰가 깊었던 할머니는 가끔 엄마에 대한 칭찬으로 큰 이모 때문에 동생이 결혼하지 못할 뻔했다는 이야기를 꺼내곤 하셨다. 엄마의 큰언니가 넷째 할아버지(최명철)의 큰며느리였다. 아버지의 사촌형수가 어머니의 친언니인데 그 이모가 집안에서 그리 좋은 점수를 얻지 못해 동생의 결혼에 제동이 걸렸던 것이다. 할머니는 차연순을 따로 만나 살펴본 후에야 결혼을 승낙했다고 한다.

신랑감인 아버지가 고향에 돌아오자 어머니는 둘째 언니와 함께 남편 될 사람이 어떻게 생겼는지 몰래 훔쳐보러 가셨다. 아버지는 먼발치에서 자신을 바라보는 키 큰 아가씨가 정혼자라는 걸 눈치챘지만 짐짓 모르는 척했다. 키 큰 배우자를 원하셨던 아버지도 어머니를 슬쩍 보고 좋으셨단다. 두 청춘남녀는 동화 같은 설렘으로 결혼식을 치르셨다. 그러나 꿈같은 신혼은 며칠에 불과했다. 동경유학생이 일제의 학도병 징집을 피해 집으로 돌아오자 예의 주시하던 경찰이 간첩이란 누명으로 아버지를 잡아갔다. 최봉우는 혹독한 고문에 시달리며 생사를 넘나들다 죽음 직전에야 수레에 실려 집으로 돌아왔다. 그러나 신혼의 아내는 남편을 숨겨서 간호하고 살려냈다.

할머니에게 어머니는 인생의 환난을 함께 견디고 극복해낸 동지였다. 결혼하자마자 죽어가던 아들을 두만강변의 움막에 숨겨 살려냈고, 딸 넷을 낳고서야 첫아들을 낳았던 당신의 마음고생을 아는 듯 귀한 아들을 첫손주로 낳아준 며느리였다. 1.4 후퇴 때 평양에서 거제도 피난민수용소까지 손자를 업고 피난보따리를 머리에 이고 걸어왔고, 피난지인 부산에서 빈손으로 삶의 터전을 다졌고, 아들의 사업이 부도가 나자 팔을 걷어붙이고 생활전선에 뛰어들어 가족의 생계를 책임졌던 며느리였다. 할머니는 아들의 모든 상황을 사랑으로 품는 며느리를 깊이 신뢰하고 평생 의지하셨다.

어머니는 농구선수처럼 키가 크셨다. 그게 늘 불편하셨다는 어머니는 큰딸인 내가 당신을 닮을까 봐 걱정하셨다. 그러나 중2에 성장이 멈춘 나는 아쉽게도 어머니의 큰 키를 물려받지 못했다. 기골이 장대한 최운산 장군의 무인다운 풍모를 닮지 못한 것이 평생의 아쉬움이었던 아버지는 키가 큰 아내를 원하셨고, 자식들이라도 할아버지를 닮은 무인이 되기를 바라셨다. 그러나 우리 5남매 중 아무도 아버지의 바람을 이뤄 드리지 못했다.

남녀가 모두 그렇겠지만 부부의 연을 맺는 것은 인생에서 새로운 단계로의 진입을 적극적으로 받아들이는 일이다. 우리 어머니 세대는 남편이 걸어가는 삶의 궤적에 따라 아내의 인생 여정도 함께 결정되었다. 독립투사 남편을 따라 여성독립운동가로 거듭나신 할머니의 삶처럼 결혼과 동시에 부모와 고향을 떠나 완전히 새로운 인생을 개척하신 어머니의 삶도 그랬다. 일제 강점기와 6.25 전쟁을 거치는 한국 근현대사의 질곡이 그대로 드러나는 우리 가족사의 중심에 당신의 삶을 두신 어머니는 그 모든 것을 피하지 않고 언제나 적극적으로 품어 안으셨다.

어머니는 격동의 시대를 수동적으로 받아들이거나 마지못해 그 길을 걸어가신 분이 아니었다. 항상 자신이 처한 상황에 적극적으로 대처하는 문제 해결의 주체였다. 자신의 역할을 이해했고 그 어려운 길을 언제나 당당하게 걸어가셨다. 신혼의 남편이 감옥에서 반죽음의 상태로 집으로 돌아왔을 때 한순간의 망설임도 없이 생사를 넘나드는 남편을 업고 두만강을 건넌 어머니의 결단으로 아버지는 평양에서 새로운 삶을 시작할 수 있었다.

평양방송국 아나운서라는 안정된 생활을 버리고 1.4 후퇴 때 떠날 결

심을 한 아버지가 돌이 갓 지난 큰오빠와 할머니를 걱정하며 평양에 남으라고 했을 때 어머니는 단호하게 네 가족이 함께 피난길에 오를 것을 주장했다. 걸어서 떠난 피난길이라 다리를 건너자마자 폭격으로 다리가 끊어지는 등 매순간이 위기상황이었다. 어느 날 국군이 피난민들의 앞을 막아섰을 때 젊은 어머니가 군인들과 담판을 지어 길을 열기도 했다. 아버지는 피난길에서 겪은 위기의 순간마다 아내의 기지와 용기 덕분에 전쟁 중에도 가족이 해체되지 않았다고 자랑스러워하셨다.

고향 훈춘에서 가까운 봉오동에서 결혼생활을 시작했으나 시대적 격변을 겪으며 타향에서의 삶이 계속 되었다. 어머니의 결단으로 우리 5남매는 모두 세상에 얼굴을 내밀 수 있었고, 평화롭고 성숙한 가족문화 속에서 삶에 대한 긍정을 배우며 자랄 수 있었다.

어머니는 아버지를 진심으로 사랑하셨다. 어쩌면 일본 유학생 정혼자의 얼굴을 훔쳐보면서 이미 시작되었을지도 모르는 어머니의 사랑은 남편에게 자신의 온 일생을 기꺼이 내어주게 했다. 나는 놀거나 쉬는 모습의 어머니를 별로 기억하지 못한다. 할머니와 아버지 그리고 우리 5남매까지 모두 여덟 식구를 위해 늘 분주하셨던 어머니. 직장생활을 하는 며느리 대신 할머니가 살림을 도와주셨지만 어머니에겐 언제나 집안일이 기다리고 있었다. 나는 어머니가 계신 일요일이 좋았다. 어머니가 이불을 꿰매실 때 이불 아래로 이리저리 굴러다니다 야단맞았던 추억도 소중하다. 일요일이면 부모님과 함께 성당에 다녀오는 것도 좋았고, 집에 가는 길에 냉면이나 짜장면을 먹는 기쁨도 컸다.

우리 5남매는 이웃들이 부러워하는 어머니의 자랑이었다. 우리 각자는 지금도 어머니가 자신을 가장 사랑했다고 믿는다. 믿음직한 큰아들이라서, 엄마 마음을 가장 잘 살피던 둘째라서, 큰딸이니까, 엄마를 닮았으니까, 막내니까 등의 이유를 내세우며 자신만이 지닌 어머니와의 특별한 추억을 모두 간직하고 있다. 이웃과 친척들과의 관계에서도 어머니는 주변의 사람들 모두와 특별한 관계를 맺곤 하셨다. 엄마가 돌아가신 후 가까운 친척을 넘어 주변의 많은 사람들이 우리 어머니가 자신들의 어려움을 어떻게 살피고 도와주었는지, 얼마나 큰 사랑을 받았는지 오래도록 전해주었다.

우리 모두는 어머니를 존경했다. 나는 학창 시절, 존경하는 사람을 묻는 질문에 이순신이나 세종대왕 같은 위인이 아니라 우리 어머니라고 쓰곤 했다. 철이 들고 어머니의 삶이 눈에 들어오기 시작하면서 어머니는 내게 늘 불가사의한 존재였다. 어머니는 언제나 정답을 갖고 있었고, 최선을 다해 그 정답을 실현했고, 항상 기쁘게 사셨다. 어머니로 인해 우리 집은 따뜻하고 정이 넘치는, 이웃을 사랑할 줄 아는 사람들이 사는 집이었다. 아버지의 회사가 부도가 나고 경제력을 잃은 뒤에도 우리 집은 언제나 할머니와 아버지를 중심으로 움직였다. 어머니는 우리를 그렇게 기르셨다.

어머니의 삶에 늘 감사하면서도 나는 엄마가 되고 싶지 않았다. 엄마가 되는 일은 그렇게 모든 것을 내어주는 완벽한 삶이어야 한다는 것을 배운, 철없는 딸이 내린 결론은 '나는 절대로 엄마가 되지 않겠다'는 것이었다. 우습게도 결혼을 안 하겠다는 것은 아니었다. 엄마처럼 살 자신이 없었다. 아니, 솔직히 그렇게 살고 싶지 않았다. 게으르고 놀기 좋아하는 나는 좀 더 이기적이고 싶었고, 하고 싶은 일도 많았다. 그러나 결혼하자마자 아들을 낳은 나는 '엄마라고 다 완벽할 수 없다'는 핑계를 찾아야 했다.

그렇게 완벽하고 천사 같은 모습으로 깊고 진한 삶을 사셨던 어머니는 마흔아홉 젊은 나이에 우리 곁을 떠나셨다. 1975년 3월 3일 돌아가신 할머니의 장례를 치르자마자 병원에 입원한 어머니는 다시 집으로 돌아오지 못하셨다. 1975년 8월 19일은 마치 고장 난 시계처럼 그 이전과 이후로 우리 가족의 삶을 갈라놓았다.

여름방학 중에 치렀던 어머니의 장례식은 유난히 더웠다. 할머니가 돌아가셨을 때도 울지 않으셨던 아버지는 어머니를 보내드리면서도 끝내 흐트러진 모습을 보이지 않으셨다. 어쩌면 너무 기가 막혀서, 받아들일 수 없어 그러셨는지도 모르겠다. 나도 울지 못했다. 내가 울면 어린 막내가 따라 울었기 때문이다. 나는 지금도 그때 마음껏 울지 못한 것이 아쉬움으로 남아있다. 우리에게 어머니는 삶의 등대 같은 존재였다. 우리

가족 모두를 지켜주던 불빛이 어느 날 갑자기 꺼져버린 그날의 황망함은 지금도 돌아보기 어려운 기억이다. 모진 고문과 전쟁을 이겨냈던 아버지, 숱한 죽음의 고비를 넘겼고, 경제적 어려움에도 언제나 의연함을 잃지 않으셨던 쉰셋의 아버지는 어머니를 보내고 무너지셨다. 그 시절 아버지는 자주 술에 의지하셨고, 술에 취한 아버지를 내가 집으로 모시고 온 날이 많았다. 큰오빠는 서울에, 작은오빠는 군대에 있던 시기라 큰딸인 내가 집안 살림을 하고 아버지를 돌봐드려야 했다. 우리 가족은 어머니가 안 계신 세상살이에 너무 서툴렀다. 아버지도 나도 처음 해보는 일이 너무 많았다. 고2 담임선생님이 우리 반에서 대학 걱정이 없는 한 명이라고 인정받던 모범생이었지만 고3 마지막 학기를 살림을 배우는 주부가 되어 보내며 자연스럽게 대학 진학을 포기했다. 그러나 나는 캔디처럼 씩씩하게 굴었다. 세상에 지고 싶지 않았다.

2년 후인 1977년, 최운산 장군이 독립유공자로 서훈되셨다. 그동안 대학에 가지 않겠다고 큰소리쳤으나 장학금을 받고 대학에 갈 수 있는 환경이 되자 거짓말처럼 마음이 바뀌었다. 할아버지가 손녀를 대학에 보내주셨다. 고등학교 때 역사학자를 꿈꾸었으나 빨리 취업할 수 있는 전공을 선택했다. 몇 달간 어머니의 병상을 지키면서 인간의 가장 어려운 순간을 지지해주는 간호사란 이타적인 직업에 경외감을 갖게 된 나는 간호대학에 진학해 간호사가 되었다. 지금은 언론분야 시민운동가의 길을 가고 있지만 간호사란 직업은 오래도록 후회하지 않는 선택이었다.

최운산 장군의 독립운동을 재조명하면서 아버지와 어머니에 대한 진한 그리움으로 우리 가족사를 다시 들여다본다. 아버지는 최운산 장군의 역사를 제대로 밝혀드리지 못한 부채감으로 많이 힘들어하셨다. 사업의 실패와 경제적 어려움에 이어진 정치적 좌절, 그리고 가장 힘든 순간에 인생의 동반자인 아내와 어머니를 한 해에 떠나보내며 피할 수 없는 삶의 굴레에 넘어지고 절망하기도 했던 아버지, 자신의 능력을 세상에 온전히 펼치지 못하고 떠나신 아버지의 일생을 돌아보면 지금도 안타까움에 가슴이 저려온다.

그러나 어머니의 삶을 돌아보면 그리 슬프거나 아프지 않다. 비록 길지 않은 삶이었지만 마지막 순간까지 당신이 할 수 있는 최선을 다해 사셨기 때문이다. 주어지는 삶의 무게와 고통을 온전히 내면화하고 승화시킬 줄 아셨던 어머니는 한 번도 불행하지 않으셨다. 어머니가 일하시던 성분도병원의 수녀님들에게도 어머니는 특별한 존재였다. 성당에서, 병원에서 어머니를 언니라고 부르며 진심으로 따르는 수녀님들을 보면서 나도 자연스럽게 수녀가 되는 꿈을 꾸기도 했다.

어머니는 당신이 서 있는 곳에서 늘 빛이 되셨다. 가족과 친척을 넘어 어려운 시절을 지내는 이웃들의 어려움을 자신의 일처럼 돌보는 해결사였다. 그렇게 자신을 온전히 소모시키고 지금까지 모두의 기억 속에 사랑으로 남아있는 신기한 마법사 같았던 어머니의 삶은 길지 않았지만 완벽했다.

8장   최진동 장군의 딸 최경주

    손자들이 모여 할아버지 최운산 장군의 역사를 찾아드리겠다는 다짐을 한 지 1년 만인 2016년 7월 4일 〈최운산 장군 기념사업회〉를 창립했다. 기념사업회 창립 한 달 후인 2016년 8월《경향신문》에서 광복절 특집 기획 〈봉오동·청산리 전투, 빛나는 승리 뒤에 가려진 이름 '최운산'〉이라는 기사가 신문의 12면 한 면 전체에 걸쳐 실렸다. 또 얼마 후《아시아경제》에 〈봉오동·청산리 전투 '비운의 영웅' 최운산〉이란 제목에 '항일투쟁 숨은 주역 할아버지 업적 기리는 손녀 최성주'라는 부제로 시민운동가 최성주의 배경에 독립운동가 최운산 장군의 삶이 있다는 기사도 실렸다.

    그렇게 할아버지 삶이 하나둘 제 모습을 찾아가기 시작했다는 감사를 드리던 어느 날, 하와이에서 살고 있는 경주 당고모의 전화를 받았다. 처음 듣는 낯선 목소리였다. 내가 어릴 때 부산 우리 집에 찾아온 적이 있었지만 얼굴도 기억나지 않는 당고모였다. 뉴욕에 살고 있는 6촌 언니를 통해 경주 당고모가 하와이에 살고 있다는 소식을 듣고 있었지만 그뿐이었다. 내가 어렸을 때 미국으로 떠났고 아버지 생전에 한 번도 연락이 없었던 분이 나한테 연락할 거라고는 생각하지 못했다.

큰할아버지 최진동 장군의 자식들 중 후처 소생의 3남매는 해방 직전인 1944년 부모가 모두 돌아가신 후 외조부모를 따라 서울로 내려왔다. 그들은 어린 시절을 서울에서 보내고 젊어서 하와이로 이민을 갔다. 그곳에서 사업에 성공하고 잘 살고 있다는 이야기를 간혹 들었지만 우리 가족과 소식이 끊어진 지 오래였다. 복순 당고모와 인국 당숙이 돌아가셨다는 소식도 오랜만에 한국을 방문했던 6촌 언니를 통해 뒤늦게 전해 들었을 뿐이다. 그렇게 남처럼 소원한 관계였다.

최진동 장군 자식 중 아직 살아계신 당시 86세의 당고모는 50여 년 전에 나를 본 적이 있다는 이야기를 시작으로 이런저런 옛날이야기를 하셨다. 귀가 잘 들리지 않는다면서도 내가 전화를 끊어버릴까 봐 조바심하면서 한참 통화를 이어갔다. 청력이 나쁜 노인과의 통화는 힘이 들었다. 답답한 대화가 한참 오간 끝에 이해한 것은 당고모가 죽기 전에 나를 만나고 싶다는 것이었다. 한국에서 최운산 장군의 업적이 재조명되는 것을 언론을 통해 알게 되었고, 나에게 알려주고 싶은 이야기가 있는데 자신은 늙고 병들어 움직이기 힘이 드니 나보고 하와이로 오라는 것이었다. 갑작스런 당고모 요청에 나는 며칠씩 일정을 비워 외국을 방문하기가 어려울 것 같다고 답을 했다.

당시는 봉오동 방문을 한 달 앞둔 때였다. 봉오동 증조부 산소에 비석을 세우기 위한 이런저런 준비가 한창 진행 중이었다. 2015년 봉오동에 가서 증조부 최우삼의 묘소를 찾았고 1년여에 걸쳐 비석 건립을 추진했다. 이제 결실을 눈앞에 두고 마무리 점검 중이라 마음의 여유가 없을 때였다. 그리고 여행 경비도 부담스러웠다. 전화 한 통화에 오랜 세월 남처럼 살아와 얼굴도 모르는 당고모를 만나러 비행기로 하와이까지 날아갈 여유가 없었다. 그러나 당고모는 어린애처럼 매달렸다. 생각해보겠다고 답을 하고 전화를 끊었다.

5촌 당숙과 당고모이면 아주 가까운 사이일 수도 있지만 너무 오랫동안 소식 없이 지낸 탓에 그분들에 대해 아는 것이 거의 없었다. 10년에 한 번 정도 한국을 방문하는 6촌 언니를 통해 미국에서 의류사업에 성공했다는 소식을 듣고 다행이라 생각했을 뿐이었다. 그렇게 바람결에 소식을 들으면서 50년 넘는 세월이 흘렀고 아버지도 당숙도 모두 돌아가셨다. 최근에야 인국 당숙이 사업차 한국을 자주 방문했었다는 걸 알게 되었다. 문득 인국 당숙이 우리 아버지에게 인사조차 오지 않았던 이유가 혼자서 5남매를 키우는 사촌형이 혹시 경제적 도움이라도 바랄까 봐 외면한 것일지도 모른다는 생각이 들기도 했지만 이미 남처럼 지내고 있어 별 마음에 두지 않았다.

1986년 최진동 장군의 후처 소생 3남매가 봉오동을 방문했다. 경제적 여유도 있고 미국 시민권이 있었다. 그러나 중국 물정에 어두웠던 탓인지 처음 방문한 고향에서 그들은 돈 많은 무례한 사람들이라는 이미지를 남겨놓고 떠났다. 연변의 조카에게 계속 경제적 도움을 제공했고 연변의 역사학자들과 교류를 이어갔다. 그러나 돈으로 해결할 수 없는 것이 인간관계다. 시간이 지나면서 인국 당숙은 계속 경제적 지원을 요청하는 연변의 역사학자들과 충돌했고 그 문제는 오히려 최진동 장군의 친일 의혹이 확산되는 빌미가 되고 말았다. 최진동 장군의 삶과 가치에 대해 좀 더 진지하게 접근했어야 했는데 안타까운 일이다.

공산당에 충성하고 싶었던 며느리가 최진동 장군을 친일파로 매도한 이후 최진동 장군에 대한 왜곡이 영향력이 있는 역사학자의 이름으로 발표되기도 했다. 그러나 세월이 흐르면서 만주 무장독립전쟁의 실체가 재조명되었고, 최진동 장군이 얼마나 중요한 인물이었는지 그 실체도 재확인되고 있다. 2008년 국가보훈처에서 최진동 장군에 대한 의혹을 재확인하는 작업을 했다고 한다.

2006년 인국 당숙이 연변역사학자들과 함께 최진동 장군 일대기《최진동 장군》을 발간했다. 그런데 6살 어린 나이에 고향을 떠나 가족사를 거의 모르는 탓에 우리 집안의 역사가 왜곡되도록 방치하고 말았다. 연변학자들은 우리나라 근현대사와 우리 집안의 관계를 몰랐다. 연변 도태 최우삼을 모르는 연변역사학자들이 중국의 시각으로《최진동 장군》이란 책을 쓰도록 만든 것이다. 그 책은 증조부 최우삼이 조선 말기에 먹을 것이 없어 아들들을 데리고 두만강을 건너온 함경도 유민이라고 설명한다. 당시 흉년이 들어 많은 사람들이 만주로 건너가 농토를 개간하고 새로운 터전을 마련하던 시기라 최우삼도 그런 과정을 밟았으리라 짐작한 것이다. 그러나 당시 연변 주민의 대부분이 조선인이었다. 증조부 최우삼은 연변 지역의 조선 사람들을 다스리던 관리 '도태道台'였다. 전주 이 씨 부인은 고종 임금의 가까운 일가였다. 자식들을 데리고 살 곳을 찾아 두만강을 건너간 것이 아니다. 연변 도태 최우삼의 자식들은 연길의 시내 관청거리인 국자가에서 태어났다.

연변학자들이 추측한 가족사 중 가장 황당한 부분은 최우삼이 중국에 귀화입적하고 중국인처럼 치발역복했다는 설명이다. 증조부가 중국 땅에서 먹고살기 위해 변발을 했다니! 이것은 완전한 사실의 왜곡이다. 증조부가 사셨던 간도는 당시 조선이었다. 행정상으로는 함경북도 간도였다. 당시 조선인들이 두만강을 건너 중국 땅에 몰래 숨어들어간 것이 아니라 일찍부터 두만강변의 황무지를 개간해 자연스럽게 농토를 넓혀 간 것이었다. 우리나라가 일제 강점기를 지나며 간도의 역사를 제대로 정리하지 못하고 잃어버린 탓에 현재는 중국에서 설명하는 대로 간도의 역사가 고착되고 말았다. 그리고 우리 집안 역사를 잘 모르던 인국 당숙이 중국학자들이 정리한 대로 책을 출간했다.

희고 긴 수염의 조선 선비의 풍모를 지녔던 증조할아버지 연변 도태 최우삼을 가난한 유민으로, 먹고살기 위해 귀화하고 변발한 중국인으로 만든 것이다. 후손의 손으로 이런 오류가 담긴 책을 만들다니 기가 막혔다. 더구나 그 책에서는 증조부가 중국 땅에서 먹고살기 위해 큰아들을 중국인에게 양자로 보냈다고 했는데 그것도 사실이 아니다. 도태인 증조부가 청의 간도정책에 맞서 청나라 군대와 전쟁을 하고 패해 가세가 기울어졌고, 어려워진 집안 형편에 명록(진동), 명길(운산) 두 아들이 남의 집에 가서 일을 한 것은 사실이다. 그러나 명록이 중국인의 양자가 되기 위해 집을 떠난 것이 아니라 명록의 영민함을 눈여겨본 중국인 부호가 명록에게 땅을 떼어주고 자신의 재산관리를 맡겼던 것이다. 그렇게 사실과 다른 서술이 책의 곳곳에서 발견되었다. 후손이 가족사를 제대로 모르니 연변역사학자들의 왜곡에 아무 대응도 하지 못한 것이다.

더구나 인국 당숙은 무슨 이유인지 책에서 동생인 최운산 장군에 관한 내용을 빼라고 요구했다. 그 책을 보면 최운산의 삶과 최진동의 삶이 합쳐져 한사람으로 묘사되어 있다. 최진동, 최운산, 최치흥 형제들이 함께 부대를 창설하고 전투를 치른 것이 아니라 최진동 장군 혼자서 모든 일을 한 것처럼 보인다. 봉오동 독립전쟁 이전부터 이미 명망 있는 연변 사회의 지도자였던 최진동 장군이 동생들과 함께 만주 무장독립전쟁을 이끌었다는 것을 역사가 기록하고 있다. 왜 형제들이 함께했던 자랑스러운 역사를 최진동 장군 혼자서 했다고 축소해서 기록하라고 요구했는지 모르겠다. 우리는 인국 당숙을 이해할 수도 용서할 수도 없었다.

한 사람의 위대한 영웅보다 한 집안 일가친척이 모두 독립운동을 했다면 후손으로서 그것이 더 자랑스럽고 영광스러운 일이 아닌가! 서간도에서 신흥무관학교를 설립에 기여한 이석영 가문과 이상룡 두 집안도 형제들이 함께 투신한 것을 더 가치를 두고 존경받는다. 최진동, 최운산, 최치흥 형제가 혼연일체가 되어 봉오동에 독립전쟁의 근거지를 마련하고 전쟁을 승리로 이끈 역사를 제대로 서술하고 정리했다면 훨씬 크고 풍요로운 업적이 되었을 것이다. 그리고 봉오동 독립전쟁의 진실이 더 빨리 역사에 제대로 드러났을 것이다.

당숙은 그동안 사업차 한국을 드나들 때도,《최진동 장군》을 출간하면서도 우리에게 알리지 않았다. 2015년 봉오동 독립전쟁에 관련된 자료를 찾던 중 도서관에서 우연히 그 책을 발견했다. 그 책을 만들 때 우리가 미리 알았더라면 여러 오류를 수정하고 우리 집안의 역사를 제대로 정리할 수 있었을 텐데, 가족사가 왜곡된 채로 책이 출판되었고 세월이 흘렀다. 너무 안타깝고 실망스러웠지만 이미 인국 당숙이 돌아가신 뒤였다.

더구나 10월 초에 봉오동 선산 증조부의 묘소에 비석을 건립하기 위해 우리 5남매가 힘을 합쳐 비용을 마련하고 지난 1년여 노심초사 준비하고 있었다. 동행하는 한국의 역사학자들과 처음으로 봉오동 독립전쟁 현장을 답사하는 역사적인 순간을 앞두고 있었다. 비석에 새길 비문을 힘들게 준비했고 완성한 비문을 고무판에 새겨 인편으로 중국에 보내는 일도 남아있었다. 무엇보다 그 일이 우선인 시기였다. 초면의 당고모를 만나러 하와이에 가지 않아야 할 이유는 차고 넘쳤다.

그런데 마음이 편하지 않았다. 86세의 노인이 죽기 전에 하고 싶은 말이 무엇인지 한 번은 들어봐야 하지 않을까 하는 생각이 마음 한편에서 올라오기 시작한 것이다. 그동안 그분들의 행태를 보면서 쌓인 분노를 넘어서는 첫걸음을 내가 먼저 시작해야 하는 것이 아닐까. 노인의 신세한탄이나 변명에 불과하더라도 그 이야기를 들어드리는 것이 어쩌면 내가 할 수 있는 마지막 도리가 일지도 모르겠다는 생각이 들었다. 그러나 지난해부터 더 어려워진 경제 상황을 생각하며 망설였다. 그때 그 여러 이유가 바로 당고모를 만나야 할 이유라고 남편이 등을 떼밀며 하와이행 최저가 항공권을 찾아주었다.

한국의 비석공장에서 증조부 최우삼의 비석에 새길 비문의 고무판 작업을 마치고 인편으로 중국에 보낸 후 하와이행 비행기를 탔다. 호놀룰루 공항에서 만난 당고모는 무릎이 아파 지팡이에 의지하는 키 작은 할머니였다. 5년 전 암에 걸렸다가 항암치료로 완치가 되었다고 했다. 이제 자신에게 남은 인생은 온전히 덤이라고, 하느님이 자신을 살려주신 이유가 아버지 최진동 장군의 역사를 똑바로 증언하라는 것이라 생각한다고 했고, 동생인 인국 당숙이 살아있을 때는 아들의 몫이라는 생각에 동생에게 맡겨두었으나 동생이 떠난 지금 그 책임이 자신에게 있다고 했다.

이미 늙어버린 자신이 할 수 있는 것이 별로 없다는 사실에 그동안 마음이 몹시 무거웠는데 우연히 지인을 통해 '봉오동 독립전쟁의 영웅, 최운산 장군'을 기리는 손녀가 있다는 소식을 들었다는 것이다. 나도 당고모한테 묻고 싶은 것이 많았고 들려드릴 이야기도 많았다. 어려서 고향을 떠난 당고모가 잘 알지 못하는 윗대, 특히 증조부님에 대한 이야기를 구체적으로 해드려야 했다.

그러나 86세이신 당고모는 나보다 더 마음이 급했다. 짐을 풀고 앉자

마자 고모의 첫마디는 "청산리 전투를 아니? 넌 청산리 전투를 어떻게 생각하니?"였다. 나는 "청산리 전투는 '봉오동 독립전쟁의 연장전이었다. 봉오동 독립전쟁에서 패한 일본군이 더 많은 병력을 동원해 반격했던 것으로, 연해주와 백두산으로 이동 중에 있던 대한북로독군부 독립군들이 일본군과 벌인 전투였다."고 하셨던 아버지의 말씀을 전했다. 경주 당고모는 "그건 네가 옳게 알고 있다."며 이야기보따리를 풀기 시작했다.

경주고모는 1986년 중국 방문 때 청산리에 직접 가보았다고 하면서 청산리 전투는 역사보다 부풀려졌다고, 당고모가 서울에 살 때 이범석 씨가 《우등불》이란 책을 써서 역사를 왜곡했다며 흥분했다. 서울 살던 국빈오빠(최진동 장군의 3남)가 그 책의 내용이 틀렸으니 출판하지 말라고 이범석 씨와 많이 다퉜다고 옛 기억을 불러냈다.

수많은 독립투사들의 처절한 삶을 한두 사람의 영웅담으로 단순화한 책, 만주와 연해주의 무장독립운동사 전체를 조명하며 설명해야 할 봉오동 독립전쟁과 청산리 전투를 별개의 사건으로 분리시키고, 을사조약 이후 장기간 이어진 북간도 무장독립전쟁사를 청산리 전투 중심의 신화로 만들어버린 책이다. 이제야 역사학자들이 그 책의 내용이 역사적 사실과 다른 부분이 많다는 것을 지적하고 있다.

경주 당고모가 들려주는 이야기는 예전에 할머니와 아버지께 들었던 집안 이야기와 겹치는 내용이 많았다. 대한군무도독부와 대한북로독군부의 본부는 견고한 성채였다. 당시엔 밀정들이 많았고 비적들의 공격도 빈번하던 때였다. 경계가 삼엄해 성문을 닫으면 아무도 출입할 수 없었다. 사령관 최진동 장군이 발행한 통행증과 비표가 없으면 바로 즉결처분을 당할 만큼 군율이 엄격했다. 지금처럼 통신으로 연락을 할 수 없던 때라 본부에서 키운 약 300마리의 비둘기가 비상 연락망이다. 어릴 때부터 할머니께 들어서 알고 있던 이야기지만 당고모를 통해서 다시 확인하니 새삼스럽고 신기했다.

경주 당고모는 어린 시절을 보낸 도문 집에 최진동 장군의 대형 사진이 있었는데 본인이 남한으로 이주할 때 액자가 커서 남겨두었더니 모두 사라졌다고 안타까워했다. 그 사진은 최진동 장군이 1922년 모스크바에서 열렸던 극동민족대회에 한국대표로 참가했을 때 찍은 기념사진이다.

예전에 일본인이 집에 찾아와서 그 사진을 500원에 사겠다고 했을 때 절대로 안 판다고 했는데, 만약 그때 팔았더라면 아버지의 사진이 지금 일본에라도 남아있었을지도 모르겠다며 안타까워했다.

대회 당시 최진동 장군은 뒷주머니와 가슴에 그리고 양 다리에 권총을 차고 있었는데 대회장 입구에서 무기를 모두 꺼내 맡겨야 했다. 최진동 장군은 총 내놓기를 거부하며 옥신각신하다 입장이 늦어졌다. 대회장 문을 열고 들어가니 이미 회의가 시작된 뒤였다. 그 광경을 본 최진동 장군이 큰 소리로 "이 회의를 중단하라!"고 소리쳤다. 이 에피소드는 내가 예전부터 듣고 알고 있던 이야기다.

이 대회에 할아버지 최운산 장군도 함께 가셨다. 글을 모르는 최진동 장군을 위해 그런 중요한 자리에는 최운산 장군이 꼭 함께했다. 사실 그동안 역사학자들은 최진동 장군의 참석도 확인되지 않는다고 했다. 그런데 작년에 러시아에서 보내온 서류에서 최진동 장군의 접수증이 발견되었다. 아직 최운산 장군의 서류는 찾지 못했다. 학자들은 그동안 후손들의 주장이 시간이 지나면서 대부분 사실로 밝혀졌다고 언제가 관련 사료를 찾게 될지 모르니 포기하지 말라고 한다. 그런데 얼마 전 앞서 보았듯 최진동 장군과 최운산 장군이 모스크바 극동민족대회에 함께 참석해서 찍은 사진과 영상이 발견되었다. 역사적 진실은 이렇게 하나씩 밝혀지고 있는 중이다.

당고모는 봉오동의 작은아버지의 집에서 놀던 기억이 많았다. 김성녀 여사가 언제나 집안 살림의 중심에 있었다.

> "작은 엄마(김성녀 여사)는 집에서 한 달에 한 번 이상 돼지를 잡아 순대도 만들었고, 두부는 며칠에 한 번씩 만들었다. 30가구가 넘었던 수남촌 사람들과는 한 가족처럼 지냈고, 작은집은 모든 동네사람들이 편하게 드나드는 사랑방 같은 곳이었지!"

경주 당고모는 한 달에 두어 번 작은집에 오는 날이 정말 좋았다고, 언제나 사람들로 북적거리고 맛있는 것을 많이 먹을 수 있어 잔칫집에 오는 것 같았고, 제사가 없는 달이 거의 없었으며 한식, 청명을 비롯해 명절이나 제삿날이 되면 모든 준비를 김성녀 여사가 했다고 하셨다. 도문에 살던 큰아들 최진동 장군은 가족과 함께 봉오동으로 와서 제사를 지냈다고도 하셨다.

> "작은 엄마가 만든 제사음식을 세 수레에 가득 싣고 산으로 올라갔다가 산에서 제사를 지낸 후 마을로 내려오면 저녁때가 되었어, 그러면 작은집에서 가족들이 모두 모여서 저녁을 먹고 우리 식구들은 다시 도문으로 돌아가곤 했어."

최진동 장군이 1941년에 돌아가시고 4년 후인 1945년 어머니마저 마차 사고로 사망하자 어린 3남매는 외조부와 함께 살았다. 이후 모두 재산을 처분하고 1945년 12월 한겨울 추위 속에 도문을 떠나 기차를 몇 번

갈아타면서 1946년 1월 1일 서울에 도착했다. 그날 어린 경주는 아주 특별한 경험을 했다. 서울시청 근처의 건물 담벼락에서 최진동 장군의 이름을 발견한 것이다.

'독립영웅 최진동 장군'

긴 여행 끝에 도착한 서울에서 아버지의 이름이 적힌 벽보를 발견하다니! 마치 기적 같았다. 그 옆에는 경주가 모르는 독립영웅의 김 씨의 이름이 최진동 장군과 나란히 적혀있었다. 경주는 어린 마음에도 돌아가신 아버지가 서울에서 높이 평가를 받는 훌륭한 분이라는 생각에 깊이 감동했었다.

최진동 장군의 둘째 아들 국량은 공산화로 숙청이 시작될 때 구사일생으로 봉오동을 탈출해 서울로 내려왔으나 얼마 살지 못하고 폐병으로 돌아가셨다. 그리고 셋째 아들 국빈은 해방 전 만주에서 의열단 활동을 하다 잡혀서 서울로 압송되어 서대문형무소에 수감되어있었다. 결혼한 지 얼마 되지 않았던 국빈이 잡혀가자 신혼의 아내가 남편을 만나러 서울로 왔는데 서대문형무소에서 면회를 허락해주지 않았다.

당시 최운산 장군의 셋째 딸인 옥순 고모가 서울에서 이화여전을 다니고 있었다. 이화여전의 선생님의 도움으로 국빈 부부가 면회를 할 수 있었다. 대전형무소에서 해방을 맞은 국빈은 봉오동으로 돌아가 자신 몫의 재산을 모두 처분해 아내와 함께 다시 서울로 내려왔다. 국빈 당숙은 광복회 활동에도 참여하면서 최진동 장군의 업적을 알리기 위해 노력했다. 이범석 씨가 만주의 항일무장 투쟁사를 왜곡하는 것에 분노했으나 국무총리와 국방장관을 역임한 실세 정치인의 영향력을 넘어설 수 없었다. 술로 화를 달래던 국빈 당숙은 어린 두 딸을 남기고 술병으로 일찍 돌아가셨다.

만주에서 가져온 돈으로 서울에서 터를 잡았던 경주 당고모는 6.25 전쟁을 겪으며 모든 생활기반이 무너졌다. 맏이인 경주가 동생들을 공부시켜야 했다. 경제적 어려움을 넘어서려고 동생들과 함께 이민을 떠났다. 하와이에서 의류사업으로 자리를 잡았다. 미국 시민권에 경제적 여유도 생긴 3남매는 1986년 봉오동을 방문했다. 1945년 고향을 떠난 후 41년 만이었다.

경주 당고모와 닷새를 함께 보내면서 정말 많은 이야기를 했다. 잠자는 시간을 아껴가며 그녀가 가슴 속에 품고 살았던 역사 속으로 들어갔다. 노년의 당고모는 자신의 어린 시절을 알아듣는 나를 무척 신기해했다.

"도독부군은 조직망이 철저한 용사들이다. 도독부군은 죽으면 죽었지 절대로 항복하지 않았다. 그들은 진실한 애국 동지들이다."

최진동 장군의 역사를 바로잡아달라는 당고모의 당부가 간절했다. 해야 할 일이 많다.

3부

봉오동에 가다

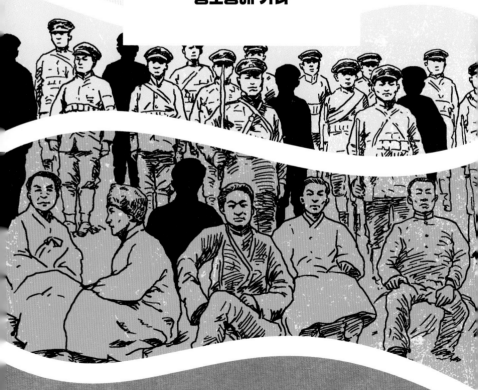

1장   역사 속으로 들어가다

　　　내 부모님의 고향은 두만강 건너 봉오동과 훈춘이다. 역사적 격변을 겪으며 20대에 고향을 떠난 부모님은 실향민이란 이름으로 평생을 사셨다. 부산에서 태어나고 자란 나는 명절이면 일가친척들이 모여 시끌벅적한 이웃집들이 늘 부러웠다. 부산 사투리를 심하게 쓰지 않는 나에게 많은 사람들이 고향이 어디냐고 물었다. 그러면 나는 부산에서 태어나고 자랐지만 내 고향은 '봉오동'이라고 답하곤 했다. 사람들은 눈을 동그랗게 뜨고 거기가 어디냐고 물으면 나는 봉오동 독립전쟁을 아느냐고 되묻곤 했다.

　　우리나라 독립운동사에서 가장 자랑스러운 승전의 역사인 봉오동 독립전쟁이 벌어졌던 곳, 그 북간도의 봉오동이 바로 우리 아버지가 태어나 자란 곳이며, 우리 할아버지 최운산 장군이 독립군부대 대한군무도독부와 통합군단 대한북로독군부를 창설한 곳이다. 할아버지 3형제가 수천 명의 독립투사들과 힘을 합쳐 독립전쟁을 치러낸 근거지가 바로 '봉오동'이다.

　나는 1920년 6월 7일의 '봉오동 전투'는 '우리나라 독립군이 일본 정규군을 상대로 싸워 크게 이긴 전쟁'이라는 이야기와 봉오동 독립전쟁에 이어 여러 날에 걸쳐 벌어진 연장전 성격의 전투를 청산리 전투라고 부른다고 설명을 덧붙이곤 했다.

　대부분의 사람들은 '봉오동 독립전쟁은 홍범도 장군이 사령관이고, 김좌진 장군이 청산리 전투의 사령관이라고 하던데?' 하고 되물었다. 그러면 나는 좀 더 긴 설명을 다시 시작해야 했다.

　　"봉오동 독립전쟁은 독립군 통합군단 대한북로독군부가 치러낸 전쟁이었고 그 통합부대의 총사령관은 우리 큰할아버지 최진동 장군이다. 간도 제일의 거부였던 할아버지 최운산 장군이 군자금 일체를 자비로 감당하셨다. 최운산 장군은 무기 공급을 비롯해 몇 천 명에 달하는 통합부대의 식량과 군복 등 일체의 군자금을 책임졌고, 첩보와 군사작전으로 전투를 직접 지휘한 참모장이었다. 홍범도 장군은 그 휘하의 연대장인데 총사령관으로 잘못 알려져 있다. 김좌진 장군도 대한북로독군부의 연대장이었다. 청산리 전투도 북로군정서의 개별적 전투가 아니라 독립군 통합군단 대한북로독군부가 치러냈던 여러 날에 걸친 전투로 봉오동 독립전쟁의 연장전이었다. 북로군정서도 통합부대의 일부였다. 간도의 독립운동사가 잘못 정리되어 있다. 독립군부대 북로군정서도, 군사학교인 사관연성소도 최운산 장군이 자신의 땅을 주둔지로 내어주고 군자금을 투입해 창립했다."

그렇게 주변의 사람들에게 설명하면서 언젠가 역사학자들이 역사의 진실을 찾아서 밝혀주기를 기다렸다. 해방 후 중국과 수교가 없었던 기간이 길었고, 개인적으로 사료에 접근하기는 어렵지만 언젠가 전문가들이 합리적 의심과 분석으로 역사적 진실을 찾아주리라 믿었다. 후손들이 먼저 나서서 떠드는 것은 객관성을 담보하지 못하는 일이니 더 신중해야 한다는 생각이었다. 그렇게 기다리면서 나는 나에게 주어진 몫을 열심히 살자고 다짐했다. 앞으로 점점 더 많은 사료가 발굴될 것이고 언젠가 만주의 무장독립운동사가 제대로 밝혀질 것이라는 기대를 가슴에 품고 살았다. 그러나 시간이 흐르면서 한번 휘어진 역사기록이 다시 바로 서는 것이 얼마나 힘든 일인지 알게 되었다. 내가 먼저 관심을 가지지 않으면, 계속 이야기하고 후세에 전하지 않으면 없었던 역사가 되어버린다는 것을 뒤늦게 깨닫게 된 것이다.

일반적으로 만주의 독립운동이라고 하면, 우국지사나 독립군들이 황량한 만주벌판에서 추위와 굶주림에 떨면서 누더기 같은 옷을 걸치고 게릴라처럼 숨어 살았던 것으로 이해하고 있다. 오직 조국의 독립이라는 우국충정 하나로 목숨을 걸고 그 모든 것을 견뎌냈을 것이라고 믿는 것이다. 우리 독립군의 편제가 후방부대를 두고 의무부대와 보급부대를 따로 편성할 만큼 대규모였다는 것을 아무도 모른다. 연해주에서 1차대전을 치르고 돌아가는 체코군의 무기를 대량으로 구입했고, 대포, 기관총, 장총, 수류탄, 권총 등 일본군에 필적할 우수한 무기를 소유했다는 것을 모르는 것이다.

이런 오해가 만주 독립운동에 대한 우리의 이해를 가로막고 있다. 나는 정말로 궁금하다. 불타는 애국심이 밥이 되고 무기가 될 수 없다는 것을 알면서도 왜 합리적인 의심을 하지 않는 것일까? 왜 그동안 전문가들은 합리적 추론 위에 좀 더 구체적인 근거는 찾아내지 않았을까? 몇 천 명의 독립군 통합부대가 봉오동 주변에 함께 모인 이유가 무엇인지, 훈련하고 생활하는 것을 넘어 완전무장한 일본 정규군을 상대로 전쟁을 치러낼 수 있었던 무기와 물적 기반이 어땠는지, 무장독립운동이 가능할 수 있었던 당시 간도 지역의 사회상이나 생활수준은 어땠는지 그 모든 것이 아직도 제대로 밝혀지지 않고 있는 이유가 무엇인지 정말 궁금하다.

그리고 알게 되었다. 기록하지 않은 역사는 모두 사라진다는 것을, 주인이 떠나버린 봉오동과 간도 항일무장독립전쟁의 진실이 몇몇 살아남은 사람들의 과장에 묻혀버렸다는 것을, 더구나 그 왜곡 위에 전문가의 해석이 보태어지고 역사적 가설이 학문적 권위에 힘입어 이미 정설로 굳어져 있다는 것을 이제야 깨닫게 되었다. 자신의 업적을 드러내고 싶은 욕심에 역사의 진실을 외면한 소수 생존자의 왜곡이 역사적 사실이 되고 권위가 되어있었던 것이다.

긴 시간 중국과 수교가 없었고, 학계에서도 자료가 부족했던 만주의 무장독립운동사는 아직도 미개척 분야이다. 중국에서는 지주였다는 이유로 자기 재산을 지키기 위한 독립운동이었다고 폄훼당하고 한국에서도 제대로 연구되지 못한 채 외면받았다. 기록하는 자의 몫이 되어버린 만주 무장독립운동사에 역사적 진실이라는 새 옷을 입혀줄 수 있기를 바라면서 첫걸음을 내디딘다. 이제라도 그 일을 우리 세대가 시작해야 하겠다. 독립운동가 최운산 장군의 일생을 찾아 기록하고, 이미 휘어져버린 역사적 오류와 대면해야겠다. 아직은 아무것도 주어진 것이 없지만 한걸음씩 걷다 보면 거기에 답이 있을 것이다. 우리 형제들과, 그리고 함께하는 사람들을 통해 답을 찾게 될 것이다.

독립영웅 최운산 장군의 삶을
다시 찾아 나서며

나는 이제라도 봉오동 독립전쟁에 관한 역사
적 진실을 제대로 알려야겠다는 생각으로 역사를 공부하고 사료를 찾고
있다. 한중일의 사료를 뒤지며 봉오동 독립전쟁에 대한 기록들을 찾아보
고, 독립운동가 최운산 장군의 곁에서 수천 독립군들의 식사와 군복제작
등 독립군부대의 살림을 실질적으로 책임졌던 할머니 김성녀 여사의 증
언을 기억해내고, 아버지가 남기신 말씀과 기록을 확인하고, 가족사를 다
시 정리하는 작업을 하고 있다. 지난 몇 년 최운산 장군의 독립운동을 되
돌아보며 점점 그분의 마음이 되었고 그 삶에 매료되었다.

최운산 장군이 부르시는 것 같아 2015년 가을 무작정 봉오동을 찾았
다. 처음엔 아무런 계획이 없었다. 단지 할아버지가 보내주시는 사람을 만
나고, 그분을 통해 당신이 들려주시는 이야기를 듣겠다는 생각이었다. 아
무 계획을 세울 수 없었지만 깊은 끌림으로 여행을 준비했다. 그리고 연
변에서 보낸 일주일, 할아버지 최운산 장군을 좀 더 깊이 만날 수 있었다.

봉오동 독립전쟁과 청산리 전투 이후 밀산으로 이어지는 최운산 장군
의 행로를 더듬어 보고 싶었으나 일주일은 너무 짧았다. 연길, 도문, 왕청
의 당안관(공공기록물 보관소)에서 찾아보고 싶은 서류도 많았고, 만나야
할 사람도 많았다. 연길에 머무르며 40분 거리인 봉오동에 몇 번 다녀오
는 것으로 만족해야 했다. 아무런 준비도 없이 연변에 간다는 말을 들은
지인들이 연변의 역사학자, 언론인, 문화계 인사들을 소개해주었다. 그분
들을 만나 봉오동 독립전쟁의 역사를 함께 나누었다. 그들은 자신들도 미
처 알지 못했던 '독립전쟁 봉오동대첩'의 진실을 만나 놀라고 기뻐했다.

그들에게 최운산 장군의 경제력에 대해 이야기했다. 둘러보는 데만

사흘이 넘게 걸렸다는 넓은 지역을 소유한 대지주, 다양한 생필품 기업을 운영한 기업가였으며 대규모의 축산업과 곡물상을 운영했고 러시아 군에게 식량을 수출한 무역업자였음을 알렸다. 삼성과 같은 대재벌에 비견될 수 있는 간도 제일의 거부 최운산 장군의 재산은 40년 동안 수천 명의 무장독립군을 운영하는 군자금으로 모두 소진되었다는 이야기를 했다. 짧은 기간이었지만 역사학자들과는 몇 번의 만남이 필요했다. 학자적 의심과 합리적 이해의 과정이 이어졌다. 우리가 준비해 간 사료를 통해 연변의 역사를 다시 돌아보게 된 연변의 학자들은 직계 후손의 생생한 증언을 통해 봉오동 독립전쟁의 가치를 재발견했다.

연변대학교 역사학과의 김태국 교수는 봉오동 독립전쟁은 단지 전투에서의 승리만으로 단순하게 정리할 수 없는 일이라고 했다. 봉오동 독립전쟁 이전의 준비 상황과 봉오동 독립전쟁과 청산리 전투, 이후 밀산

봉오동 독립전쟁 전적지 답사. 우리 5남매와 김태국 교수

과 연해주로의 이동, 그 이후 북만주 지역으로 계속 이어진 독립운동의 양태와 자금력에 대해 좀 더 구체적인 설명이 필요했다고, 그동안 그 부분을 이해할 수 없어 답답했는데 이제야 그 단초를 찾았다고 기뻐했다. 최운산 장군의 자금력에 대한 설명이 구체화되니 비로소 봉오동 독립전쟁과 청산리 전투가 가능했던 이유, 대규모 독립군이 함께 모일 수 있었던 물적 근거에 대한 의문이 해소되었다는 것이다.

김태국 교수는 오랫동안 만주 무장투쟁의 현장을 찾아가는 한국의 답사팀을 안내하면서 구멍이 숭숭 난 그물 위를 걷는 것 같았다고 했다. 구체적이지 못한 답사 안내가 학자로서 내심 힘이 들었다고 토로하면서 후손들이 의미가 있는 단초를 제공해주어 고맙다고 했다. 봉오동 독립전쟁과 만주 지역 독립운동사에서 비어있던 부분이 이제야 채워질 수 있겠다고 기대했다. 만주의 무장독립운동에 대한 새로운 해석이 가능해졌다는 것이다. 앞으로 최 씨 3형제의 행적을 구체적으로 정리하면 그것을 바탕으로 한국의 무장독립운동사뿐만 아니라 한중문화교류사, 북간도 지역 이주한인사회사 모두를 재조명할 수 있을 것이라고 전망했다. 그는 중국 땅에서 중국인의 신뢰를 얻고 그들의 보호를 받으며 독립운동을 하는 것은 하루아침에 이루어낼 수 있는 활동이 아니라고 설명했다. 최운산 장군의 행적은 중국인의 문화 안으로 들어가 그들과 혈맹의 관계를 맺을 줄 아는 사람만이 해낼 수 있는 활동이었다고 평가했다.

중국인들로부터 강한 신뢰를 얻기까지 어떤 삶을 살았을지 상상해보라고, 그건 정말 감동적인 일이라는 것이다. 그러한 혈맹의 관계가 주효한 바탕이 되었기에, 최운산 장군이 비적으로부터 조선 사람들을 보호하고자 자경단을 창설하기 위해 장작림의 군대에서 사직할 때 한 개인이, 그것도 조선인이 대규모 병사를 사병으로 데리고 나올 수 있었을 것이라고 분석했다.

모든 것이 인간관계에서 시작하는 중국문화에서 '최운산 장군의 인품과 지략이 빛을 발한 것이 바로 만주 무장투쟁의 근거였을 것'이라고 했다. 젊은 시절부터 다양한 경제활동을 하며 재산을 모을 수 있었던 것이나 봉오동 독립전쟁 이전이나 이후의 긴 독립운동 기간 중에도 우호적인 관계를 맺었고, 중국군의 보호 아래 일본에 저항하는 활동을 했던 저력은 바로 최운산 장군의 '사람됨'에 있었다는 것이다.

김태국 교수는 연변에 사는 사람만이 이해할 수 있는 측면을 정리해 주었다. 평소 중국인들과 어떻게 관계 맺으며 살아야 하는지에 대한 고민과 철학적 인식이 있었기에 가능한 분석이다. 그 모든 것을 가능하게 한 밑바탕에 사람됨이, 조화로운 인간관계가, 최운산 장군이 온 일생을 통해 실천한 먼저 내어줌이 있었다는 것이다. 그는 늦었지만 이제라도 후손들이 그 일을 제대로 드러내는 일을 해야 한다고, 그 역사적인 일에 본인도 함께 기쁘게 동참하겠다고 했다. 할아버지께서 보내준 사람을 만난 것이다.

2장 최운산 장군의 마을, 봉오동 첫 방문

2015년 가을 처음으로 봉오동을 찾았다. 아버지가 태어나고 자란 봉오동은 할아버지 최운산 장군이 황무지를 개간하여 이상향을 꿈꾼 마을이다. 영원을 상징하는 봉황과 오동나무의 동네 봉오동이라 이름 지은 곳, 물이 맑고 토질이 좋아 많은 조선사람이 두만강을 건너와 자리 잡은 곳이다.

이주민 중에는 최운산의 일가친척이 많았다. 두만강을 건너면 바로 닿을 수 있는 곳, 함경북도 온성에 진산 최 씨들이 집성촌을 이루고 살았기 때문이다. 최운산 일가가 미개척지를 소유하고 신한촌을 건설하기 시작하자 그에 동참하는 가까운 친척들이 많이 건너와 마을을 이루고 살다가 최 씨 형제들과 함께 독립운동에 뛰어들었던 것이다.

봉오동 입구 마을 수남촌에 들어서자 여느 한적한 시골마을과 다름없어 보이는 평화로운 마을 풍경이 한눈에 들어왔다. 오랜 기간 중국이었던 곳이지만 한국의 시골마을과 다르지 않았다. 봉오동의 입구의 십자로는 연길, 도문, 훈춘으로 가는 길목이다. 마을을 지나 뒷산을 넘어가면 양 갈래로 나뉘어져 연해주와 북만주의 여러 지역으로 이어진다. 봉오동 은 중요한 지리적 요충지였다.

1970년대 말 중국 정부는 물이 맑은 봉오동 계곡을 막아 저수지를 만들었다. 모두가 떠나고 오랜 세월이 흘렀다. 봉오동의 역사와 지형을 잘 모르는 학자들과 한국의 미디어는 독립군 기지 봉오동이 모두 저수지 에 잠겨 버렸다고 했다. 대한북로독군부의 본부, 경신 참변을 겪으며 일 본군에 의해 전소되었다는 최운산 장군의 옛 집터도 모두 물속으로 사라 졌다고 했다. 저수지 건설로 마을사람들도 모두 그곳을 떠났고, 그곳에는 아무런 흔적도 없다고, 봉오동 독립전쟁이 벌어졌던 전투의 현장을 찾는 일은 이제 불가능하다고 했다. 봉오동에 찾아가도 이제 아무것도 볼 수 없다는 한탄과 자조는 노인이 된 아버지의 발길을 붙잡았다.

나에게 봉오동은 청년 시절의 아버지가 죽음을 피해 모든 것을 버리 고 떠나야 했던 고향이었다. 아버지가 겪은 이산의 아픔이 오랫동안 간 직되어 있던 곳, 대지주였던 최운산 장군의 가족들이 모두 고통을 겪으 며 떠나야 했던 비극의 상징 같은 곳, 이제 봉오동은 우리의 마음속에만 남아있다고 생각했다.

그래서일까? 중국과 수교가 되었을 때도 무덤덤했다. 아버지가 돌아 가신 후엔 봉오동을 그리는 마음도 옅어졌다. 간절함보다 그저 마음속의 고향으로 묻어두었다. 그런데 독립운동가 최운산 장군의 발자취를 더듬 기 시작하면서 봉오동에 가야겠다는 생각이 점점 커지기 시작했다. 할아 버지의 자취를 찾지 못해도, 아무것도 보지 못해도 괜찮다 생각했다. 고 향을 다시 찾아가겠다는 약속을 지키지 못하고 돌아가신 아버지의 마음 이 되었고, 독립투사 최운산 장군이 내 안에 자리잡기 시작했다. 할아버

토성리 표지석 연변대 역사학과 김태국 교수와 필자, 둘째 오빠. 토성리 표지석을 발견하고 찍었다.

지가 부르시는 것 같았다.

우리 아버지가 태어나신 봉오동, 최운산 장군이 토성을 쌓아 마을 이름이 토성리土城里가 되었다는 그곳에 가면, 들에서 농사일 하는 동네 노인을 보고 말에서 내려 인사하는 최운산 장군을, 맛있는 음식을 들고 나가 동네 아이들의 개떡과 바꾸는 아버지의 어린 시절과 부모님 몰래 일본 유학을 준비하느라 돈을 모으는 아버지의 학창 시절을 마주칠 수 있을 것 같았다. 봉오동에 가서 할아버지 최운산 장군께 못 다한 인사를 드리고, 긴 세월 고향에 대한 그리움을 품고 사셨던 아버지의 외로움에 용서를 청하고 싶었다.

그런데 봉오동에서 서로 얼굴도 모르던 6촌 고종 오빠를 만났다. 고향을 지키며 살던 최진동 장군 외손자, 대부분의 가족들이 대지주의 후손이라는 굴레를 벗어나기 위해 고향을 떠났는데 일흔을 훌쩍 넘긴 6촌 오빠 김금철 부부가 봉오동을 지키며 살고 있었다.

최진동 장군의 큰사위였던 금철의 아버지가 지주가 아니라 고향을 떠나지 않고 견딜 수 있었다. 막내아들 금철은 대지주의 딸로 고통받는 어머니의 곁을 지켰다. 엄혹했던 문화대혁명 시기를 지낼 때는 공산당으로부터 핍박받는 어머니를 보며 오랜 시간 독립투사 최진동 장군을 거부했다. 그는 할아버지를 마음에서 지우고 오로지 당에 충성하며 살았다. 그런데 이제 70대 노인이 되어 다시 독립투사의 후손으로 존중받으면서 할아버지 최진동 장군의 존재를 온몸으로 느끼고 있었다.

핏줄은 시간과 공간을 초월하게 만드는 힘이 있는 것 같았다. 아무런 연락도 준비도 없이 무작정 봉오동에 갔다가 우연히 만난 초면의 6촌 형제들은 마치 오래 기다린 가족처럼 반갑게 서로를 확인하고 손을 맞잡았다. 그리고 우리는 그들이 기억하는 작은할아버지 최운산 장군을 만날 수 있었다. 독립군부대의 본부가 있던 상촌, 경신 참변으로 저택이 소실된 후 다시 집을 지어 살던 중촌, 최운산 장군이 1945년까지 사셨던 봉오동 입구마을 수남촌에 대해 들었다. 6촌 오빠는 수남촌의 최운산 장군 집터로 우리를 데려가 주었다. 6촌 올케언니는 자신이 결혼했을 때의 기억

최운산 장군의 집터에서 육촌 형제들과 함께했다. 왼쪽부터 최치흥의 손녀 최정옥, 필자, 최진동의 외손자 김금철 부부, 둘째오빠 최흥주

을 떠올리며 최운산 장군이 마을 둘레에 쌓으셨던 돌담의 흔적이 남아있는 곳으로 우리를 안내했다.

우리 아버지가 사셨던 집터에 서자 만감이 교차했다. 갑자기 어디에도 없던 고향이 나타난 것 같은 느낌이었다. 1983년의 KBS 이산가족 찾기 방송을 통해 한국에 살던 형님과 재회한 막내삼촌은 한국으로 영구귀국을 결정했다. 중국을 떠나던 1989년 마지막으로 고향을 찾았던 삼촌은 그때까지도 축대와 흙무더기 등 무너진 집터가 일부 남아있었다고 했다. 그러나 이젠 새집이 들어섰고 다른 사람이 살고 있었다. 아무런 표식도 없는 최운산 장군의 집이 6촌 형제들의 기억 속에만 남아있었다.

그날 저녁에 연길에 살고 있는 80대의 고종 6촌 언니를 찾아갔다. 최운산 장군의 집에 대해 더 많은 이야기를 들을 수 있었다. 커다란 홍송으로 지은 견고한 집, 동네에서 유일하게 마당에 펌프가 있던 집, 마을의 제일 큰 집이었던 아버지의 집은 주인을 잃고도 오랜 기간 무너지지 않고 40년 세월을 더 견뎌냈다. 남아있던 가족을 모두 쫓아낸 후, 그 집은 마을의 구락부가 되었다가 유치원이 되었고, 다시 마을회관으로 사용되다가 공동작업장이 되고, 창고가 되었다가 80년대 중반에 허물어졌다고 했다.

아버지의 탈출과 할아버지의 순국 이후 할머니가 평양에 다니러 간 사이 어린 계순과 호석은 마을의 한 폐가로 쫓겨났다. 입은 옷 그대로 맨손인 채로, 마을에서 제일 큰 집에 살던 아이들이 마을에서 가장 허름한 집으로 쫓겨 간 것이다. 그리고 공산당 간부들이 집안에서 옷가지와 식량, 생활용품 등 할머니의 모든 살림살이를 마당에 꺼내놓고 동네 사람들에게 분배해주었다고 한다. 당시 개구쟁이 어린아이였다는 6촌 언니는 70년 전의 그날을 마치 영화 속의 한 장면처럼 생생하게 기억하고 있었다.

이젠 우리의 기억에만 남아있다고 생각했던 고향이었는데 봉오동에 발을 디디자마자 온몸으로 고향을 느끼고 있었다. 마치 기적처럼 할아버지를, 아버지를 다시 만나기 시작했다.

20여 년 전 아버지의 귀향길에 어머니가 살아계셨으면 얼마나 좋았을까! 두 분이 손잡고 봉오동의 마을길을 걸으며 나누셨을 옛이야기가 얼마나 많았을까! 둘째 오빠와 나, 막내여동생이 동행한 3남매 고향방문단은 연변에 머물던 기간 내내 아버지 생각에 마음으로 울고 웃으며 각자 아버지의 마음이 되었고 아버지의 눈으로 고향 마을을 보려고 했다. 그래서인지 연길, 도문, 왕청, 석현의 풍경이 그리 낯설지 않았다. 봉오동 할아버지의 집터에 서서 명절날 고향집을 찾은 손자들의 설렘도 생전 처음 느껴보았다. 동네를 둘러보다 토성리라 적힌 옛 표지석을 발견하기도 하고 아버지가 뛰어다니셨을 마을길을 걸으며 아버지와 대화할 수 있었다. 정말 좋았다. 아버지와 함께한 연변 여행, 아버지의 귀향이었다.

증조할아버지 최우삼의 묘를 찾다

2015년, 첫 고향 방문의 가장 큰 보람은 봉오동에서 증조할아버지의 산소를 발견한 것이다. 봉오동에서 만난 고종 6촌 오빠 부부는 증조할아버지 산소의 위치를 기억하고 있었다. 아버지가 왔다 가신 후 17년 동안 아무도 가보진 않았지만 그 자리를 확인해줄 수 있다고 했다.

처음 아버지가 그 집의 마당에 서서 산을 가리키며 "저기 저 산 중턱에 거뭇거뭇하게 보이는 것이 흑송이야."라고 말할 때도 묘지를 찾을 수 있을지 반신반의했었다고. 그러나 저수지 옆으로 난 산길을 따라 올라가

묘지 발견 당시 흑송 세 그루가 증조
부 최우삼의 묘라는 걸 알려주고 있다.
잡목을 제거하니 묘소가 드러났다.

보니 세 그루의 흑송 아래 증조할아버지 최우삼의 산소가 있었다는 것이
다.

우리는 이틀 후 아침 일찍 봉오동을 다시 찾았다. 6촌 오빠 부부와 우
리 3남매, 그리고 김태국 교수가 함께 산을 올랐다. 길이 없는 산을 오르
는 일이 쉽지 않았다. 산을 오르는 내내 젊은 우리도 힘이 드는 산길인데
걸음걸이도 불편하셨던 아버지가 죽을힘을 다해 이 길을 오르셨구나 하
는 생각에 가슴이 아려왔다. 흑송은 확실한 표식이었다. 우리는 오래 헤
매지 않고 흑송 세 그루를 발견했고 덤불에 가려진 증조할아버지의 산소
를 찾았다. 묘를 덮고 있던 낙엽과 잔가지들을 걷어내고 주변을 정리하

자 커다란 봉분이 제 모습을 드러냈다. 일반적인 묘보다 두 배 정도 큰 규모의 봉분이었다. 6촌 올케언니는 묘가 자라기도 한다더니 17년 전보다 산소가 더 커진 것 같다고 신기해했다.

높지 않은 산 중턱, 마을이 내려다보이는 아늑한 골짜기는 명당이라 부를 수 있을 자리였다. 후손들이 모두 떠나고 80년 가까이 방치되어 있던 묘가 전혀 훼손이 되지 않고 남아있었다. 말할 수 없는 감동과 회한이 밀려왔다. 늘 마음으로만 인사를 드렸던 증조할아버지 최우삼, 대한민국의 독립을 과업으로 삼은 아들들의 삶을 격려하고 손자인 아버지의 인생에 빛이 되어주셨던 분, 그리고 증손자인 우리의 가슴에 영웅으로 남아 등대가 되어주신 증조할아버지께 첫인사를 드렸다.

나는 아버지의 마음이 되어 아버지가 하고 싶으셨을 말씀을 대신 드리고 싶었다. 그러나 목이 메어 아무 말도 할 수가 없었다. 그저 아버지의

증조부 묘소 앞에서 우리 3남매와 6촌 오빠 부부

마음으로 절을 하면서 당신께서 사랑하셨던 손자 봉우는 부끄럽지 않은 삶을 살았고 증손인 우리도 그렇게 길렀다고, 우리가 태어나기 전부터 우리를 가르쳐주신 당신을 온 마음으로 사랑한다고, 이렇게 고향으로 불러주셔서 정말 감사하다고 가슴으로 인사를 드려야 했다.

오랜 세월에도 손상되지 않았던 봉분은 증조할아버지가 흔들림 없는 모습으로 우리를 기다리고 계셨던 마음 같았다. 증조할아버지 최우삼은 고향을 떠나 역사의 격변을 온몸으로 감당하며 살아가는 당신의 후손들에게 '괜찮다, 이제 곧 나아질 거다, 괜찮다.' 하시며 봉오동의 선산, 당신이 누운 그 자리에서 그렇게 기다리고 계셨다.

봉오동 선산
최우삼 묘소에 비석을 세우다

봉오동 첫 방문에서 증조부 최우삼의 산소를 찾은 것은 정말 기적 같은 일이었다. 2015년 봉오동을 지키고 살던 초면의 6촌 오빠 부부는 1997년 봉오동을 찾으셨던 아버지의 약속을 전해주었다. 고향을 떠난 지 53년 만에 처음으로 봉오동을 찾아 그곳에 사는 후손들도 몰랐던 증조부 묘의 위치를 알려주셨던 아버지는 곧 돌아와 증조부 최우삼의 묘소에 비석을 세우겠다고 조카 부부와 약속을 하셨다. 그러나 한국으로 돌아오신 아버지는 건강이 악화되셨고 2년여 투석 치료 끝에 2001년에 돌아가셨다.

손자인 아버지는 조부 최우삼에 대한 존경과 사랑을 평생 잊지 않으셨다. 조선 말기 간도에서 연변 도태로 봉직하면서 청나라에 저항해 조선 주민들의 삶을 돌보던 민족주의자 최우삼의 삶을 기리고자 하셨다.

일생을 독립운동에 바친 최운산 장군의 삶도 훌륭했지만 돌아가시는 날까지 그런 아들들의 뒤에서 든든한 지원군이 되어주셨던 연변 도태 최우삼의 영웅적 삶에 대해서도 증손인 우리들이 잘 이해하기를 바라셨던 것이다.

봉오동에서 증조부의 묘를 확인한 우리 5남매는 연변 도태 최우삼의 묘소에 비석을 세우고자 했던 아버지의 뜻을 이뤄드리기로 마음을 모았다. 증조부가 돌아가신 1925년 당시는 최진동 최운산 두 아들이 북만과 연해주를 넘나들며 독립전쟁을 이어가던 때라 일부러 비석을 세우지 않았다. 대신 증조부의 묘소 뒤에 세 그루의 흑송을 심었다. 아버지는 "그 산은 소나무가 별로 없는 산이라 증조할아버지 최우삼의 묘소에만 일부러 흑송을 심어 표식이 되게 한 것"이라고 설명하셨다. 그 흑송이 백년 가까이 자라 우리 앞에 그 모습을 우뚝 드러냈을 때 일제강점기와 공산화된 중국의 문화혁명기를 거치며 이산의 아픔을 처절하게 겪어야 했던 우리 집안의 역사가 파노라마처럼 스쳐 지나갔다. 그 순간의 감동을 뭐라고 설명할 수 있을까!

비석을 세우기로 결정하기는 쉬웠으나 중국 땅에 증조부 최우삼의 비석을 세우는 일은 생각보다 쉽지 않았다. 연변의 비석공장은 대부분이 중국인이 운영하고 있었고 한국식 비석을 만든 경험도 없었다. 그러나 조선시대와 대한민국의 첫 시기를 살다가신 증조부 최우삼의 묘소에 비의 상단이 동글동글한 구름 문양의 중국식 비석을 세울 수는 없는 일이었다.

여러 방법을 찾아보다 비용이 많이 들더라도 한국에서 원하는 모양의 비석을 만들어 중국으로 운반하는 방법을 선택하기로 했다. 먼저 비문을 만들었다. 원로 언론인 박래부 선생님이 초안을 잡아주셨고 역사학자들과 지인들의 도움으로 연변 도태 최우삼의 비문을 완성했다.

비문을 한국의 석재공장에 보내 비석을 주문하고 운반 방법을 확인하던 중 한글이 새겨진 돌은 중국 통관이 어렵다는 것을 알게 되었다. 방법을 바꿨다. 조선식 갓비석의 설계 도면을 구해 다시 연변을 찾았다. 연길과 도문 주변의 여러 석재공장들을 돌아다니다 며칠 만에 사진과 설계 도면을 보고 갓비석을 만들 수 있다는 곳을 발견했다. 마침 봉오동에서 가까운 도문이라 더 반가웠다. 외형은 만들 수 있게 되었으나 중국인 석공에게 한글로 된 비문을 맡길 수가 없었다. 다른 방법을 찾아야 했다. 한국에 돌아와 갓비석 설계 도면을 만들어준 석재공장에 다시 부탁했다. 그들도 이런 경험은 처음이었다. 그러나 수익을 떠나 의미가 있는 일이라며 적극적으로 도와주었다. 중국으로 고무판에 비문을 새겨 보내기로 했다. 한글을 모르는 중국인 석공을 위해 비석에 고무판을 대고 그림을 그리듯이 글자를 새길 수 있도록 실제 비석과 같은 크기의 고무판에 비문을 파서 중국으로 보냈다.

매번 현지에 갈 수 없어 몇 달간 전화와 이메일, SNS로 작업을 진행한 탓인지 단 한순간도 쉽게 넘어가지지 않았다. 생각보다 시간이 지체되어 확인해보니 큰소리치던 도문의 석공이 조선식 비석 제작이 어려워 목단강 근처의 전문 석재공장에 재의뢰했고, 고무판까지 만들어서 보냈던 한글 비문도 자신이 하기엔 어려운 작업이라는 것이었다. 곧 마무리가 될 것을 기대하고 제막식 일정도 잡아 놓은 상태였다. 유능한 석공이 있는 곳으로 돌을 보내거나 석공을 불러야 했다. 결국 최고 전문가라는 석공을 도문으로 초빙해 작업을 맡겼다. 며칠 간 애를 태우는 기다림 끝에 우리 형제들이 도문으로 가서 그와 함께 마지막 수정 작업을 했다. 시작부터 비석이 완성될 때까지 매순간 긴장의 연속이었다. 정말 힘들게 비석이 완성되었다.

어렵게 비석을 완성하고 나니 더 큰 난관이 기다리고 있었다. 비석을 산으로 옮기는 일은 인부들이 돌을 지고 가거나 비석을 포클레인에 담아 옮기기로 했었는데 비석이 크고 무거워 인부들이 지고 옮기기 힘드니 포클레인으로 운반 작업을 해야 한다는 것이었다. 그러나 포클레인이 올라가기엔 산길이 너무 좁았다. 그들은 막무가내로 버텼다. 정말 난감했지만 비석을 다 만들어 놓고 포기할 수는 없는 일이었다. 계획에 없던 일이지만 결국 산길을 넓히기로 했다. 봉오동 수남촌의 라철룡 촌장이 도와주어 산으로 올라가는 길을 넓히는 작업을 할 수 있었다. 여러 작업을 하며 며칠을 지내는 동안 비가 와서 땅을 말리느라 또 사흘을 더 지체해야 했다. 그렇게 좌충우돌하며 비석을 세우기까지 예상했던 것보다 몇 배의 비용과 시간이 들었다. 비용이 문제가 아니라 아예 비석을 세우지 못할 수도 있다는 생각이 드는 순간이 대부분이었다.

우리 형제들은 매번 어떻게 하는 것이 옳은 선택인지 함께 생각하고 욕심을 버리려 노력했다. 그리고 우리가 할 수 있는 최선을 다했고 기도하고 기다렸다. 간도에서 조선인들의 안위와 자주독립을 위해 헌신하셨던 증조부 최우삼의 묘소에 중국식 비석을 세워드릴 수 없다고 판단한 때부터 단 한순간도 쉽게 넘어가는 일이 없었다. 그렇지만 중간에 포기할 수는 없는 일이었다. 힘든 일이 생길 때마다 대한민국의 독립을 위해 목숨과 재산을 바치며 한길을 걸으셨던 최운산 장군의 삶을 생각했고 증조부 최우삼의 애국적 삶을 역사의 유산으로 남기고자 했던 아버지의 마음이 되고자 했다. 준비부터 제막식까지 꼬박 1년여를 끝까지 포기하지 않는 우리 형제들의 마음을 보시고 많은 분들이 도와주셨다. 매순간 생각하지도 못했던 새로운 해결책이 나타났다. 정말 할아버지 최운산 장군께서 우리를 도와주시는 것 같았다.

우여곡절 끝에 2016년 10월 9일에 봉오동 증조부 최우삼 묘소에서
제막식을 가졌다. 제막식에는 큰아들인 최진동 장군의 외손자 부부와 둘
째 아들 최운산 장군의 손자인 우리 5남매, 그리고 연길에 살고 있던 셋
째 최치흥의 손자들까지, 봉오동과 한국, 연길에 살고 있는 6촌 형제들이
함께했다. 그리고 한국에서 〈최운산 장군기념사업회〉 윤경로 이사장님과
임원들, 만주 무장독립운동 전공 연구자인 신주백 교수를 비롯한 역사학
자들이 동행했다. 연변역사학회 회장인 김춘선 교수와 김태국, 허영길 등
역사학자들, 연변작가협회 최국철 주석과 문화계 인사들, 그리고 봉오동
수남촌의 라철룡 촌장과 마을의 간부들이 함께했다.

연변식 제사상을 준비했다. 수남촌 부녀회에 상차림을 부탁했는데
증조부께서 좋아하셨을 순대와 삶은 돼지고기를 올리고 한국에서 가져
간 술과 북어포를 올렸다. 증편, 찰떡, 월병, 과자, 그리고 다양한 과일과
음료수가 상석을 가득 채웠다. 낯설었지만 알록달록 재미있는 제사상 차
림이었다. 상을 차리고 조촐한 기념식을 했다. 먼저 참석자를 소개하고
간단한 경과보고를 했다. 만감이 교차했다. 지난 1년의 만만치 않았던 준
비 과정과 연변에 와서 겪었던 여러 일들을 모두 보듬어 마음에 담았다.
묘지의 주인공인 최우삼을 소개하고 비문을 낭독했다.

"국운이 쇠잔해 가던 조선 말기 이 땅에서, 선조들의 삶터와 국권을
회복하려는 높은 뜻을 품고 한 생애를 가열차게 살았으며, 그의 가
문 또한 조국을 위해 간난신고를 무릅쓰고 헌신케 한 겨레의 선각
자 崔友三 公 여기 잠들다. 公은 道台를 지냈고 貫籍은 珍山, 崔秀
平公의 15대손으로 1860년 6월 22일 함경북도 온성에서 諱鎭榮

비석의 앞면 道台 珍山崔公友三之墓 婦人 全州 李氏(도태 진산최공우삼지묘 부인 전주 이 씨)와 증조부 최우삼의 행적을 기록한 뒷면

의 二男으로 태어났고 字는 仁權이다. 1880년경 두만강을 건너 연길에 자리를 잡고 道台로 봉직하면서 조선 사람들의 안위를 살폈다. 公은 조청간의 분쟁이 생기자 조선인의 자주와 권리를 보호하기 위해 군사를 일으켰으나 분하게도 패퇴하여 옥고를 치렀다. 公은 1910년 일제가 조선을 강점하자 일가 4대를 이끌고 봉오동으로 이주하여 독립군기지를 만들고 사관학교를 세워 애국청년을 양성하는 등 독립전쟁 준비에 힘을 쏟았다. 아들들이 연해주에서 독립군부대를 이끌 때에는 군자금을 조달했다. 公은 아들 振東, 雲山, 致興 등이 일본군에 맞서 무장독립운동에 헌신하던 1925년 3월 23일 대한민국의 독립을 여망하며 숨을 거뒀다. 장례는 독립군이 도

비석의 가림천을 벗기는 최우삼의 후손들과 윤경로 〈최운산 장군기념사업회〉 초대 이사장

열하고 예포를 발사하는 가운데 독립군장으로 엄숙하게 치러졌고
여기 봉오동에 묻혔다."

가림천을 벗긴 후 참석자들이 차례로 술잔을 올리고 절을 했다. 우리
5남매는 지난 1년여의 마음고생을 모두 하늘로 띄워 보내며 깊은 감사와
감동을 담아 증조부 최우삼의 묘소에 첫 절을 올렸다. 한국과 중국에 흩
어져 사는 증손자들이 함께 절을 올린 후 한국의 역사학자들이 절을 했
다. 그리고 연변의 역사학자들과 문화계 인사들이, 마지막으로 수남촌의
주민을 대표하는 분들이 차례로 술을 올리고 절을 했다. 간단한 기념식
이지만 참석자들 모두 100년 전의 봉오동을 기억하며 이 자리에 함께 할
수 있음을 기뻐했다.

제막식을 마치면서 최운산 장군의 맏손자인 큰오빠가 후손들을 대표해서 참석자들에게 감사말씀을 전했다.

"오늘 저희 증조부 최우삼의 비석 제막식에 함께해주시기 위해 연변 각지에서, 그리고 한국에서 이곳 봉오동까지 찾아와주신 여러분께 저희 형제들과 6촌 형제들을 대표하여 진심으로 감사드립니다. 저희 형제들은 작년 7월 4일 선친의 기일에 모여 저희 집안의 역사가 곧 우리나라 독립운동사의 중요한 흐름이니 이것이 더 이상 방치되지 않도록 해야 한다는 생각을 했습니다. 작년 9월 처음 방문한 봉오동에서 20년 전에 저희 선친께서 찾아놓으신 증조부 최우삼의 묘소를 다시 찾을 수 있었던 것은 하늘에 계신 증조부님, 할아버님, 선친 세 분 모두의 도우심이 있었던 것 같습니다.

경과보고 때 말씀드린 것처럼 중국에서 한국식 비석을 세우는 일이 쉽지 않았습니다. 지난 1년여의 준비과정 동안 가장 고마운 분이 여기 계신 수남촌의 라철룡 촌장님과 연변대학교 김태국 교수님이십니다. 이 두 분이 함께해주셔서 한국에 있는 저희가 이곳에 증조부의 비석을 세울 수 있었습니다. 특히 라촌장님은 이곳에 비석을 다시 세우고 싶다는 저희의 소망을 실현시켜주시기 위해 정말 많은 일을 해주셨습니다. 고향을 떠나 살고 있는 저희 형제들을 대신해 봉오동을 지키고 발전시키고 계신 라 촌장님과 김금철 형님 부부를 비롯한 마을 주민들께 이 자리를 빌어 다시 한번 감사를 드립니다.

오늘의 이 자리는 돌아가신 선친의 뜻을 이루어드리고 싶은 저희의 작은 소망에서 시작되었지만 이 일이 봉오동의 역사와 우리나라 무장독립운동사를 다시 살펴보는 중요한 계기가 될 수 있다는 것도 정말 기쁘고 감사한 일입니다. 이 자리에 함께해주신 모든 분들께 진심으로 머리 숙여 감사를 드립니다. 감사합니다."

우리 형제들에게 증조부 묘소에 비석을 세운 일은 효도가 아니라 후손인 우리가 스스로에게 주는 가장 큰 위로요 선물이었다. 시간이 지난 지금도 쉬이 사라지지 않는 자부심과 감동이 있다. 힘을 합쳐 그 일을 함께 할 수 있는 형제들이 있다는 것이 얼마나 기쁘고 감사한 일인지! 우리는 지금도 서로에게 고마움을 느낀다.

봉오동과 연길, 그리고 한국에 살고 있는 증손자들

3장

봉오동 독립군을 따라 그날을 걷다

증조부 최우삼의 묘비 제막식을 마친 역사학자들과 우리 형제들은 수남촌 라철룡 촌장의 안내로 봉오동 독립전쟁 현장 답사를 시작했다. 먼저 차를 타고 이동하면서 봉오동을 둘러싼 산자락을 따라 봉오동 속으로 들어갔다.

1970년대 말에 완공했다는 봉오저수지 입구에서 오른쪽 길을 따라 돌면 남봉오동 마을이 나온다. 마을을 지나 길을 따라 산을 넘어가면 대한북로독군부의 후방 지원부대인 제3연대(연대장 오하묵)가 주둔했던 장골이 있다. 지금 장골에는 도문시에서 관리하는 식용개구리 양식장이 자리하고 있었다. 계속해서 그 길을 따라가니 오래지 않아 북로군정서 주둔지였던 서대파가 나타났다. 봉오동에서 멀리 떨어진 지역으로 알려진 서대파가 봉오동 계곡을 따라 산을 넘어가니 그리 멀지 않은 곳에 있었다. 그리고 서대파에서 길을 따라 조금 더 올라가면 사관연성소 주둔지인 십리평이 있다. 십리평은 넓은 들판이 십리에 이르렀다는 뜻의 이름에서도 알 수 있듯이 대규모 사병들이 훈련하며 머물기에 적합한 곳이었다는 것이 한눈에 느껴지는 지역이었다. 산이 병풍처럼 둘러싸인 봉오동에서 계곡을 따라 북로군정서와 사관연성소를 비롯한 여러 독립군부대들이 적당한 거리에 주둔하고 있었다는 것은 확인할 수 있었다.

《무장독립운동사》의 저자 이강훈의 말처럼 갈 지之자 형의 길을 따라 들어간 봉오동 본부를 중심으로 장골로, 서대파로, 십리평으로 이어진 길은 양수천자에서 다시 안산과 도문으로 연결이 되었다. 모두 최운산 장군의 소유지였다.

차를 타고 이동했지만 당시 몇 백 명씩 배치되어 있던 독립군부대로 보내는 군량미 수레가 어떻게 움직였을지 이동 경로가 가늠되었다. 서대파와 십리평을 답사한 후에 양수천자로 방향을 틀었다. 아버지가 서훈신청서에 최운산 장군 소유지 중 하나로 밝히셨던 지역이 봉오동에서 멀지 않았다. 한자로 涼水泉子(양수천자)라고 쓴 것을 '냉수천자'라 읽으며 물이 차고 맑은 곳이 아닐까 생각하기도 했던, 특이한 지명이 궁금했던 곳

최운산 장군의 소유지였던 서대파

양수천자 마을 정부회관 앞에 선 4남매

이다.

평범해 보이는 양수천자 마을의 정부회관 앞에서 기념사진을 찍고 도문 길목에 있는 안산으로 이동했다. 안산 전투는 봉오동 독립전쟁의 전초전이었다. 안산으로 올라가니 도문시가 눈 아래에 있었다. 지대가 높아 전쟁에서 유리했던 곳이다. 100년 전 그날, 일본군이 두만강 도강을 시작하자 안산을 지키던 독립군 초병은 대한북로독군부 본부로 비둘기 다리에 첩보를 실어 날려 보낸 뒤 본격적인 전투 준비를 하며 몸을 숨겼을 것이다.

이곳저곳 독립군 주둔지를 돌아보았다. 100년 가까운 세월이 지난 탓에 대규모 독립군들이 주둔했던 흔적이 바로 눈에 들어오지는 않았다. 그러나 마을 사람들의 기억 속에 옛 지명으로만 남아있는 장골에, 그리고 서대파와 십리평에 서보니 역사의 현장이 우리들에게 말을 걸어오기

사관연성소가 있었던 십리평

시작했다. 훈련을 하고 이리저리 이동하면서 첩보를 기다리는 그때의 긴박했던 하루하루가 그 자리에 함께한 우리 마음 안으로 들어오기 시작했다. 최운산 장군의 집에서 길렀다는 연락병으로 조련된 300마리 비둘기가 다리에 쪽지를 매달고 이곳저곳으로 날아다니며 본부의 명령을 전달했을 것이다.

　봉오동 독립전쟁 당시 두만강을 건너온 일본군은 삼둔자 전투 후 삼둔자에서 숙영하다 봉오동으로 가기 전 안산 전투를 치르고 봉오동으로 이동했다. 그런데 안산에서 봉오동의 입구가 멀지 않다. 수남촌을 지나 10km가량 길을 따라 들어가면 편하게 본부에 도착할 수 있지만 일부러 봉오동을 둘러싼 고려령을 밤새 넘었다. 길도 없는 산을 타고 넘어 봉오동 기지를 습격했으니 나름대로 독립군을 속이려는 작전이었다. 그러나 우리 독립군들이 이미 일본군의 진로를 다 파악하고 기다리고 있었다.

　당시 일본군의 움직임과 독립군의 대응을 상상하며 이곳저곳을 둘러보았다. 차를 타고 이동했는데도 가을이라 오후 4시면 해가 기울어지는 동북의 특성상 벌써 날이 어둑어둑해졌다. 마을로 발길을 돌릴 수밖에 없었다. 마을로 돌아온 우리 일행은 내일의 봉오동 독립전쟁 현장 방문을 기대하며 저녁을 먹고 한 집에 두세 명씩 수남촌에서 민박을 했다.

독립군이 몸을 숨긴 매복 참호에 서다

다음날 아침 일찍 우리 5남매와 역사학자들은 라철룡 촌장의 안내로 봉오동 독립전쟁의 현장 속으로 들어갔다. 그동안 봉오동 독립전쟁을 조명했던 대부분의 다큐는 일본군이 습격해오자 홍범도 장군이 급하게 마을 주민들을 대피시키는 장면을 재현했고, 봉오저수지 댐 위에 올라 봉오동 독립전쟁의 현장은 모두 물속에 잠겨있음을

미침내 봉오동 산길의 대문이 열리던 순간

대한북로독군부 본부가 있던 봉오동 상촌

강조했다. 그러나 실제 봉오동 독립전쟁의 현장은 그 댐에서 10km 정도 산길을 따라 들어가야 만날 수 있다. 오랜 세월 한국에서는 아무도 그 사실을 몰랐다. 독립운동사를 전공한 역사학자조차 2016년에야 〈최운산 장군기념사업회〉와 함께 봉오동 독립전쟁 현장을 처음으로 답사할 수 있었다. 물 맑은 봉오동 계곡을 막아 댐을 세운 이후 봉오동 일대는 수자원 보호구역이 되었다. 봉오저수지의 관리 책임이 있는 도문시는 봉오동산길에 커다란 대문을 만들어 닫아놓고 일반인의 출입을 막았다.

어렵게 허락을 받은 라철룡 촌장이 가져온 열쇠로 대문을 감고 있는 사슬을 풀어내는데 마치 비밀의 정원으로 들어가는 영화의 한 장면을 보는 것 같았다. 신비감을 느끼며 문을 열고 조심스레 산길을 따라 들어가니 봉오동 독립전쟁 전부터 있던 오래된 마을길이 그대로 보존되어 있었다. 길을 따라 차를 타고 들어가자 길 오른편 아래로 저수지가 길게 이어졌다. 지나는 길에 비옥한 넓은 논밭이 있었을 것으로 짐작할 수 있는 곳들이 여러 군데 있었다.

여기저기 눈길을 주며 산길을 따라 더 들어가자 높고 낮은 여러 개의 산으로 둘러싸인 넓은 분지 같은 지역이 나타났다.

종합운동장 서너 개 넓이의 독립군이 훈련했던 연병장이라 여겨지는 넓은 평지였다. 단풍이 아름다운 산으로 둘러싸여 아늑하고 평화로운 곳, 깊은 가을의 향취가 백 년 전 치열했던 전투의 현장이라기보다 고향 마을을 더 느끼게 해주는 곳이었다. 이곳저곳을 다니다 아궁이의 흔적과 굴뚝의 잔해 등 생활 공간을 발견했다. 그리고 그곳과 멀지 않은 곳에서 커다란 연자맷돌을 발견했다. 지름이 1.5m가 넘었다. 말이나 소가 끌었을 대형 맷돌이었다. 대군단의 살림을 책임졌던 할머니는 이 큰 맷돌로 콩을 갈아 두부를 만들고 된장, 고추장을 담아 독립군들의 식사를 준비하셨을 것이다.

라철룡 촌장은 예전에 여기 이런 맷돌이 여러 개 있었는데 주민들이 다 주워가고 하나만 남겨놓았다고 했다. 할머니 김성녀 여사의 손길이 닿았던 맷돌을 만난 것만으로도 가슴이 뜨거워졌다. 대규모 살림을 했다는 증거로 남아있는 커다란 맷돌을 보니 할머니가 들려주셨던 또 다른 맷돌에 관한 일화가 떠올랐다. 1915년에 최운산 장군이 독립군들과 함께 만든 토성, 말이 대형 연자맷돌을 끌어서 흙과 짚을 다지며 쌓았다는, 어쩌면 어딘가에 그 흔적이라도 남아있을지 모르는 그 토성을 찾아볼 수 없다는 것이 너무 아쉬웠다.

그리고 거기서 멀지 않은 곳에 커다란 우물터가 있었다. 100년의 세월이 지났는데도 메워지지 않고 사람 키 높이 정도의 깊이와 형태를 그대로 유지하고 있는 튼튼한 우물이었다. 예전엔 그 우물 위에 도르래에

독립군의 식사준비에
사용했던 대형 맷돌

100년 전 독립군들이
사용했던 대형 우물

두레박이 달려있었을 것이다. 독립군이 많은 마을이었으니 아마 힘센 남
자들이 그 우물에서 물을 퍼 올려 부엌으로 날라다 물독을 가득가득 채
워주었을 것이다. 아궁이와 굴뚝, 우물과 맷돌을 보는 것만으로도 무한한
상상의 나래를 펴며 100년 전의 시간 속으로 들어갈 수 있었다. 시간이
주어진다면 좀 더 천천히 전투 현장 봉오동이 아니라 독립군의 생활공간
봉오동 마을을 구체적으로 살펴보고 싶다는 생각이 들었다.

　발길을 돌려 일본군의 진군 행로를 더듬다가 길이 없는 가파른 산으
로 올라가자 봉오동 독립전쟁 당시 독립군이 파놓았던 참호가 나타났다.

산의 능선을 따라 길고 짧은, 크기가 각각인 교통호 형태의 여러 개의 참호가 여기저기서 모습을 드러냈다. 봉오동 독립전쟁 후 백 년이 되도록 방치되어 있던 참호는 그 세월만큼 쌓인 낙엽이 안에 가득 차 있었다. 낙엽이 삭아서 검은 흙처럼 변한 참호에 조심스레 발을 넣어보니 발아래가 푹신푹신했다. 그 자리에 서자 1920년 6월 7일, 역사의 그날이 우리에게 말을 걸어오기 시작했다.

역사의 그날과 마주하다

　　참호에 몸을 숨긴 대한북로독군부 독립군들은 총사령관인 최진동 장군의 사격 개시 명령을 기다리며 기관총과 소총을 겨눈 채 숨을 죽이고 산길을 따라 들어가는 일본군을 주시하고 있었을 것이다. 역사학자들도 그곳에 처음 올라가 본다고 했다. 오랫동안 수많은 답사단을 안내했던 연변대 김태국 교수도, 만주 무장독립전쟁을 전공한 신주백 교수도 참호를 처음 보았다고 했다. 우리 일행은 잠시 말을 잊었다. 100년 전 그분들의 숨소리가 들리는 것 같았다. 발끝을 따라 전해오는 긴장감에 가슴이 먹먹해졌다. 깊은 감동과 감사가 우리의 가슴을

우리는 어느새 참호 안에 들어가 당시 독립군이 된 것처럼 흥분했다.

가득 채웠다.

　참호에 몸을 숨기고 그 자리를 지키며 싸웠던 우리 독립군들은, 봉오동 독립전쟁의 승리로 고무되었던 수많은 애국청년들은, 그날의 승리 이후 연해주 자유시에서, 북만주의 또 다른 전쟁터에서 조국의 독립을 염원하며 이름조차 남기지 못하고 산화했다. 울렁거리는 가슴을 진정시키며 감사의 묵념을 올리고 떨어지지 않는 발걸음을 떼었다. 참호 주변에는 탄피가 많이 떨어져 있었다고 한다. 봉오동 독립전쟁 당시 우리 독립군이 사용했던 무기에서 나온 것들이다. 기관총이 배치되었던 곳에는 탄피가 수북이 쌓여있기도 했다.

　예전 수남촌 마을 아이들은 학교에 갔다 오면 탄피를 주우러 참호 주변을 돌아다니곤 했다. 아이들이 배낭 가득 탄피를 주워 마을로 가져가면 어른들이 학용품이나 과자로 바꿔주곤 했다는 것이다. 마을 사람들은

라철룡 촌장이 현장에서 발견한 물건들 라철룡 촌장은 총검, 칼, 수통, 철모, 수류탄 등 당시 전투의 흔적을 짐작케 하는 물건들을 발견해 보관하고 있었다.

탄피를 모아서 고철로 팔았다. 라철룡 촌장은 자신도 그 아이들 중의 한 명이었다고, 부지런했던 봉오동 마을 아이들 덕분에 지금은 탄피를 전혀 발견할 수 없다고 안타까워했다. 그러나 다행히 라 촌장은 수류탄과 철모, 탄피 그리고 일본군 장교의 지휘도 등 오래 전에 발견한 봉오동 독립전쟁의 흔적 몇 가지를 개인적으로 보관하고 있었다.

산을 내려오다 커다란 무덤을 발견했다. 임시로 만든 것이 분명한 주인 없는 무덤이었다. 아무도 들어갈 수 없는 산속에 남아있는 이 커다란 무덤에 누가 묻혔을까? 나는 문득 봉오동 독립전쟁에서 전사한 우리 독립군들의 주검을 함께 모신 것이 아니었을까 하는 생각이 들었다. 당시 사망한 독립군의 숫자가 적었다고 알려져 있지만 할머니의 증언에 의하면 봉오동 독립전쟁에서 아군의 사상자는 수십 명이라고 했다. 조국의 독립을 위해 가족을 버리고 두만강을 건너온 젊은 영혼들을 여기에 묻고 떠난 것이 아닐까 하는 마음에 우리는 함께 기도하고 발걸음을 옮겼다. 언젠가 봉오동 독립전쟁의 역사가 제대로 정리될 때 이름 없는 그들도 함께 기억하며 제대로 된 진혼곡을 써야 할 것이다.

현장에서 발견한 봉오동 독립전쟁의 진실

100년의 세월을 거슬러 살펴본 봉오동 마을은 산으로 둘러싸인 넓은 분지였다. 햇볕이 잘 드는 넓은 땅을 여러 개의 산이 포근하게 감싸는 곳, 계곡을 따라 맑은 물이 흐르고 넓고 비옥한 땅이 곳곳에 산재해 있는, 살기 좋은 마을이 있던 곳이다. 본부가 주둔했던 지역을 둘러보며 봉오동 독립전쟁의 규모를 다시 정리해볼 수 있었다.

일반적으로 독립군들이 봉오동 계곡으로 일본군을 몰아넣었고 비좁은 계곡에서 집중적으로 전투가 있었다고 설명하고 있었지만 눈으로 확인한 봉오동 독립전쟁의 현장은 그렇지 않았다. 넓은 지역으로 흩어져 각 산에서 전투를 벌였고, 최고봉인 봉초봉에 지휘부가 있었다. 사료로만 이해했던 그날의 전투상황이 다시 그림처럼 머릿속에 그려지기 시작했다.

저수지를 만들면서 마을 주민들을 모두 이주시켰고 댐이 완공된 후에는 수자원 보호구역이라 사람들의 출입을 막았다. 100년의 세월이 흘렀지만 봉오동 독립전쟁의 현장은 출입이 봉쇄된 덕분에 훼손되지 않고 그대로 보존되어 있었다. 댐을 만들면서 산 아래 계곡에 가까웠던 마을 하나는 물에 잠겼지만 산 위의 전투 현장과 총본부가 있었던 상촌 마을의 터는 세월의 흔적을 품은 채 그대로 남아있었다. 할머니 김성녀 여사의 옛날이야기 속에 수없이 등장하던 대한군무도독부와 대한북로독군부의 본부, 그 봉오동 마을이, 당신이 그곳에 계셨던 흔적과 우리 집안의 역사가 100년이 넘는 세월을 품고 그곳에 그대로 남아있었다.

4장   봉오동 수남촌 라철룡 촌장

사람들은 왜 산증인인 아버지가 살아계실 때 왜곡된 만주 무장독립운동사를 재정립하지 않았느냐고 묻곤 한다. 우리 형제들에게 가장 아픈 질문이다. 1961년 아버지가 첫 서훈신청을 한 후 16년간의 애타는 시간이 흐른 뒤 1977년에야 최운산 장군이 독립유공자로 서훈되셨다. 할아버지의 서훈을 가장 기뻐하셨을 할머니가 1975년 노환으로 돌아가셨고, 5개월 후 어머니마저 암으로 우리 곁을 떠나셨다. 한 해에 어머니와 아내를 차례로 떠나보내고 경제적으로도 가장 어려웠던 시기였다. 초등학생부터 대학생까지 5남매와 아버지는 먹고사는 일이, 하루하루의 생활이 무엇보다 중요했다.

어려웠던 가정 형편 탓에 각자 홀로서기를 해야 했던 우리 형제들은 아무도 역사적 진실을 밝히는 일에 천착하는 사치를 누리지 못했다. 최운산 장군이 독립유공자로 서훈되기까지 아버지의 마음고생이 어땠는지 잘 아는 우리는 이제 한 고비는 넘었으니 아버지가 홀로 지셨던 역사의 무게를 내려놓으시고 조금은 편안해지시기를 바랐다. 대한민국의 근현대사를 관통하는 자랑스러운 가족사를 가슴에 품고 점점 왜곡되어 가는 봉오동 독립전쟁의 역사를 가슴 아프게 바라보았다.

무심한 세월이 흐르는 사이 봉오동과 청산리 독립전쟁의 주역인 최운산 장군의 역사를 정리할 힘이 없는 후손들이 선택한 최선의 방어는 왜곡된 역사를 잠시 외면하는 것이었다. 아버지가 최선을 다하셨으니 이렇게 외면해도 죄가 되는 일은 아니라며 스스로를 위로했다. 그리고 학자들의 연구의 폭이 넓어지고 깊어지면 언젠가 봉오동의 역사가 세상에 제 모습을 드러내리라 믿었다. 참으로 순진하고 어리석은 믿음이었다.

봉오동은 물에 잠기지 않았다

1970년대 말 대형 댐이 생기면서 봉오동의 주민들은 뿔뿔이 흩어졌다. 그 후로 봉오동 독립전쟁 현장을 찾는 역사학자와 한국의 언론은 현장이 모두 물에 잠겨버렸다는 안타까움만 토로했다. 현장의 상황을 모르는 우리 형제들에게도 봉오동은 물에 잠긴 고향이었다.

그런데 우리가 봉오동을 방문하기 전 연길에서 만난 연변대 김태국 교수가 봉오동 입구에 조선족 마을이 아직 그대로 남아있다고, 수남촌의 라철룡 촌장을 만나보라고 했다. 우리에게 봉오동은 언제나 진한 아픔으로 기억되는 곳이었다. 오랜 시간 외면하고 싶어도 외면할 수 없었던, 우리 집안의 역사가 살아있는 곳이다. 봉오동의 자랑스러운 역사 속으로 들어가려면 그곳에서 다시 시작하지 않으면 안 되기 때문에 찾아가야 하는 곳이었다. 그러나 너무 오랜 시간이 흘렀다. 우리는 그곳에서 봉오동의 역사를 아는 누군가를 만날 수 있으리라 기대하지 않았다.

중국이 공산화되면서 지주였던 최운산 장군의 집안은 청산을 피할
수 없었다. 문화혁명을 겪으며 핍박이 더 심해고 고모들과 삼촌은 봉오
동을 떠나 다른 도시를 전전했고 살아남기 위해 최운산 장군과 관련된
모든 것을 불태웠다. 오래 전 한국으로 이주한 고모와 삼촌도 봉오동에
는 아무것도 남아있지 않다고 했다. 그렇게 우리 가족 모두가 외면하며
보낸 세월이 너무 길었다. 그러나 아무것도 남아있지 않으리라 생각하면
서도 우리 3남매는 봉오동으로 향하는 내내 마음이 설렜다.

혹시 우리 집안의 역사를 기억하는 사람이 한 명이라도 그 마을에 남
아있기를 바라면서 봉오동 수남촌에 도착했다. 우리는 마을 입구에서 오
래 헤매지 않고 라철룡 촌장을 만났다. 수남촌은 중국인이 살지 않는 조
선족 전통마을로 지정받은 곳이었다. 그는 봉오동에서 나고 자란 사람이
었다. 놀랍게도 그는 마을을 발전시키려면 봉오동 독립전쟁의 역사를 알
리는 일이 중요하다는 생각을 하는 사람이었다. 젊은 시절엔 돈벌이를
위해 북한과 소련을 넘나들며 밀무역을 하는 등 거친 삶을 살기도 했지
만 항일 무장독립운동의 전진기지 봉오동이 그를 다시 불러들였다. 라
촌장은 고향으로 돌아와 정착하고 결혼도 했다. 사실 그도 처음엔 최진
동 장군 형제를 잘 몰랐다. 그러나 봉오동의 역사를 공부하면서 봉오동
을 신한촌이라는 군사기지로 건설한 최 씨 가문에 대해 구체적으로 알아
가기 시작했다. 연변대학교의 역사학자들도 그에게 역사자료를 제공해
주었다. 우리를 처음 만났을 때 그는 최진동의 동생 이름이 최운산이란
것도 잘 몰랐다.

사실 마을 사람들은 예전부터 최진동과 최운산을 구별하지 못했다.
참모장으로 직접 전투를 지휘하고 부대 운영을 책임진 최운산은 형님보

다 훨씬 키가 크고 얼굴 생김새도 달랐다. 그러나 독립전쟁으로 마을을 자주 비웠던 탓인지 두 형제를 구분하지 못하는 사람들이 많았다. 그들에게 이미 신화적인 존재였던 최 씨 형제들은 모두 한 사람 최진동 장군으로 통칭되었다. 그들이 어린 시절 봉오동 마을에서 보았던 최진동은 바로 최운산이었다. 1920년 봉오동을 떠나 연해주와 북만주를 돌아다니다 1928년 말에야 봉오동으로 돌아온 최진동 장군은 재혼 후 1931년 봉오동을 떠나 도문에서 살다가 1941년에 돌아가셨다. 1945년까지 봉오동에서 살았던 사람은 최운산 장군이었다.

사령관인 최진동의 이름을 많이 듣고 자란 봉오동의 아이들은 최진동 장군이 1931년 도문으로 이사한 뒤 계속 봉오동에서 살고 있던 최운산을 최진동으로 착각했다. 1930년대 이후 출생한 아이들이 최진동 장군의 얼굴을 보았을 가능성이 거의 없다. 라철룡 촌장도 마을 어른들이 누구는 키가 큰 최진동을 이야기하고 또 누구는 키가 작은 최진동을 이야기했다고, 한 인물의 외모를 서로 다르게 기억하고 있어 이상하다고 생각했다고 한다. 그들이 증언하는 기골이 장대하고 척 보면 무관의 풍모를 느낄 수 있는, 인품이 훌륭했다는 잘생긴 인물은 바로 최운산이다. 최진동 장군은 최운산 장군보다 키가 많이 작았다. 1989년 한국으로 영구 귀국을 결정한 최운산의 막내아들인 호석이 누나 계순과 함께 마지막으로 고향집을 둘러보러 갔을 때도 그들을 알아본 동네 사람들이 최진동 장군 자식들이 고향을 방문했다고 수근거렸다고 한다.

우리를 처음 만난 라철룡 촌장은 이 마을의 창시자인 최 씨 집안에 대해 열정적으로 설명하기 시작했다. "지주집안이라 청산을 당해 모두 쫓겨나다시피 봉오동을 떠났지만, 그들은 조선 동포들이 간도에 정착해서 살게 해준 고마운 분들이었다. 지주라고 다 같은 지주가 아니다. 최 씨 집

라철룡 촌장(가운데), 윤경로 〈최운산 장군기념사업회〉 초대 이사장(왼쪽), 신주백 교수(오른쪽)

안은 달랐다. 자신의 재산을 모두 독립운동에 쓴 이런 훌륭한 지주들에 대해서는 지금이라도 재평가해야 한다."고 그는 말했다. 봉오동 주민인 그로부터 그런 이야기를 들을 수 있어 정말 반갑고 고마웠다. 그는 무장 독립군 기지 봉오동의 역사에 큰 자부심을 갖고 있었다. 사실 당시 봉오동의 주민들은 대부분 봉오동 독립전쟁에 참전했던 독립군들이었다.

   그는 마을 어른들로부터 들었던 최운산 장군과 관련된 일화도 들려주었다. '마을 노인들이 밭에서 일을 하고 있으면 지나가던 최진동 장군이 말에서 내려 노인들에게 인사하고 안부를 묻고 나서 다시 말에 올라 길을 갔다'는 것과 최진동 장군이 '키가 크고 잘 생겼다'는 것이다. 그 말을 듣는 순간 우리 3남매는 서로 얼굴을 쳐다보며 미소를 지었다. 당시 최진동 장군은 이미 도문으로 이주했던 시기이니 많은 사람들이 최진동 장군으로 알고 기억한 그분은, 많은 동네 노인들이 어려서 보았다고 증언하는 바로 그분은 당시 수남촌에 살았던 최운산 장군이라는 것을 알 수 있었기 때문이다.

그리고 그는 아주 중요한 이야기를 했다. "한국에서는 봉오동 독립전쟁의 현장이 모두 수몰되었다고 이야기하는데 잘 이해가 되지 않아요. 어떻게 여러 산의 봉우리가 모두 물에 잠기겠습니까?" 하고 우리에게 되물었다. 아마 전투 현장을 모르는 사람들이 봉오동에 댐이 생겼다고 하니까 그렇게 잘못 전해주었을 것이라고 짐작하면서 "댐을 건설하면서 계곡 아래에 있던 마을의 일부가 수몰되긴 했으나 봉오동 독립전쟁의 현장은 산 위에 그대로 보존되어 있다."고 알려주었다. 대한북로독군부 본부가 있던 상촌은 댐에서 10km 정도 더 안으로 들어간 곳에 있다고, 그곳을 둘러싼 여러 개의 산이 바로 봉오동 독립전쟁의 현장이라는 것이다.

그는 상촌에 마을의 흔적이 아직 남아있고 산 위에는 독립군이 팠던 참호가 그대로 남아있다고 했다. 자신도 어릴 때 그 참호 근처에서 탄피를 주워 학용품이랑 과자와 바꿔 먹었다고, 마을 아이들이 너무 열심히 탄피를 주워서 지금 남아있는 것이 거의 없어 너무 아쉽다고 했다. 그 말을 듣자마자 우리는 그곳으로 우리를 데려다 달라고 부탁했다. 그는 수자원 보호구역이라 일반인이 마음대로 출입할 수 없는 곳이지만 자신이 보증을 해서 직접 안내해 주겠다고 했다.

그는 자신이 몰래 보관하고 있는 수류탄과 탄피 등 현장에서 발견한 몇 가지를 보여주었다. 그리고 그는 우리에게 최진동 장군의 외손자인 고종 6촌 오빠가 아직 봉오동에 살고 있다는 사실도 알려주었다. 덕분에 고종 6촌 오빠도 만나고 증조할아버지 산소도 찾을 수 있었다. 봉오동 독립전쟁의 진실을 찾는 일이 훨씬 빠르고 구체적으로 전개되었다.

젊은 시절의 아버지가 죽음을 피해 떠난 지 70년 만에 찾은 아버지의 고향에서 봉오동 독립전쟁의 역사를 증언하는 것을 자신의 소명으로 생각하는 사람, 수남촌이라는 작은 조선족 마을을 지키고 살며 봉오동 독립전쟁의 역사가 제대로 복원되는 것이 얼마나 중요한지 아는 사람, 그일을 위해 계속 공부하고 현장을 지키는 사람이 최운산 장군의 마을 수남촌에 살고 있었다. 첫 방문에서 그를 만날 수 있었던 것은 정말 기적 같은 일이었다.

변화된 미디어 환경 덕분에 한국으로 돌아온 나는 그와 카카오톡으로, 위챗으로 계속 대화하고 있다. 세상이 달라진 것을 실감하면서 문자로 안부를 나누다 답답해지면 통화 모드로 전환해서 중요한 사안은 더 깊이 의논한다. 라철룡 촌장 덕분에 봉오동에 두 번 다녀온 뒤 증조부 묘소에 비석을 세울 수 있었다.

어린 시절 봉오동 독립전쟁의 현장을 놀이터 삼아 뛰어다녔던 그의 안내가 있어 역사학자들과 함께 봉오동 독립전쟁의 현장을 답사하고 역사를 재확인할 수 있었다.

2016년 10월 9일, 〈최운산 장군기념사업회〉의 윤경로 이사장과 라철

협약식에 참가한 기념사업회 임원들과 한국과 연변의 역사학자들, 수남촌 주민 대표들

수남촌 부녀회원들의 민속춤 공연. 일흔이 넘은 6촌 올케언니도 함께 공연을 하고 있었다.

봉오동 수남촌 마을회관에서 역사학자들과 함께한 간담회

룡 촌장이 앞으로 봉오동 독립전쟁 전적지의 역사문화를 보존하고 선양하기 위해 함께 노력한다는 협약식을 가졌다. 이제 최운산 장군의 역할과 만주의 항일 무장독립운동사가 다시 정립되고 봉오동 독립전쟁의 진실이 역사의 무대 위에 제 모습을 드러낼 것이다.

후손들이 모두 떠난 봉오동을 대신 지키고 있는 라철룡 촌장이 없었으면 봉오동 독립전쟁과 청산리 전투의 역사를 찾아 떠났던 우리의 여정이 더 길고 어려웠을지 모른다. 그는 오늘도 봉오동 조선족 전통마을 수남촌을 지키고 있다.

5장 최운산 장군의 손자들

2018년 7월 5일 최운산 장군 순국 73주기 추도식이 동작동 국립묘지에서 열렸다. 맏손자인 큰오빠는 추도식 참석자들에게 감사 인사를 하면서 그동안 직계 후손인 우리가 부족하여 할아버지 최운산 장군과 만주 무장독립군들의 귀한 삶과 역사를 제대로 밝혀내지 못했음을 자책했다. 아니 오히려 그 부담감을 떨쳐버리려고 긴 세월 동안 최운산 장군과 봉오동 독립전쟁의 역사를 외면하며 살아왔음을 고백했다.

후손들의 책임감과 도리

가톨릭 사제가 되고 싶었던 큰오빠는 아버지의 반대로 뜻을 접었다. 자식들이 무엇을 하던 언제나 존중해주셨던 아버지도 큰아들의 진로에 대해선 의지를 표하셨다. 무인 집안의 후손임을 잊지 않으셨던 아버지는 큰 아들이 육사에 진학해 군인이 되기를 바라셨다. 그러나 큰오빠는 군인이 아니라 과학자가 되고 싶어했다. 어머니가 안 계신 집안의 맏아들이란 부담감에서 결코 자유로울 수 없었던 큰오빠는 집안을 챙기고 헌신할 수 있는 배우자를 원했다. 그러나 인생이 어디 마음먹은 대로 되는 일인가. 큰오빠는 오히려 결혼 후 오랫동안 해외지사에 근무했다.

지난 2015년 작은오빠와 막내 동생, 그리고 내가 처음으로 봉오동을 방문하고 봉오동 선산에서 증조할아버지의 묘소를 찾았던 순간을 카메라에 담아서 돌아왔다. 우리와 함께 가고 싶었으나 상황이 여의치 않아 동행하지 못하고 공항에 마중 나온 큰오빠에게 얼른 그 영상을 보여주고 싶었다. 근처 식당에 들어가 음식을 주문하고 바로 영상을 틀었다. 큰오빠는 숲에 가려져 있던 증조할아버지 산소 주위의 풀을 베어내자 산소가 제 모습을 드러내는 장면과 증손자인 우리들이 절하는 모습을 지켜보면서 눈시울이 붉어졌다.

2016년 10월에야 우리 5남매가 모두 봉오동을 찾아 증조부 묘소에 비석을 세워드리고 첫 성묘를 드렸다. 아마 큰오빠는 그날 이후 마음의 짐을 조금은 벗어버릴 수 있었을 것이다.

다음은 지난 최운산 장군 순국 73주기 추도식에서 맏손자가 드린 감사 인사다.

"안녕하십니까? 저는 최운산 장군의 아들 최봉우(최치영)의 큰아들 최윤주입니다. 오늘 이 자리에 함께해주신 김성곤 국회 사무총장님과 함세웅 신부님을 비롯한 내외빈 여러분 정말 감사합니다. 오늘 최운산 장군의 맏손자로 이 자리에 서서 감사 인사를 드리려 하니

최운산 장군 순국 73주기에서 감사 인사문을 읽고 있는 윤경로 이사장

무어라 말할 수 없는 감회와 감동이 밀려옵니다.

올해로 일흔 살이 된 저는 1949년 평양에서 태어났습니다. 당시 선친께서는 평양방송국 아나운서로 일하셨습니다. 저는 2살 때인 1951년 1.4 후퇴 때 평양에서 거제도까지 걸어서 내려오신 부모님의 등에 업혀서 남쪽으로 내려왔습니다. 거제도 피난민 수용소에서 머물다가 선친께서 부산으로 나와 정착하셨기에 저도 부산에서 성장했습니다.

제가 아주 어릴 때라 잘 기억하지 못하지만, 평양에서 살 때 저희 부모님과 할머님께서는 저를 데리고 평양비행장 근처 할아버님 묘소를 자주 찾아뵙고 성묘를 드렸습니다. 사실 제가 어렸을 때 몸이 너무 허약해서 남이 볼세라 포대기에 싸서 다닐 정도였고, 할아버지께 인사를 드리면서도 손자 걱정을 많이 하셨다고 합니다. 그러다 할아버지 묘소 근처에서 발견한 뱀을 잡아 먹이고 나서 제 몸이 건강해졌다며 아마도 최운산 장군께서 장손을 위해 뱀을 보내주신 것 같다는 말씀을 자주 하시곤 했습니다. 오늘까지 큰 문제없이 제가 이렇게 있을 수 있는 것도 다 할아버님의 음덕이라고 믿고 있습니다. 제가 살아있을 때 통일이 될 수 있다면, 아니 자유롭게 왕래만이라도 할 수 있게 된다면 평양에 가서 할아버지 최운산 장군의 묘소를 찾아보고 싶습니다. 이렇게 희망적으로 급변하는 남북의 정세를 보면서 그 바람이 어쩌면 꿈이 아니라 현실이 될 수도 있겠다는 희망을 가져봅니다.

장군의 아들로 자라셨던 저희 선친께서는 우리 집안은 무인 집안이라는 말씀을 자주 하셨고, 당신이 무인의 길을 걷지 못했던 것을 아쉬워하셨습니다. 사실 선친께서는 제가 육사를 나와 군인이 되기를 바라셨는데, 저는 5.16쿠데타로 군인이 민주주의와 국권을 유린하는 모습을 보고 그 세력의 하수인이 될 수는 없다는 생각에 평범한 시민의 길을 선택했습니다. 그동안 맏손자인 제가 부족해서 오랫동안 할아버지 최운산 장군의 역사를 제대로 밝히지 못하고 있다는 생각에 늘 죄송했고 마음이 아팠습니다. 그리고 어쩌면 그런 부담감에서 벗어나고 싶어 할아버지 최운산 장군과 봉오동의 역사를 의도적으로 외면하고 있었는지도 모르겠습니다.

하지만 저희 형제들은 모두 간도 지역 고토 회복의 꿈을 지니셨던 증조할아버지 최우삼과 독립운동에 헌신하셨던 할아버지 최운산 장군의 역사를 바로 알려야겠다는 소망을 오랫동안 품고 살았습니다. 그러다가 5남매가 모두 60, 70을 바라보고 나서야 더 이상 미룰 수 없다는 생각에 직접 사료를 찾고 가족사를 통해 전해진 역사

최운산 장군 추도식에서 인사를 드리는 손자들

적 사실을 정리하기 시작했습니다. 그 뜻에 동참해 주시는 역사학
자들을 만나면서 기념사업회를 창립할 수 있었고, 작년에 처음으로
공식 추도식을 올렸습니다.

올해 처음으로 국립현충원에서 최운산 장군의 추도식을 올리는 마
음은 정말 남다릅니다. 만주 봉오동에 대한민국의 이름으로 세운
첫 군대 대한군무도독부를 창설하신 최운산 장군의 삶을 이곳 현충
원에서 기리는 것이 마땅하다는 생각을 합니다. 이제라도 국립현충
원에서 추도식을 올릴 수 있어 얼마나 감사한지 모르겠습니다. 돌
아가신 선친께 이제야 자식 노릇을 한 것 같습니다.

윤경로 이사장님을 비롯한 기념사업회 임원 여러분께 저희 선친을
대신해서 깊은 감사를 드립니다. 앞으로도 만주 독립운동의 역사를
바로잡을 때까지 후손으로서 할 수 있는 몫을 최선을 다해서 하겠

습니다. 함께해주셔서 정말 감사합니다. 내빈 여러분과 이 자리에
함께해주신 여러분 모두에게 진심으로 머리 숙여 감사 인사를 드립
니다. 감사합니다."

우리 형제들은 이제는 더 이상 봉오동의 역사를 외면하고 모르는 체
살아갈 수 없게 되었다. 미룰 수 없는 역사의 호명 앞에 더 이상 머뭇거
리거나 뒷걸음칠 수 없었기 때문이다. 그러나 억지로 불려 나온 것이 아
니라 기꺼운 응답이었다. 우리 형제들이 함께 역사 속으로 들어가는 과
정을 통해 깨닫게 된 것은 최운산 장군의 만주 무장독립전쟁을 재조명하
는 일은 일본강점기를 살았던 선조들의 저항정신에 새로운 의미를 부여
하는 일이란 것이다.

결코 뒤로 물러서지 않았던 그분들의 역사가 간직한 민족적 자부심
을 찾아내고 제대로 후세대에 전해주어야 한다. 왜곡되고 축소된 선조들
의 무장독립전쟁을 그대로 묻어둔다면 역사에 죄를 짓는 일이 될 것이라
는 깨달음으로 매순간 어려움을 넘어서고 있다. 비틀어진 역사를 바로잡
는 일이 후손들의 숙제로만 남아있지 않기를 바란다.

대한민국의 역사교육은 지금까지 우리 윗세대 어른들은 무기력하게
일본강점기를 보낸 것으로, 안중근이나 윤봉길 같은 몇몇 의열 사건이
있었을 뿐, 강대국의 정치적 이해관계에 의존해 아무런 노력 없이 해방
을 거저 얻은 것이나 다름없다고 가르쳤다.

그러나 일제강점기 우리 선조들은 단 한순간도 멈추지 않았다. 전 세
계에서, 온 일생을 걸고 끊임없이 저항하고 투쟁했다.

영화 〈봉오동 전투〉 유감

봉오동 독립전쟁 100주년에 맞춰 영화 〈봉오동 전투〉가 제작되었다. 5년 전 이 영화를 기획할 때 소식을 들었다. 잘못 알려진 봉오동 전투의 역사를 바로잡을 수 있는 좋은 기회라는 생각에 반가운 마음으로 영화제작사에 연락했다. 내가 만주 봉오동에 무장독립군 기지를 건설하고 봉오동 독립전쟁을 승리로 이끈 최운산 장군의 손녀라고, 지금까지 알려진 것과 역사적 사실이 다른 부분이 있으니 알려주고 싶다고 했다. 그리고 기존의 알려진 것과 다른 봉오동 독립전쟁의 진실까지 영화에 담으면 좋겠다고 조언했다. 그러나 제작사는 그런 도움을 원하지 않았다. 이미 시나리오가 완성되었고, 역사적 사실을 건드리지 않고 재구성할 테니 걱정 말라는 것이었다. 그래도 걱정이 되어 몇 번 연락을 취했으나 전혀 반응이 없었다.

중간에 감독이 바뀌었다는 소식도 들려오고 몇 년이 지나 영화제작이 중단되었구나 하고 생각할 즈음 2018년에야 유명 배우가 주인공으로 캐스팅되었다 소식이 들리더니 2019년 광복절을 앞두고 영화 〈봉오동 전투〉가 개봉했다. 영화는 우리 독립군들이 일본군과 싸우면서 봉오동으로 그들을 유인해오는 실제 봉오동 독립전쟁의 작전을 그렸다. 두만강변의 삼둔자에서, 후안산에서, 그리고 봉오동에서 본격적인 전투가 시작되기까지 3일 간의 전투 이야기다.

100년 전 봉오동에서 독립전쟁이 있었던 것은 역사적 사실이다. 당시 봉오동에서는 이미 대규모의 독립군 병력이 완전무장을 갖추고 일본군을 기다리고 있었다. 3.1 운동 이후 많은 애국청년들이 두만강을 건넜고, 그들은 봉오동에서 정예 독립군으로 양성되었다. 늘어난 병력과 소련에서 구입한 신형 무기로 군사력을 갖춘 봉오동의 독립군들은 일본군과 본격적인 전쟁을 치렀고 대승을 거뒀다.

대한북로독군부의 존재

아쉽게도 영화에는 역사적 사실과 다른 부분이 너무 많다. 실제 이 전투에서 승리한 주체 세력은 독립군 통합군단 대한북로독군부다. 북간도의 독립군은 봉오동 독립전쟁이 시작되기 전 봉오동에서 대통합을 이뤘고 1920년 5월 19일 대한북로독군부로 거듭났다. 총사령관 최진동 장군과 참모장 최운산 장군은 5월 중순부터 주민들을 모두 이주시키고 산에 참호를 파고 매복전을 준비했다. 무엇보다 이 영화는 독립군을 마치 마적이나 게릴라처럼 묘사했다. 봉오동 독립전쟁 후 일본군이 기록한 〈봉오동 전투 상보〉는 독립군의 모습을 다음과 같이 설명한다.

> 적은 전부 소련식 소총을 갖고 탄약도 상당히 휴대하였으며 사격도 상당히 훈련되어 있다. 거리 측량이 불확실한 700~800미터 거리에서도 사격을 하며 지형을 이용해서 방어할 때는 상당한 전투력을 가지고 또 용감하게 싸운다. (중략) 금회 다음의 사실을 확인하였다. 대안불령선인단은 정식의 군복을 사용하고 그 임명 등에 사령을 쓰며 예식을 제정하고 있는 등 전적으로 통일된 군대조직을 이루고 있다. 그러나 지나측은 이를 묵인하고 있는 상황이므로 이제 경고를 줄 필요가 있다. (1920년 6월 15일)

일본군은 독립군의 전투력에 놀라고 감탄하고 있다. 그리고 독립군의 활동을 보장하는 중국 측에 대한 불만도 강하게 드러내고 있다. 봉오동 독립전쟁에서 승리한 우리 독립군은 기관총과 대포를 구비했고, 뛰어난 사격술로 일본군을 압도했던 정예 무장군인이었다. 매일 실전처럼 연습을 했고 전쟁을 준비했다. 봉오동 독립전쟁이 영화나 드라마로 만들어진다면 일본군에 필적할 신형 무기를 사용하는, 정식 군복을 입은 정규군대의 모습으로 표현되어야 한다. 봉오동 독립전쟁은 신화가 아니라 살아있는 역사다.

영화 〈봉오동 전투〉는 우리 독립군의 눈물겨운 사투를 극적으로 그리기 위해 중요한 역사적 사실을 지나치게 비틀었다. 주인공 류준열과 유해진은 유인 작전에 투입된 홍범도의 부하로 설정되었다. 그런데 실제 그 작전을 수행한 군인은 통합군단 〈대한북로독군부〉 소속의 '대한군무도독부'와 '신민단' 대원이었고, 총사령관은 최진동 장군이다. 아직도 많은 사람들이 봉오동 독립전쟁를 지휘한 총사령관이 홍범도 장군이라고 오해하고 있다.

당시 연해주에서 활동하던 홍범도 장군은 5월 중순경에 〈대한북로독군부〉에 통합한 국민회군에 소속되어 봉오동 독립전쟁 직전에야 봉오동으로 들어왔다. 이런 작전을 준비할 위치도, 시간도 없었다. 홍범도 장군을 총사령관으로 상정한 기존의 고정관념을 벗어나지 못하면 봉오동 독립전쟁의 승리를 제대로 이해하기 어렵다.

대한민국의 첫 번째 독립전쟁

영화 속 주인공들이 봉오동 독립전쟁을 마지

막 조선전쟁이라고 규정하는 장면이 있다. 무슨 이유로 그렇게 설정했는지 궁금했는데 끝내 설명이 없었다. 그 시대와 상황에 대한 정확한 이해 없이는 제대로 된 역사 영화를 만들 수 없다.

봉오동의 독립군들은 이미 사라진 나라 조선을 되찾기 위해 총을 든 것이 아니다. 그들은 상해 임시정부를 받아들이고 민초들이 주인이 되는 새로운 나라 '대한민국'을 함께 건설하겠다는 의지를 천명했고 그들은 공문서에 대한민국 연호를 사용했다. 봉오동 독립전쟁은 대한민국의 정예 독립군 대한북로독군부군이 치밀한 준비와 작전으로 일본 군대에 맞선 본격적인 전쟁이었다. 함께 뭉쳐 공화국 대한민국의 군인이었던 그들을 사라진 나라 조선의 이름으로 호명하는 오류를 범하지 않아야 한다.

대통합군단 대한북로독군부의 중심에는 1912년부터 양성된 정예군 대한군무도독부가 분명히 존재했다. 실전 경험이 풍부한 대한군무도독부군은 봉오동 독립전쟁이 있기 몇 달 전부터 두만강변의 헌병대와 국경 수비대를 공격했다. 수십 차례의 국내 습격전을 시도한 것이다. 국내외의 항일세력에게 용기를 주고 일제에게 경고하기 위해서 벌인 소규모 공격이었다. 당시 독립군의 잦은 습격전으로 인한 타격과 봉오동에서 무장독립군의 세력이 점점 커지는 것을 우려한 일본군이 대규모 군대를 파견해 토벌작전을 시도했으나 대한북로독군부 독립군의 완벽한 대비로 일본군이 대패한 것이 봉오동 독립전쟁의 본질이다. 그러나 이 영화는 우리 독립군의 규모와 준비 상태를 전혀 파악하지 못하고 있다.

또 한 가지, 봉오동 독립전쟁이 있었던 6월 7일은 늦은 봄이다. 그러나 영화 속 독립군들은 두꺼운 코트를 입은 게릴라처럼 보이는 모습으로 등장한다. 더구나 봉오동 독립전쟁 후 봉오동을 떠나는 장면에서도 그들은 겨울코트를 입고 있다. 잘 알려진 1922년 1월의 모스크바 극동민족대회에서 찍은 사진 속 홍범도 장군의 모습을 재현한 것으로 보인다. 한여름에 긴 겨울코트와 겨울모자를 쓴 홍범도 장군의 모습은 현실성이 없다. 그런 표현이 오히려 영화의 설득력을 떨어뜨렸다. 봉오동의 역사와 우리 독립군의 역량을 너무 모르는 탓에 영화 속 전투 장면이 마치 전쟁놀이처럼 가볍다.

또한 당시 세계 최강의 군대 중 하나로 평가받던 일본군을 그저 잔인하고 어리석은 무리들로 묘사해 영화의 무게를 떨어뜨렸다. 아무리 영화적 서사로 이해하려 해도 무리한 설정이다. 붙잡힌 독립군의 안내로 봉오동 독립군 기지를 찾아가는 설정도, 불사신 주인공이 혼자서 일본군 1개 중대 병력을 완벽히 격파하는 장면도 만화적 묘사다.

작전에 투입된 독립군들이 먹을 것이 없어 죽을 끓여 나눠먹고, 10명이 넘는 장정이 구운 감자 한 알을 맛있게 나눠 먹는다. 영화 내내 말을 타고 질서정연하게 움직이는 대규모 일본군과 죽어라 뛰어다니는 독립군의 모습이 계속 대비된다. 제작진이 봉오동 독립군을 게릴라 수준으로 인식했던 탓이다. 영화는 역사가 아니라고 강조하지만 이런 한 장면 한 장면은 영화가 의도하는 바를 드러낸다. 이렇게 헐벗고 굶주리는 독립군, 지나치게 허름한 복장의 주인공들은 그 자체로 역사왜곡이다. 당시 봉오동에서는 8대의 재봉틀로 독립군의 군복을 제작했다. 허수아비에 군복을 입혀 산 위에 세워두는 작전을 실행할 만큼 시간적 물질적 여유가 있었다.

지금까지 만주의 무장 독립전쟁을 소재로 만들어진 대부분의 영화나 다큐는 질서정연한 일본군의 구둣발 소리와 흐트러진 독립군이란 눈물겨운 대비를 보여주었다. 극적인 효과를 위한 것이겠지만 이제 그만 그런 표현에서 벗어나야 한다. 사료에는 "대한북로독군부 병사들의 복장은 상하가 황색이고 모자 또한 같은 황색으로 태극 견장을 달았으며 예복에는 매화형 금장이 박힌 견장을 달고 헌병대는 오른쪽에 검은색 흉장을 달았다. 그리고 장교들은 모자와 견장에다 금줄을 넣었다."라고 기록되어 있다. 김성녀 여사도 어깨에 황금색 술이 달린 견장과 팔에 금줄 장식이 된 예복을 입은 최운산 장군의 멋진 모습을 후손들에게 이야기했다.

실제 봉오동의 독립군 기지는 두께가 1m가 넘는 토성으로 둘러싸인 대규모 군단의 주둔지였다. 기지의 중심에 위치한 최운산 장군 일가의 대저택이 바로 대한북로독군부의 정식 본부였다. 당시 신문이나 봉오동을 확인하고 돌아간 일제 보고서는 봉오동 독립군 기지를 '성채'나 '장원'으로 표현했다. 토성으로 둘러싸인 봉오동 독립군 기지는 사령관 최진동 장군의 이름으로 발급한 통행증이 없으면 출입이 불가능한 곳이었다. 산 아래에 연병장이 있고 대형 막사 3동과 훈련소 등 군사시설이 위치하고 있었다.

그러나 영화 〈봉오동 전투〉가 보여준 봉오동 독립군 기지는 허름한 시골농가 몇 채가 전부였다. 아는 만큼 보이는 법이다. 봉오동에 모인 대한북로독군부 독립군의 규모와 군사기지에 대한 상상력 부재가 이 영화의 한계다. 봉오동 독립전쟁은 대한민국의 군대와 일본의 군대가 벌였던 본격적인 전쟁이었다. 주인공들의 열연만으로는 비어있는 역사를 메울 수 없다. 제작진이 당시 봉오동의 경제적 정치적 상황에 대해 구체적 사료를 더 찾아보고 확인했어야 한다.

이 영화의 제작진은 민초들의 승리를 강조하고 싶었다고 한다. 당시 봉오동의 독립군은 사령관부터 사병까지 모두 민초였다. 스스로 군대를 만들고 자비로 무기를 구입했던 민중, 곧 우리들이었다. 승리의 역사를 말하고 싶었다는 영화 〈봉오동 전투〉는 어떻게 해야 전쟁에서 승리할 수 있는지를 모르고 있다.

6장   **당신은 서간도와 북간도의 차이를 아시나요?**

"혹시 만주의 서간도와 북간도를 구분할 수 있나요?"

이 질문을 받으면 고개를 갸우뚱하는 분들이 대부분이다. 그리고 곧바로 뭐가 다른지 되묻는다. 간도는 만주, 독립군, 무장투쟁의 세 단어가 묶여서 하나로 기억되는 곳이기 때문이다.

조금 더 설명을 붙이면, 간도, 즉 지금은 중국 땅 만주는 일제 강점기에 '무장독립군들이 조국의 독립을 위해 목숨을 건 무장투쟁을 벌였던 곳', '무장독립군 기지'가 있었던 곳으로 기억되는 공간이다. 간도는 그렇게 무언가 함부로 치부해버릴 수 없는 하나의 이미지다. 한 공동체가 어떤 지리적 공간을 공동의 기억으로 가슴에 담기까지는 역사라고 부를 수 있는 만큼의 시간적 공유가 필요하다.

3대 무장독립 기지, 서간도·북간도·연해주 지역

잘못된 역사 인식부터
바로잡아야

만주의 독립군은 모두 가족을 떠나 헐벗고 굶주리면서 독립운동을 했을 거라는 믿음, 애국심 하나로 그 모든 고통을 극복했을 거라는 거룩한 환상, 그리고 일본군을 상대로 대승을 거둔 봉오동과 청산리의 독립전쟁이 등이 일반적으로 만주를 설명하는 이미지다.

그런데 그 굶주리는 무리에게 무기가 갑자기 어디에서 났을까? 어떻게 무기도 없는 독립군이 사격술을 익히고 사단 규모의 일본 정규군을 상대로 전쟁을 치르고 대승을 할 수 있었을까? 왜 이런 엄청난 부조화에 대해 그동안 아무도 질문하지 않았을까? 왜 아무도 답해주지 않는 것일까?

압록강 건너 서간도에서의 독립운동과 두만강 건너 북간도에서의 독립운동은 압록강과 두만강, 두 강의 거리만큼 차이가 난다. 그러나 전문가들을 제외하고는 대부분의 사람들은 서간도의 독립운동과 북간도에서 벌어졌던 독립전쟁을 무장투쟁이라는 하나의 카테고리에 같이 넣어버린다. 왜 그렇게 인식하게 되었을까? 이것은 나의 오랜 궁금증이었다. 그리고 이 문제를 다시 돌아보는 기회가 있었다.

서간도에서 신흥무관학교를 세우고 무장독립군 양성을 위해 노력한 이회영 형제의 분투를 모르는 사람은 거의 없다. 사실 신흥무관학교에서는 이동녕 선생과 석주 이상룡 선생이 더 오래 신흥무관학교를 지켰으나 그것마저도 제대로 알려지지 않고 있다. 서간도에서 무관학교 설립을 하기 위해 눈물겹게 노력하던 같은 시기에 북간도에서는 이미 사관학교와 무장독립군부대가 활발히 움직이고 있었다는 것을 알려주는 사람이 거의 없었다. 봉오동과 청산리의 독립전쟁에 대해 잘 아는 사람들조차 그 전투가 있던 공간이 서간도가 아니라 북간도였다는 것을 잘 모른다. 그동안 한국의 역사는 북간도의 독립전쟁에 대해 한두 명의 영웅이 이뤄낸 승리로 기록했다. 수천의 독립군이 함께 이룬 가열찬 승리의 역사를 마치 한순간 우연히 일어난 사건처럼 단편적으로 설명했다. 그 전쟁을 치르기 위해 얼마나 많은 사람이, 얼마나 오랜 기간, 어떤 준비를 해서 승리가 가능했는지 분석하고 말해주지 않았다. 봉오동과 청산리에서 거둔 승리의 주역 통합군단 대한북로독군부에 대해서 구체적으로 이해하고 설명할 수 없었기 때문이다.

1920년의 봉오동과 청산리에서 일본 군대를 격파하고 승리했다는 민족적 자부심에도 불구하고 100년이 된 오늘까지 봉오동 독립군 기지에 대한 연구가 거의 없다. 봉오동 독립전쟁사를 연구한 전문가도 없다.

아직도 북간도의 독립전쟁은 대단한 승리였다는 피상적인 기록으로만 남아있다. 봉오동 독립전쟁사는 지금부터 다시 찾고 기록해 나가야 할 미완의 역사다. 중국의 공산화와 6.25 전쟁을 거치면서 간도에서의 무장 독립운동이 대한민국의 역사에서 제자리를 찾지 못했다. 만주라는 지역적 특성 때문이다. 북간도의 무장독립군의 대부분은 해방 전에 사망했다. 그리고 살아남아 간도에 자리를 잡았던 분들은 대부분 중국인으로 살다 역사의 뒤안길로 사라져갔다.

여성 독립운동가와
역사의 부익부 빈익빈

　　2018년 4월 사단법인 항일여성독립운동기념 사업회의 주최로 독립운동가 부인들의 삶을 재조명하는 세미나가 열렸다. 잘 알려진 독립운동가의 가족 중 남편과 함께 적극적으로 독립운동에 참여했던 여성들의 삶을 살펴보는 기획이었다. 그동안 남편의 명성에 가려 단지 남편을 뒷바라지한 것으로만 평가받았던 여성들, 항일독립군이라 불러 마땅한 여성들의 삶을 기리고 당당하게 여성독립군이라 호명하기 위한 기획이었다. 이회영 선생의 부인 이은숙 여사, 최운산 장군의 부인 김성녀 여사, 김예진 목사의 부인 한도신 여사의 삶을 소개하기로 했다.

　　이종걸 의원이 할머니 이은숙 여사의 삶에 관해 이야기하고, 김동수 박사가 어머니 한도신 여사의 삶을, 그리고 내가 할머니 김성녀 여사의 삶을 발표하기로 했다. 두 시간 동안 각각 30분씩 발표하고 나머지 30분 동안 역사학자의 토론과 보훈처 담당자의 발표로 마무리하기로 했다. 그

항일여성독립운동기념사업회 토론회에서

런데 첫 발표자부터 시간 배분이 깨졌다. 이은숙 여사의 손자인 이종걸 의원은 우리 국민이 모두 다 알고 있는 이회영 가문의 역사와 할머니의 헌신에 대해 준비한 자료와 책을 펼쳐 보이며 한 시간을 넘기며 설명을 이어갔다. 사회자는 약속을 지키지 않고 한없이 늘어지는 현역 의원의 발표를 제때 제지하지 못했다. 두 번째 발표자인 김동수 교수도 부모님 사진 자료 등 수십 장의 PPT를 준비했다. 부모님의 독립운동에 대해 알려주고 싶은 내용이 너무 많아 40분도 부족했다.

결국 나에게 주어진 시간은 채 10분이 되지 않았다. 그동안 알려지지 않은 북간도의 사회적 배경과 역사에 관해 설명하고 무장독립군이 봉오동에 대규모로 결집할 수 있었던 이유가 무엇인지, 그 속에서 식량과 군복 제작 등 병참을 책임졌던 할머니 김성녀 여사의 역할에 대해 이야기하고 싶었으나 시간이 너무 부족했다.

단지 1919년 봉오동에서 대한민국의 첫 군대 대한군무도독부가 창설된 것과 1920년 만주의 무장독립군이 통합되어 대한북로독군부가 결성된 사실, 그리고 최운산 장군이 자신의 전 재산을 내어놓아 만주 봉오동에 무장독립군의 근거지를 건설했다는 것, 그 수천의 독립군을 먹이고 입힌 사람이 김성녀 여사를 비롯한 봉오동의 부녀자라는 사실만 짧게 전달했다. 그러나 그 간단한 발표만으로도 그 자리에 있었던 모든 사람은 자신들이 처음 듣는 북간도 무장독립군의 역사와 그 규모에 놀랐다.

봉오동과 청산리 독립전쟁의 승리에 대해 자부심을 느끼는 사람은 많지만 그 역사와 의미에 대해 알고 있는 것이 거의 없다는 사실은 새삼스러운 것이 아니다. 그리고 당연히 이어지는 의문은 '왜 우리는 이 중요한 역사를 제대로 알지 못하고 있는가?' 하는 것이었다.

세미나에서도 궁금해하는 분들이 많았지만 시간이 부족해 질문을 받을 수도, 대화를 이어나갈 수도 없었다. 그날의 주제인 여성 독립군 서훈 문제에 대해 역사학자의 토론과 보훈처 담당자의 의견도 들어야 했다. 정부는 앞으로 여성 독립군에게 제자리를 찾아주기 위해 노력하겠다는 짧은 다짐으로 세미나는 마무리되었다.

그날 두 분의 발표를 들으며 내가 깨달은 것은 우리 역사계의 부익부 빈익빈 현상이다. 이회영 6형제의 결단과 고생담은 해방 이후 지금까지 계속 듣고 있다. 그래서 모든 국민이 그분들의 삶에 대해서는 너무나 잘 알고 있다. 그분들이 압록강 건너 조선인이 별로 살지 않는 서간도에 경학사와 신흥강습소를 세웠다는 것, 그것이 신흥무관학교의 모체가 된 것, 오래지 않아 가져간 돈이 떨어져 가족들이 모두 죽을 고생을 한 사실 등을 다큐멘터리나 드라마를 통해 오래도록 듣고 있기 때문이다.

그러나 같은 시기, 주민의 95% 이상이 조선인이었던 북간도의 독립운동에 대해서는 전해주는 사람이 거의 없다. 당시 북간도는 대부분 주민이 조선인이었고 모두 힘을 합쳐 독립운동에 참여했다. 두만강을 건너 북간도로 넘어오는 애국청년들이 많았다. 북간도에 무장독립군 단체들이 많이 있어 늘어나는 지원자들을 모두 품을 수 있었다. 당시 봉오동에는 최운산 장군이 창설한 무장독립군부대 도독부가 존재하고 있었다.

잊힌 북간도 독립운동

우리 역사는 이 모든 것을 제대로 알려주지 않았다. 봉오동에서 동포들과 함께 신한촌을 건설한 최운산 장군이 비적으로부터 동포들을 보호하기 위해 1912년 창설한 자경단이 운영되고 있었고, 이 자경단이 모체가 되어 무장독립군부대 도독부로 발전하였다는 것도, 일찍이 무장독립군이 되기 위해 두만강을 건너온 수많은 애국청년들이 봉오동의 도독부에서 장기간에 걸쳐 정예 독립투사로 양성되었다는 것도 사료화되고 역사화되지 않았기 때문이다.

1912년 100여 명으로 창설한 자경단이 8년 후인 1919년에 670명 규모의 대한민국의 첫 군대 대한군무도독부가 되었고, 북간도의 독립군들이 통합군단 대한북로독군부를 이루어 봉오동 독립전쟁에서 승리했다는 것도 구체적으로 알려주지 않았다. 그리고 그 중심에 최운산 장군 형제들이 있었다는 것을 아는 사람도 거의 없었다.

해방 후 남쪽으로 내려온 북간도 독립군 출신의 생존자 한두 사람의 증언에만 의지했던 북간도의 무장투쟁사는 우리 독립군의 이해할 수 없는 대승으로, 봉오동과 청산리의 독립전쟁은 몇몇 영웅을 기리는 소재거리로 단순화되고 신화화되었다.

역사를 이해하려면 그 시대 그 공간을 살아간 분들의 삶을 알아야 한다. 그 시대의 정치사회적 상황이나 물적 인적 배경을 파악하지 못한 채 '일본군 사망 수백 명, 독립군 사망 약간 명'이란 피상적인 전투 결과만을 나열하는 역사 정리로는 조국의 독립을 위해 헌신한 선조들의 투쟁과 독립을 향한 그 정신을 결코 알아들을 수 없다. 3.1 운동 100주년과 임시정부 100주년에 대해서만 온 나라가 함께 기념하고 지냈지만 만주 무장독립운동에 대한 올바른 이해는 아직 서간도와 북간도의 거리만큼 멀다.

에필로그

손녀 최성주가
할아버지 최운산 장군께
드리는 편지

　　　　　　　　　할아버지, 저는 당신께서 해방을 한 달 앞둔
1945년 7월 5일에 순국하신 지 12년 후인 1957년에 태어난 맏손녀 성주
星周입니다.

　할아버지! 할아버지! 할아버지! 얼마나 불러보고 싶었는지요!

　당신에 대해 알고 싶은 게 얼마나 많았는지요. 고문으로 죽음을 앞둔
큰아들을 평양으로 도피시키고 그 아들의 안위를 살펴보러 가셨다가 갑
자기 심해진 고문후유증으로 평양에서 돌아가신 할아버지, 75년의 세월
이 흐른 지금도 당신은 타향인 평양에 홀로 계십니다.

　저희 5남매는 모두 당신이 돌아가신 뒤에 태어났어요. 맏손자인 큰오
빠는 평양에서 태어났지만 아래로 넷은 모두 피난 내려온 부산에서 태어
나고 자랐답니다. 비록 곁에 계시지 않았지만 손자들이 태어날 때마다
하늘에서 기뻐하셨으리라 짐작합니다. 저희는 당신의 동반자였던 할머
니 김성녀 여사를 통해서 만주의 무장독립전쟁이 어떻게 준비되고 어떤

결실을 이뤄냈는지 자세하게 들으며 자랐습니다. 아직 만주의 무장독립 전쟁사가 제대로 정리되지 못하고 있지만 대한민국의 전투사에 첫 승리를 선물하신 최운산 장군은 언제나 손자들의 가슴속에 살아있는 영웅이셨습니다.

당신께서는 1905년 일제가 우리나라와 강제로 을사조약을 맺자 백성이 스스로 힘을 길러야 한다는 소박하지만 원대한 꿈을 꾸셨고, 그것을 하나하나 실행에 옮기셨습니다. 이미 당신이 경제적 사회적 기반을 다져 놓은 곳, 조선 사람들이 비교적 자유롭게 힘을 비축할 수 있는 만주 지역을 독립운동의 발판으로 삼고자 하셨지요. 그래서 1909년 도시인 연길을 떠나 두만강이 가까운 봉오동으로 옮겨가셨습니다. 고조모 청주 한 씨 부인, 증조부 최우삼과 증조모 전주 이 씨 부인, 그리고 혼인한 명록(진동), 명길(운산)의 가족과 명순(치홍), 명철 등 4대 모두가 당신의 소유지 봉오동으로 터전을 옮긴 것입니다.

이상주의자 최운산이 동포들과 함께 황무지를 개간해 봉오동이라 이름붙인 곳, 당시 그곳을 다녀온 사람들의 표현에 의하면 마치 조선의 한 지역을 옮겨다 놓은 것 같았다는 새로운 공동체, 할아버지 최운산 장군은 '봉오동 신한촌'을 건설하셨습니다. 뛰어난 사업수완을 발휘해 국수공장, 콩기름공장, 양조장, 콩과자공장, 성냥공장, 비누공장을 비롯한 여러 생필품 기업을 운영해 거대한 재산을 축적했기에 '간도 제일의 거부'로 불리셨습니다. 부산의 6배에 달하는 거대한 토지를 소유한 지주였고, 농사로 들어오는 한 달 소출보다 여러 공장에서 들어오는 하루 수익이 더 많았다는 재산가였습니다. 사실 농사만으로는 몇 천 명의 무장군인을 훈련시키고 무기를 공급할 막대한 군자금을 계속 감당하는 것이 불가능했을지도 모릅니다.

최운산 장군은 대규모 목장을 운영한 목축업자였고, 러시아 군대에
곡물과 소를 수출한 무역업자셨습니다. 매번 훈춘으로 수백 마리의 소를
몰고 가서 러시아에 넘겼는데 당시는 비적들이 횡행할 때라 소를 팔러
갈 때면 항상 무술 고수인 당신께서 직접 길을 나서야 했습니다. 최운산
장군이 안 계시면 일꾼들이 출발하지 않고 버텼기 때문이었지요. 할머니
는 방탄조끼를 입고 허리에 박달망치와 단도를 차고 등에 긴 박달봉을
메고 총은 지니지 않은 채 길을 떠나는 당신의 모습과 비적들이 덤벼도
죽이지 않고 박달봉으로 잠시 기절만 시켜 목숨을 살려주셨던 당신의 인
품에 대해 설명해주시곤 했어요.

　　무장독립전쟁에서 제일 중요한 요소는 무기와 군자금이지요. 만주에
서의 항일 무장투쟁을 대규모로, 지속적으로 할 수 있었던 것은 이렇게
상상 이상의 부를 소유했던 대재벌 최운산(최만익) 장군이 계셨기에 가능
했다는 것을 손녀인 저는 잘 알고 있습니다. 그러나 어린 시절부터 저는
간도 제일의 거부 최운산보다는 마치 무협영화의 주인공 같은 뛰어난 무
술인 최운산 장군이 더 좋았습니다. 최운산 장군은 중국 동북 3성에서 장
작림 군벌에 합류해 뛰어난 무술 실력으로 군사훈련을 책임졌고, 장작림
의 목숨도 여러 번 구해주었고, 경제적인 지원도 하는 등 중국군 지도자
와 혈맹 관계를 맺었습니다. 최운산 형제들과 중국군의 친밀한 관계는
항일 무장투쟁의 든든한 배경이 되기도 했지요.

　　무술 고수인 사부님으로부터 더 이상 가르칠 게 없다는 말씀을 듣기
까지 수련을 멈추지 않으셨던 최운산 장군의 피를 물려받아선지 저도 어
디서나 구경하는 것보다 직접 몸을 부딪치며 움직이는 것을 더 좋아한답
니다! 달리기를 좋아했고 태권도를 배우기도 했어요. 중학교 때 오빠들
과 겨루고 싶어 태권도장에 다녔지만 몸집이 작고 힘이 약해 중간에 포

기했던 것이 오래도록 창피한 기억으로 남아있어요. 아버지처럼 음악을 좋아하고, 고등학교 때는 무용반과 합창단으로 활동하기도 했어요. 사실 그동안 제가 아버지를 닮아 사람을 좋아하고 춤추고 노래하는 것을 즐긴다고 생각했는데 이제는 이런 저의 특징에서도 최운산 장군의 모습을 발견하곤 합니다.

만주는 겨울이 길고 눈이 많이 내리는 곳입니다. 눈이 내리는 날 아침이면 할아버지는 아무도 모르게 장독대의 눈을 치워 놓곤 하셨다지요. 할머니를 참 사랑하셨다는 것을 느끼게 하는 여러 에피소드를 들을 때마다 함께 계신 두 분을 상상해보곤 합니다. 의좋은 부부, 독립투사 최운산 장군의 일생을 동반한 김성녀 여사의 삶에서도 아름다운 향기를 발견합니다.

3.1 운동과 임시정부 설립 100주년을 지나며 만주의 무장투쟁에 대한 관심도 높아지고 있습니다. 도서관에서, 역사자료실에서 최진동 장군의 형제들에 관한 새로운 사료를 하나둘 찾을 때마다 할아버지께 여쭤보고 싶은 것이 얼마나 많은지 모릅니다. 문득문득 당신이 간절하게 보고 싶어집니다. 중국인보다 중국어를 잘하셨던 최풍을, 변장의 귀재였던 최만익을, 귀신같은 총 솜씨로 부하들을 이끌던 최문무를, 단 한 번만이라도 만나보고 싶은 마음 정말로 간절합니다.

북만주에서 한 시대 한 공간을 자력으로 일궈 기꺼이 대한민국의 자산으로 내어준 할아버지, 최운산이 있어 가능했던 여러 역사적 사건과 등장 인물들과의 관계를 어떻게 유기적으로 정리할 수 있을지 곰곰이 살펴봅니다.

이제야 '만주 무장독립전쟁의 주역, 숨겨진 영웅 최운산 장군'이라고 호명되기 시작한 당신 앞에서 매순간 저 스스로에게 묻고 또 묻고 있습니다. 안중근, 이상설을 비롯해 만주를 지나가는 모든 독립운동가들을 격려하고 지원한 분이 최운산이었다는 알려지지 않은 사실부터, 혼자서 자경단을 창설하고 무장군대를 운영하던 시절부터 통합부대를 창설하고 봉오동 독립전쟁을 승리로 이끈 그날의 긴박했던 순간까지, 연해주와 북만을 넘나들던 시절에 삼림에 머물며 독립군을 훈련시키던 마지막 시간까지 그저 지나가는 에피소드로 들었던 수많은 당신의 역사를 재구성해 자료화하고 제대로 된 역사의 기록으로 남기기 위해 무엇을 할 수 있을지 고심하고 또 고심합니다.

할아버지, 저는 얼마 전 1922년의 모스크바에서 열린 피압박민족대회를 촬영한 동영상을 볼 기회가 있었습니다. 최근에 새롭게 발굴된 귀한 영상이었어요. 그 영상 중에서 최운산 장군을 닮은 사람을 발견했어요. 제가 한 번도 할아버지를 뵙지 못해 자신할 수는 없었지만, 아버지의 젊은 시절과 판박이라 느껴지는 분이었어요. 그러나 사료가 뒷받침되지 않아 애태우고 있었는데 하와이의 경주 당고모가 참석자들 사진에서 아버지 최진동과 삼촌 최운산의 얼굴을 확인해주었어요. 얼마나 기뻤는지요. 사실 그동안 최진동 장군과 최운산 장군이 극동민족대회에 참석했다는 후손들의 이야기를 인정하지 않았던 역사학자들이 얼마 전에야 참석자 명단에서 최진동 장군의 이름을 발견했어요. 최운산이나 최문무란 이름은 아직 찾지 못했습니다. 그러나 글을 모르는 형님을 모시고 마치 그림자처럼 함께하셨던 두 분이니 모스크바 극동민족대회에도 함께 가신 것이지요. 이렇게 저희들이 오래 전부터 알고 있던 여러 에피소드들이 역사적 개연성은 있지만 구체적 자료로 뒷받침되지 못해 사료화 작업이 어렵습니다. 하지만 지금까지 그래왔던 것처럼 당신 스스로 방법을 알려주시고 확인시켜주시리라 믿습니다.

우리 집안은 무인 집안이라고 늘 강조하던 아버지는 가족사를 글로 남기지는 않았지만 모든 이야기를 후손인 저희가 잘 이해할 수 있도록 설명해주셨어요. 드라마틱하고 풍부한 소재로 가득 채워진 우리 가족사는 마치 세대를 잇는 흥미진진한 대하드라마 같았습니다. 청나라의 간도 정책에 저항해 무력충돌을 불사했던 연변 도태 증조부 최우삼과 그의 아들들인 독립투사 최진동, 최운산, 최치흥의 파란만장한 무장투쟁, 그리고 일제 강점기와 6.25 전쟁을 겪어낸 아버지의 삶에 이르기까지, 모두 그 시대가 지닌 역사성을 외면하지 않았고 매번 정면승부를 선택하셨지요.

할아버지, 증조부에서 시작된 이야기는 세대를 관통하여 저희 형제들에게로 이어지고 있음을 느낍니다. 특히 시민운동가로 불리는 저에게는 더욱 특별한 의미가 있습니다. 어릴 때는 미처 군자금의 중요성을 깨닫지 못해 최운산 장군이 간도 제일의 거부였기에 무장투쟁이 가능했다는 말이 무엇을 의미하는지 구체적으로 이해하지 못했습니다. 만주 독립군과 최운산 장군이 이끌어가는 장대한 대하드라마는 늘 현실을 뛰어넘는, 상상력이 필요한 공간의 이야기였기에 그것으로 충분했기 때문이지요. 그래서 점점 더 당신에게 놀라고 감사하게 된답니다.

1912년 비적들로부터 동포들을 지키기 위해 창설한 100여 명의 자경단이 1919년 임시정부를 받아들이고 창설한 대한민국의 첫 번째 군대 '대한군무도독부'의 모체가 되었다는 사실은 지금 생각해도 정말 감동적입니다. 일본군에 대적할 무장력을 기르기 위해 긴 시간 동안 먼저 준비하셨던 최운산 장군이 계셨기에 대한군무도독부가 대한민국의 정식 독립군부대로 자리매김했고 만주 무장투쟁의 중심축이 되었으니까요!

당신은 일본군과의 본격적인 전쟁을 준비하기 위해서는 대군단을 이뤄야 한다는 판단 아래 간도의 모든 독립군을 봉오동으로 결집시키셨지요. 각 부대에 주둔지를 제공하고 식량과 피복, 무기 등 군수품 일체를 지원하겠다는 최운산 장군의 약조가 있었기에 만주 독립군부대의 대통합이 가능했던 것입니다. 개별 부대 활동에서 무기 부족과 군수품 보급에 어려움을 느끼던 우리 독립군들은 1920년 봉오동에서 신형 무기를 공급받고 정식 훈련을 통해 체계화된 대한민국 독립군단 대한북로독군부로 거듭날 수 있었으니까요! 아버지는 무장 독립전쟁사에서 최운산 장군을 기억해야 하는 중요한 이유가 바로 이것이라고 강조하시곤 했어요.

할아버지! 저는 한 번도 뵙지 못했지만 최운산 장군이 어떤 분인지 조금은 알 것 같아요. 당신은 생각이 다른 사람들을 만나 각자의 장점을 드러내고 인정해주어 작은 차이를 딛고 기꺼이 대의에 동참하게 하셨던 분, 사람들의 생각을 바꾸고 변화시키시는 일을 하셨던 분이란 걸 할머니와 아버지의 말씀을 통해 느낄 수 있었어요.

그래서 형님인 최진동 장군도 사령관으로서의 위엄에 앞서 모든 일을 당신과 의논하셨고 늘 당신의 의견을 존중하셨고 동생인 최치흥 장군도 형님들과 혼연일체를 이루며 자신의 몫을 기꺼이 감당하셨을 것입니다. 제가 시민사회 활동을 오랜 기간 하면서 깨닫게 된 것 중 하나가 '어떤 일을 하든 능력이 있는 사람보다 좋은 사람이 더 일을 잘 할 수 있다'는 사실입니다. 사람에 대한 신뢰는 모든 일의 바탕이기 때문이지요.

대한북로독군부는 장기간 훈련으로 양성된 정예부대인 대한군무도독부의 병사들을 중심으로 수십 차례 두만강 유역의 국경수비대와 헌병대를 습격해 일본군을 긴장시켰지요. 저희 형제들은 최운산 장군이 국경수비대 습격전에서 전화선을 명중시켰던 이야기를 비롯해, 당신의 신출귀몰한 사격술과 무술 실력은 어릴 때부터 들어 잘 알고 있었습니다. 사실 제가 제일 좋아하는 할아버지의 모습이 총 솜씨와 무술 실력이에요!

그런데 독립운동 자료를 조사하다 발견한 일본군 자료에서 우리 독립군이 뛰어난 사격술로 전화선을 끊어버려 연락이 두절되어서 일본군이 모두 전멸한 줄 알았다며 독립군의 실력이 대단하다는 평가가 있었어요. 어릴 때 할머니께 들었던 것과 똑같은 내용이 기록된 일본군 보고서를 발견하다니! 저희는 놀라움과 전율을 느끼지 않을 수 없었답니다.

빈번해진 국경수비대 습격전으로 일본군의 피해가 늘어나고, 봉오동의 독립군 세력이 계속 확대되자 일본은 봉오동으로 대규모 토벌부대를 파견했습니다. 그러나 할아버지 최운산 장군의 첩보능력은 이미 그것에 대비하고 있었고 1920년 6월 7일의 봉오동에서 우리 독립군은 대승을 거두었습니다. 대포와 기관총, 장총과 수류탄 등으로 완전무장한 독립군은 한 달 전부터 주민을 이주시키고 연대별로 산 위에 참호를 파고 매복하고 기다리고 있었지요. 할머니는 그날 전투가 가장 치열할 때 억수같이 쏟아진 비가 결정적으로 우리 독립군들을 살렸다는 이야기를 자주 해주셨어요. 비로 인해 앞이 보이지 않아 지원군과 본대의 일본군이 서로를 적으로 알고 오인사격을 했습니다. 이렇게 봉오동 독립전쟁의 시작과 끝을 자세히 알고 있는 저희 손자들은 그동안 방송이나 역사학계에서 봉오동 독립전쟁을 소규모의 게릴라전처럼 표현하는 것이 얼마나 안타까웠는지요!

할아버지, 저는 봉오동 독립전쟁 후 96년이 지난 2016년에야 처음으로 현장을 답사하고 당시 독립군이 파놓은 참호 속을 걸어보았습니다. 일본군의 진입을 예상하고 산의 능선을 따라 파놓은 참호, 낙엽이 가득 차있는 그 참호에 서자 말할 수 없는 감동이 온 몸을 가득채웠습니다.

할아버지! 봉오동 독립전쟁의 승리는 아무리 강조해도 지나침이 없는 대한민국 군대의 자랑스러운 역사입니다. 대한북로독군부군은 이어진 일본군의 반격으로 벌어진 연장전, 청산리 전투에서도 승리했습니다. 모든 재산을 바쳐서 수천 명의 강력한 군대를 유지했던 최운산 장군의 결단과 그 저력에 감동과 찬사를 보내지 않을 수 없습니다.

단지 후손의 마음이 아니라 100년 후를 살아가는 후세대로서 당신이 돌려놓은 역사의 방향이 대한민국의 역사에, 지금 우리에게 어떤 의미가 되었는지 너무 잘 알고 있기 때문입니다. 사실 봉오동 독립전쟁의 승리는 당시에도 한일병탄 이후 시나브로 꺼져가던 독립을 향한 열기를 되살린 횃불이 되었고 많은 분들이 독립을 향한 새로운 발걸음을 시작할 수 있었던 힘을 주었으니까요.

할아버지, 저는 최근에야 최운산 장군의 무장투쟁사에서 가장 큰 성공 요인 중 하나가 할머니 김성녀 여사라는 것을 깨닫기 시작했어요. 최운산 장군의 동반자로 독립군부대의 모든 살림을 책임졌던 할머니는 수천 명의 군인들을 먹이고 입히는 일이 얼마나 힘들었는지 자주 말씀하셨어요. "된장과 간장, 고추장을 비롯한 부식을 각 부대에 배급했지만 병사들이 봉오동 연변장에 함께 모인 날은 한 끼에 3000명이 같이 식사를 했다."고도 하셨어요. 동네 부녀자들을 모아 함께 일을 했지만 매일매일 일이 너무 많았다는 것이었습니다.

이제야 총을 들고 독립군을 이끌고 앞장서는 독립투사 최운산 장군의 모습과 그 뒤에서 군대의 살림을 챙기느라 동분서주하시는 동반자 김성녀 여사의 모습이 함께 보이기 시작했어요. 할머니는 최운산 장군이 자경단을 창설할 때부터, 그 자경단을 모체로 대한군무도독부와 대한북로독군부를 창설하고 전투에 임하던 순간까지의 모든 봉오동의 역사와 해방이 올 때까지 단 한순간도 뒤로 물러서지 않았던 최운산 장군의 삶을 우리에게 전해주셨습니다.

그동안 한국의 역사는 최운산 장군을 외면했습니다. 할머니는 생전에 최운산 장군의 역사를 찾아드리기 위해 정말 많은 애를 쓰셨지만 당신의 서훈도 보지 못하고 1975년에 돌아가셨어요. 너무 죄송하고 가슴이 아픈 기억입니다.

1977년에야 최운산 장군이 독립유공자로 서훈되셨습니다. 큰아들인 아버지의 평생 숙원이었던 봉오동 독립전쟁의 역사를 바로 알리는 일은 이제 손자인 저희들의 몫이 되었습니다. 그동안 생활이 여의치 않다며 뒤로 물러나 있던 모든 핑계와 게으름에 용서를 청하며 첫걸음을 시작했습니다. 최운산 장군 형제들과 함께했던 모든 동지들의 삶과 봉오동 독립전쟁의 역사적 의의를 찾고, 만주의 무장 독립운동사를 재조명하려고 합니다. 너무 늦었지만 아무리 세월이 흘러도 역시 진실은 힘이 세다는 것을 실감합니다.

2016년 7월 4일 역사학자들과 뜻있는 분들이 모여 〈최운산 장군기념사업회〉를 창립했습니다. 창립식 내내 "돌아가신 아버지가 계시면 얼마나 좋을까!" 하는 생각에 가슴이 먹먹했습니다. 통일이 되면 먼저 당신의 묘를 찾으리라 매일 다짐하던 아버지는 끝내 그 소원을 이루지 못하고 2001년에 돌아가셨어요. 그러나 봉오동에서 태어나고 자란, 봉오동의 역사를 생생하게 기억하는 최운산 장군의 막내딸 계순과 막내아들 호석이 살아계실 때 기념사업회를 시작할 수 있는 것만으로도 좋았습니다. 1983년의 KBS의 〈이산가족 찾기〉 프로그램을 통해 기적적으로 연변의 고모들과 삼촌을 만났답니다. 독립투사 최운산 장군의 자녀로 국적을 회복해 서울에 살고 계셨던 최계순과 최호석 두 분이 그 자리를 지켜주신 것만으로도 정말 기쁘고 감사했습니다.

할아버지께서는 돌아가시기 전 타향에서 어려움을 겪는 아버지에게

"내 일생 동안 나라의 독립을 위해 노력했고 많은 사람의 목숨을 구했다. 이제 곧 해방이 될 것이다. 내 목숨이 얼마 남지 않았으나 일생 동안 의를 찾고자 했으니 후회가 없다. 시대가 어려워 모두 고생을 하고 있지만 내 자식들이 나쁘게 되지는 않을 것이다."라고 유언을 남기셨지요. 정말 모든 사안을 담백하게 바라보셨던 당신다운 유언입니다.

사실 당신의 7남매 모두는 역사의 격변을 온몸으로 겪으며 남한과 북한, 그리고 중국에 흩어져 살면서 오랜 세월 간난신고를 견뎌야 했습니다. 그러나 세월의 뒤안길을 지나 당신을 만나면 최운산 장군의 자식으로 사는 일이 쉽지는 않았지만 당신의 말씀처럼 그리 나쁘지만은 않았다고 자평하지 않았을까 짐작해봅니다.

할아버지의 큰아들 봉우의 자식 중 셋째인 제가 아버지를 제일 많이 닮았습니다. 아버지가 할아버지를 빼닮았다고 하니 제가 할아버지를 닮은 부분이 있으리라 생각해요. 최근에 제가 최운산 장군의 손녀인 것을 알게 된 지인들로부터 "어쩐지, 역시 최운산 장군의 손녀라서 다르더라" 하는 말을 가끔 듣습니다. 진심일 때도 농담일 때도 있지만 저에게 그 말은 언제나 최고의 찬사입니다.

사실 지난 30년 NGO 활동을 하면서 무언가 결정을 해야 할 때, 해답이 보이지 않을 때면 저도 모르게 당신이 걸어가신 그 길을 생각했습니다. 매순간 목숨을 걸어야 하는, 앞이 보이지 않는 길을 두려움 없이 가신 당신의 손녀가 이 정도 어려움 앞에 멈출 수는 없는 일이라고 스스로를 다독이곤 했습니다.

할아버지는 나라 잃은 젊은이의 분노와 의기를 고귀한 삶으로 승화시키셨고 온 일생을 통해 단 한순간도 조국 독립의 길을 포기하지 않으셨지요. 저희에게 당신과 동지들이 이루셨던 만주의 참 역사 속으로 더 깊이 들어갈 수 있는 기회가 찾아오기를 간절히 바랍니다. 봉오동에 대해 좀 더 공부하고 재조명해서 독립군이 꿈꿨던 세상을 후세에 전하는 수로가 되고 싶습니다. 당신의 삶과 역사를 찾아가는 길에서 부딪히는 현실적 어려움에 주저앉지 않고 노력하겠습니다. 그래야 역사의 한 줄기가 조금이라도 더 진실에 가까워지리라 믿기 때문입니다. 언젠가 당신을 만나면 '역시 내 손주답게 살았구나!' 하고 미소 짓는 당신을 보고 싶습니다.

　　할아버지, 당신을 진심으로 사랑합니다!

2020년 5월

최성주 올림

최운산, 봉오동의 기억
봉오동 독립전쟁 100주년, 숨겨진 어느 장군 이야기

초판 1쇄 발행 | 2020년 6월 6일

지 은 이 | 최성주
펴 낸 이 | 이은성
기　　획 | 김경준
편　　집 | 김지은
교　　정 | 김무영
디 자 인 | 이윤진

펴 낸 곳 | 필로소픽
주　　소 | 서울시 동작구 상도동 206 가동 1층
전　　화 | (02)883-9774
팩　　스 | (02)883-3496
이 메 일 | philosophik@hanmail.net
등록번호 | 제379-2006-000010호

ISBN 979-11-5783-178-4 03910

필로소픽은 푸른커뮤니케이션의 출판 브랜드입니다.

이 도서의 국립중앙도서관 출판예정도서목록(CIP)은 서지정보유통지원시스템
홈페이지(http://seoji.nl.go.kr)와 국가자료종합목록시스템(http://www.nl.go.kr/
kolisnet)에서 이용하실 수 있습니다. (CIP제어번호 : CIP2020016983)